MUSLIMISCHER ANTISEMITISMUS

David Ranan

MUSLIMISCHER ANTISEMITISMUS

Eine Gefahr für den
gesellschaftlichen Frieden
in Deutschland?

Bibliografische Information der Deutschen Nationalbibliothek

Die Deutsche Nationalbibliothek verzeichnet
diese Publikation in der Deutschen Nationalbibliografie;
detaillierte bibliografische Daten sind im Internet
über *http://dnb.dnb.de* abrufbar.

ISBN 978-3-8012-0524-9

Copyright © 2018 by
Verlag J.H.W. Dietz Nachf. GmbH
Dreizehnmorgenweg 24, 53175 Bonn

Umschlag: Birgit Sell, Köln
Satz: Jens Marquardt, Bonn
Druck und Verarbeitung: CPI books, Leck

Übersetzung der englischen Zitate von Ines Thomas

Besuchen Sie uns im Internet: www.dietz-verlag.de

Meinem (mir) jung gestorbenen Vater
Theo Rosenzweig

Inhalt

Einleitung

Muslimischer Antisemitismus – Wen soll das interessieren?

»Der arabisch-muslimische Antisemitismus hat ein wahnsinniges Ausmaß angenommen, während die westliche Welt ihre Ohren verschließt.«

Hat der in Marokko geborene und in Frankreich lebende Historiker Georges Bensoussan mit seiner Aussage, die er 2013 gemacht hat, Recht?

»Weil den ehemals Kolonisierten nichts mehr zum Vorwurf gemacht werden könne. Weil immer noch die Auffassung herrscht, Opfer könnten ihrerseits keine Unterdrückung ausüben. Weil man sich im Namen des ›edlen Wilden‹ davon überzeugt, der Antisemitismus sei nur ein Importerzeugnis aus dem Westen.«[1]

Hat der arabisch-muslimische Antisemitismus wirklich ein wahnsinniges Ausmaß angenommen? Ist der Westen konzeptgebunden und dadurch unrealistisch? Ist Antisemitismus in der muslimischen und besonders in der arabischen Welt in Wahrheit gar keine Importware und hat er stattdessen sogar eine islamische Basis? Welche Rolle spielt dabei der Konflikt mit Israel? Denkt der jüdische Holocaust-Historiker Bensoussan – wenn er sich über westliche Attitüden mokiert – bei dem Satz »Opfer könnten ihrerseits keine Unterdrückung ausüben« an jene Parallele, die man zwischen den angeblich unkritisierbaren Kolonisierten in Frankreich und der in Deutschland angeblich unkritisierbaren israelischen Besatzungspolitik ziehen könnte? Hat er Recht, dass die Ohren tatsächlich taub sind? Wie groß ist die Gefahr, die vom muslimischen Antisemitismus ausgeht?

Einige Tage, nachdem die deutsche Bundeskanzlerin Angela Merkel in dem sächsischen Ort Heidenau, wo sie ein Flüchtlingsheim besuchte, als »Volksverräterin« und »Hure« beschimpft worden ist[2] und zwei Wochen, nachdem das deutsche Innenministerium Mitte August 2015 die Zahl der zur erwartenden Flüchtlinge in diesem Jahr auf 800.000 bezifferte, erfand

Angela Merkel den Slogan »Wir schaffen das«. Damit hoffte die Kanzlerin wohl, den Befürchtungen wegen ihres Beschlusses, Deutschlands Grenzen für Flüchtlingsströme aus Bürgerkriegsländern wie Syrien, Irak und Afghanistan zu öffnen, entgegentreten zu können oder wenigstens die Stimmen derjenigen zu stärken, die Asylbewerber willkommen hießen.

Gegenstimmen gab es nicht nur aus der kleinen PEGIDA-Bewegung und der mittlerweile in weiten Kreisen akzeptierten Alternative für Deutschland (AfD), sondern auch aus der CSU, Merkels bayerischer Bündnispartei. Und auch wenn diese CSU sich offiziell nicht gegen Muslime stellte*, war dafür die AfD klar in ihren Aussagen:

»Der Islam gehört nicht zu Deutschland. In seiner Ausbreitung und in der Präsenz einer ständig wachsenden Zahl von Muslimen sieht die AfD eine große Gefahr für unseren Staat, unsere Gesellschaft und unsere Werteordnung.«**

Die AfD, die noch 2013 in den Bundestagswahlen an der Fünf-Prozent-Hürde gescheitert war, konnte diese 2017 mit nahezu 13 Prozent im Flug nehmen.

Eine andere Stimme, die vor Problemen beim Zustrom von Flüchtlingen warnte, war die des Präsidenten des Zentralrats der Juden in Deutschland, Joseph Schuster. Schuster warnte vor einem wachsenden Antisemitismus in Deutschland durch muslimische Asylsuchende. Dr. Schuster hat sich vorsichtig ausgedrückt - verständlicherweise, angesichts der jüngeren Geschichte, als vor den Nazis fliehende Juden vergeblich versuchten, in anderen Ländern Asyl zu finden. Aber trotz dieser Vorsicht waren seine Worte klar:

»Unter den Menschen, die in Deutschland Zuflucht suchen, stammen sehr viele aus Ländern, in denen Israel zum Feindbild gehört. Sie sind mit dieser Israelfeindlichkeit aufgewachsen und übertragen ihre Ressentiments

---

* Im Gegenteil, nach den Verfolgungen von Erdoğan-Gegnern in der Türkei, nach dem Putsch-Versuch im Juli 2016, hat der Generalsekretär der CSU, evtl. Asyl in Deutschland für die verfolgten Türken erwähnt.

** Grundsatzprogramm der Alternative für Deutschland, §7.6.1, https://www.alternativefuer.de/wp-content/uploads/sites/7/2016/05/2016-06-27_afd-grundsatzprogramm_web-version.pdf. Im Grundsatzprogramm der AfD wird auch zum Minarett-Bau-Verbot aufgerufen: »Das Minarett lehnt die AfD als islamisches Herrschaftssymbol ebenso ab wie den Muezzinruf, nach dem es außer dem islamischen Allah keinen Gott gibt. Minarett und Muezzinruf stehen im Widerspruch zu einem toleranten Nebeneinander der Religionen, das die christlichen Kirchen in der Moderne praktizieren.« (§ 7.6.3).

häufig auf Juden generell... Ohne die Flüchtlinge pauschal zu verdächtigen, gibt es in der jüdischen Gemeinschaft allerdings jetzt auch Sorgen.«[3]

Der Präsident des Zentralrats verlangte,

»dass wir jedem Flüchtling nahebringen, dass in Deutschland das Grundgesetz die Lebensgrundlage aller Menschen ist und zu unserem Wertekanon die Ablehnung jeglicher Form von Antisemitismus sowie das Bekenntnis zum Existenzrecht Israels dazugehören.«[4]

Schuster bezog sich zwar nicht auf Muslime, als er über den Hass auf Juden sprach, sondern auf die *»Kulturen«*, aus denen die Asylbewerber stammten. Aber er warnte davor, dass *»die Vermittlung unserer Werte zunehmend schwieriger«* würde, und verlangte Obergrenzen:

»Über kurz oder lang werden wir um Obergrenzen nicht herumkommen. ... Viele der Flüchtlinge fliehen vor dem Terror des ›Islamischen Staates‹ und wollen in Frieden und Freiheit leben, gleichzeitig aber entstammen sie Kulturen, in denen der Hass auf Juden und die Intoleranz ein fester Bestandteil ist.«[5]

Kanzlerin Merkel hat die Worte Josef Schusters ernstgenommen und zeigte damit, dass ihre Ohren jedenfalls nicht verschlossen sind. Anfang 2016 wiederholte Merkel Schusters Warnung beinah wörtlich in ihrer Ansprache zur Eröffnungszeremonie der Ausstellung »Kunst aus dem Holocaust« im Deutschen Historischen Museum in Berlin. Mit Blick auf antisemitische Tendenzen bei manchen muslimischen Zuwanderern, sprach Merkel von einer *»großen Aufgabe«*.[6]

Haben sie Recht oder wird hier Panik gemacht?

Muslimischer, islamischer oder islamistischer Antisemitismus ist schon seit längerem ein Thema, mit dem sich nicht nur die Politik, sondern auch Wissenschaftler auseinandersetzen. In einer nicht unerheblichen Zahl von Artikeln, Büchern und wissenschaftlichen Konferenzen wurde theoretisiert, untersucht und versucht, die Charakteristika, Bedeutsamkeit, Ursachen und Intensität dieser Erscheinung zu erkunden.

Der Historiker und Holocaustforscher Yehuda Bauer spricht von Radikalislamismus und dessen Antisemitismus als einer eliminatorischen Gefahr für das jüdische Volk.[7] Nach Auschwitz wird solch eine Warnung eines renommierten Holocaustforschers ernstgenommen:

>*Der Radikalislamismus ist – neben dem sowjetischen Bolschewismus und dem deutschen Nazismus – eine von drei mörderischen, ideologischen Bewegungen, die im 20. und 21. Jahrhundert versucht haben bzw. versuchen, die Weltmacht zu übernehmen. Zweifelsohne gibt es zwischen ihnen große Unterschiede, aber es gibt auch Parallelen. Alle drei strebten (oder streben) nach absoluter und mörderischer Herrschaft über die gesamte Welt. Alle drei waren (oder sind) grundlegend gegen jede Form von Demokratie, gegen Individualrechte, gegen Meinungsfreiheit und so weiter. Alle drei vertraten (oder vertreten) religiöse oder pseudo-religiöse Weltanschauungen, die jeden, der daran nicht glaubte, zum Tode und/oder zur Verdammnis in der Hölle verurteilten; und alle drei wandten sich gegen die Juden.*

Sowohl der Nazismus als auch der Radikalislamismus wollten (bzw. wollen) alle Juden weltweit vernichten; und auch der stalinistische Bolschewismus wurde vor dem Tode des Tyrannen extrem antisemitisch. Wir sollten auch all dies im Auge behalten, wenn wir über den radikalen Islam sprechen«.

IS, al-Qaida, muslimische Terroristen, islamistische Prediger und muslimische Extremisten mit ihrem Weltbild und ihren Handlungsaufrufen, machen vielen von uns Angst. Oft ist Antisemitismus Teil dieser Vorgänge. Handelt es sich hierbei nur um wenige Radikale? Eine kleine und überschaubare Gruppe? Oder hassen die meisten Muslime »die Juden«? Müssen wir uns auch über den aktuellen Antisemitismus unter Muslimen, die keine Extremisten sind, Gedanken machen? Ist deren Antisemitismus genauso gefährlich wie der von Extremisten? Ist dieser Antisemitismus identisch oder vergleichbar mit jenem Antisemitismus, der zu Auschwitz geführt hat? Und woher stammt der Judenhass bei Muslimen? Ist er religionsbasiert, also ein auf dem Koran und anderen heiligen Schriften des Islams fußender Judenhass? Oder spielen andere Faktoren eine Rolle?

In jedem Fall sollte die Frage ernstgenommen werden, da auf der Welt über 1,6 Milliarden Muslime leben. Dauernd wird vor der Islamisierung Europas gewarnt. Allein in Deutschland leben rund 6 Millionen Muslime, in Frankreich 5 Millionen und in Großbritannien 3 Millionen.[8] Die Angst vor ihnen war ein zentrales Thema in der Wahlkampagne des US-Präsidenten Trump, der versprochen hat, Muslimen die Einreise zu verbieten, um sein Land zu schützen. Das hat allerdings weder etwas mit dem vermeintlichen Antisemitismus von Muslimen zu tun noch mit Amerikas

Sicherheit, sondern vielmehr mit Trumps persönlicher Einstellung gegenüber Fremden und seiner politisch zwar nicht korrekten, aber zutreffenden Ansicht, dass Xenophobie anziehend für bestimmte Wähler ist. Hassen wirklich die meisten Muslime Juden? Wie groß ist für Juden die reelle Gefahr gezielter verbaler oder physischer Attacken? Was wissen wir wirklich darüber? Woher rühren unsere Befürchtungen und Ängste?

Panik

Einer 2017 erschienenen Studie ist zu entnehmen, dass die jüdische Bevölkerung Deutschlands in Panik versetzt sei. In der Studie, die für den vom Deutschen Bundestag beauftragten »Unabhängigen Expertenkreis Antisemitismus« durchgeführt wurde, sollten die Perspektiven der jüdischen Bevölkerung im Umgang mit dem Antisemitismus erkundet werden.[9] Ohne hier auf die methodischen Schwächen der Studien einzugehen, die der Expertenkreis in Auftrag gegeben hat, ist es von Interesse, sich die Befunde anzuschauen. Die Angst von Juden in Deutschland scheint, wie gesagt, groß zu sein: Schon seit 2014 berichteten die Interviewten von »einem Verzicht auf das Tragen jüdischer Symbole in der Öffentlichkeit«. 45 Prozent der Befragten sind besorgt, eher oder gar sehr besorgt, dass jemand aus ihrer Familie oder eine ihnen nahestehende Person in den nächsten 12 Monaten in Deutschland Opfer eines körperlichen Angriffs werden könne, weil er oder sie jüdisch ist.[10] 88 Prozent der Befragten gaben an, dass antisemitische Vorkommnisse oder Antisemitismus im Allgemeinen sie sehr berühren würden.[11] Wenn es zu Vorfällen kommt, die als antisemitisch empfunden werden, berichteten jedoch nur 3 Prozent von körperlichen Angriffen aufgrund ihres Jüdischseins in den letzten 12 Monaten in Deutschland. 29 Prozent berichteten von verbalen Beleidigungen und Belästigungen und 61 Prozent über versteckte Andeutungen.*

---

* Diese Kategorie ist problematisch, da es eine Auffassungsfrage ist, die sogar eine Einbildung sein mag und auf jeden Fall gänzlich subjektiv ist. Die Verfasser der Studie »Jüdische Perspektiven auf Antisemitismus in Deutschland: Ein Studienbericht für den Expertenrat Antisemitismus« verteidigen diese Kategorie und erklären: »Zwar werden subtile antisemitische Aussagen und Verhaltensweisen häufig von den Personen, von denen sie ausgehen, gar nicht als solche wahrgenommen. Jedoch ist es äußerst wichtig zu betonen, dass es sich nicht um nur eingebildete oder übersensibel subjektiv empfundene Dimensionen handelt, da die subtilen Ausprägungen ebenfalls antisemitische Stereotype transportieren und negative Folgen bei den Betroffenen hinterlassen.« Universität Bielefeld, IKG, April 2017, S. 19.

Besonders häufig wurden muslimische Personen als Täter angegeben.*

76 Prozent der Befragten betrachten Antisemitismus in Deutschland als ein eher großes oder sogar sehr großes Problem.[12] Dabei sollte auch gesagt werden, dass eine ähnlich hohe Einschätzung bei den Problematiken Rassismus (76 Prozent), religiöser Fundamentalismus (66 Prozent) und Islamfeindlichkeit (64 Prozent) existiert.**

Antisemitismus im Internet, in Diskussionsforen und sozialen Netzwerken sehen 87 Prozent als eher großes oder gar sehr großes Problem, Antisemitismus auf Demonstrationen 78 Prozent, antisemitische Kommentare in Diskussionen (Schule/Arbeitsplatz) 74 Prozent, verbale Beleidigungen oder Belästigungen gegenüber Jüdinnen/Juden 69 Prozent und körperliche Angriffe 50 Prozent.

Nicht nur sind die meisten (78 Prozent) der Meinung, dass Antisemitismus in den letzten Jahren zugenommen hat – 48 Prozent sind der Meinung, dass er in den kommenden Jahren noch weiter zunehmen wird, und weitere 35 Prozent, dass er etwas zunehmen wird. Als Erklärung für ihre Befürchtung wurde von »nahezu allen Befragten und auch den interviewten Schlüsselakteuren«[13] der qualitativen Studie die Einwanderung von Flüchtlingen mit muslimisch-arabischem Hintergrund genannt, die den Antisemitismus aus ihren Heimatländern mitbrächten.[14] In der quantitativen Studie stimmten 70 Prozent der Aussage zu »Ich habe Bedenken, dass der Antisemitismus in Deutschland zunehmen wird, weil viele Flüchtlinge antisemitisch eingestellt sind«. 56 Prozent stimmen der Aussage zu »Ich habe Bedenken, dass es vermehrt zu körperlichen Angriffen auf jüdische Personen oder Einrichtungen durch Flüchtlinge kommen wird«.[15]

Doch dieselbe Studie zeigt, dass sich 77 Prozent der Befragten in Deutschland wohlfühlen.[16] Dieses Paradox mag als Indikator dafür dienen, dass der berichtete Angstzustand der interviewten Juden von ihnen selbst ganz anders eingeschätzt wird. Das mag auch mit dem menschlichen Bedürfnis zusammenhängen zu behaupten, dass es einem gut geht.

Woher stammt diese Furcht, diese Panik? Nur 3 Prozent der Befragten berichteten über einen körperlichen Angriff in den letzten 12 Monaten in Deutschland, weil sie jüdisch sind. Woher kommt dann die Forderung

---

* 48 Prozent der versteckten Andeutungen, 62 Prozent der Beleidigungen und 81 Prozent der körperlichen Angriffe, gingen nach den Einschätzungen der Befragten von muslimischen Personen aus. Expertenbericht, S. 115.

** Zu einer Zeit, in der Arbeitslosigkeit in Deutschland sehr niedrig bei 5,5 Prozent steht, bewerteten 36 Prozent der Befragten Arbeitslosigkeit als ein eher großes oder gar sehr großes Problem. 45 Prozent erachteten Kriminalität in Deutschland als ein eher großes oder gar sehr großes Problem. Ob es an den Fragen liegt, oder haben wir es hier mit einer besonders verängstigten Bevölkerungsschicht zu tun?

von 71 Prozent der Befragten »Deutschland müsse mehr für die Sicherheit der hier lebenden Jüdinnen und Juden tun«? Wie erklärt man die Angst, die von vielen Interviewten artikuliert wurde, »nicht beschützt zu werden, falls die Gefahr des Antisemitismus von muslimischen Gruppen steigen sollte«.[17]

Die Antwort liegt in der Geschichte: wegen des Holocausts, wegen der Angst vor einer Wiederholung. Für die Betroffenen, die Juden, ist das natürlich ein Thema. Es ist aber auch ein Thema für die Politik. In Deutschland wie in anderen europäischen Ländern scheint Antisemitismus die Politik mehr zu beschäftigen als Rassismus. Aber auch für die Muslime selbst, also die »Täter« in dieser Behauptung, ist Antisemitismus eine relevante Größe oder sollte es zumindest sein. Denn durch die Behauptung des muslimischen Antisemitismus werden »die Muslime« stigmatisiert - und in einer Zeit, in der sie aus anderen Gründen bereits »unter die Lupe« genommen werden, macht der Vorwurf des Antisemitismus es ihnen nicht leichter.

Wie wird's gesagt und warum ist das wichtig?

Das birgt einiges an Sprengstoff: Zum einen der Antisemitismus Vorwurf - auch vor dem Holocaust war Antisemitismus hässlich und gefährlich; seit das Ausmaß der industriellen Judenvernichtung bekanntgemacht wurde, will kaum einer als Antisemiten gelten. Zum anderen die Unruhe in der muslimischen Welt - der Islam und die muslimische Welt erleben seit mehreren Jahren einen internen theologischen und politischen Macht- und Deutungskampf, der nicht nur auf theologischer und ideologischer Ebene, sondern auch mit heißen Waffen geführt wird und noch lang nicht entschieden ist. Beides, sowohl die kriegerischen Auseinandersetzungen in der muslimischen Welt als auch Judenhass und Holocaust, werden mit vielen Emotionen diskutiert. Bei dem Thema muslimischer Antisemitismus werden nun beide hochexplosiven Topoi in einen Topf geworfen. Die Auseinandersetzung mit dem Thema läuft so ab, dass auf jüdischer Seite im Hintergrund wie im Vordergrund Angst herrscht. Auf der Seite der Mehrheitsgesellschaft gibt es ein großes Unbehagen - sowohl in der Beziehung zu Juden als auch zu Muslimen, zu deren Verhalten und den Sorgen, die damit verbunden sind. Schließlich auf muslimischer Seite herrscht im Allgemeinen Unverständnis über die Antisemitismusbeschuldigung - obwohl zu konstatieren ist, dass auch muslimische Stimmen hörbar sind, allerdings nicht viele, die sich über muslimischen Antisemitismus als Problem kritisch äußern.

Die Angst oder die Idee, dass Muslime eine Gefahr für Juden bedeuten, wird aus drei Quellen genährt: Informationen über radikal-islamistische Lehren und eine daraus abgeleitete Anschlagswut; anekdotische Berichte über gezielte Angriffe von Muslimen auf Juden, verbal oder physisch; sowie Berichte über Umfragen zu diesem Thema.

Die Wahrnehmung der Gefahr, die sie umgibt, ist bei Juden nicht nur eine Auswirkung der jüdischen Geschichte, sondern auch ein Resultat eigener Erfahrungen sowie Erfahrungen anderer Juden in der eigenen oder erweiterten Identitäts-Community. Es gibt Gewalttaten und, noch mehr, Fälle von offenem Hass sowohl auf persönlicher Ebene wie auch im öffentlichen Raum, bei Demonstrationen, auf dem Schulhof, beim Sport, am Arbeitsplatz. Schon da stellt sich die Frage, von wem Informationen über solche Vorfälle in welcher Art verbreitet werden und von wem die Information wie beurteilt wird. Die Wahrnehmung einer Gefahr ist vor allem ein direktes Resultat der relevanten Informationen, die die gefährdete Bevölkerung erreichen. Von einer objektiven Berichterstattung kann - nicht nur in diesem Bereich - schwerlich die Rede sein. Doch die Berichterstatter spielen oft mit dem Feuer. In dieses Feuer wirft man nicht nur Informationen, sondern auch Propaganda - und deren lodernder Schein wird auf die betroffene Bevölkerung sowie den Rest der Gesellschaft zurückgeworfen. Mittlerweile ist der Begriff *fake news* gang und gäbe, doch das Konzept ist nicht neu - Propaganda oder psychologische Kriegsführung mit Hilfe falscher oder erfundener Informationen ist keine Neuerung des 21. Jahrhunderts.

In der schon erwähnten Studie für den Expertenkreis des Deutschen Bundestages wurden das Internet und die sozialen Medien als bedeutende Triebfedern des Antisemitismus bezeichnet. 87 Prozent der Befragten waren der Meinung, dass Antisemitismus im Internet, in Diskussionsforen und sozialen Netzwerken heutzutage in Deutschland ein Problem sei.[18] Bei einem Treffen mit jüdischen Studenten, das im Sommer 2016 stattfand, fiel es fast allen schwer, Beispiele für eigene Erfahrungen mit muslimischem Antisemitismus zu finden, doch waren sie sich darüber einig, dass es sehr viel und sehr aggressiven Antisemitismus in sozialen Netzwerken wie Facebook oder Instagram gibt. Wegen der ständig wachsenden Informationsflut in den sozialen Medien erreicht jede Nachricht, jedes Event, jede Meinung, jede Hetze und jede Hassäußerung sehr viele Menschen auf der ganzen Welt. Die Nachrichten haben ein viel größeres Publikumspotential als noch vor 10 oder 20 Jahren. Damit werden oft die Berichte selber zum Ereignis. Ein Bericht über einen Vorfall, der in den Printmedien nur marginale Erwähnung finden würde, kann, falls er erfolgreich über Facebook, Twitter oder andere digitale Kanäle zum Thema gemacht wird, ein Eigenleben entwickeln und dadurch eine enorme Durchschlagskraft bekommen.

Bei der Frage, warum Juden all diese Facebook-, Instagram- oder auch explizit antisemitischen Webseiten besuchen, denke ich an die Geschichte der alten Dame, die bei der Polizei anrief, weil ein Mann in seiner Wohnung, direkt gegenüber von ihrem Fenster splitternackt herumlaufen würde. Sie verlangte, dass der Mann wegen ungebührlichen Verhaltens sofort verhaftet werden solle. Zwei Polizisten kamen zur Klägerin, die sie in ihr Schlafzimmer bat und triumphierend auf das Haus gegenüber zeigte, »sehen Sie, schauen Sie, direkt gegenüber«. Es war aber nichts zu sehen. Die Polizisten schauten fragend die Klägerin an, die auf ihren Kleiderschrank zeigte, auf dem ein Stuhl stand, und sagte: »Tja, sie müssen halt auf den Schrank und dann auf den Stuhl, und dann sehen Sie den Skandal.«

Wie schon bemerkt, ergibt die Verknüpfung von Antisemitismus und muslimischer »Gefahr« ein leicht entzündliches Gemisch, und daher ist es wichtig, die Akteure, die auf dem Gebiet aktiv sind, genauer zu erfassen. Eine zentrale Rolle spielt hierbei die Berichterstattung über Antisemitismus und ganz besonders über muslimischen Antisemitismus. So kann man zum Beispiel in den 87 Ausgaben der Wochenzeitung »Jüdische Allgemeine« - der größten jüdischen Zeitung Deutschlands -, die zwischen dem 1. November 2015 und dem 5. Juli 2017 erschienen, 80 Artikel zum Thema »muslimischer Antisemitismus« finden. Beinah jede Woche wurde also über das Thema berichtet. Dabei wurde im untersuchten Zeitraum wesentlich mehr über Antisemitismus muslimischer Prägung berichtet als über »rechten Antisemitismus« (14 Treffer) oder »linken Antisemitismus« (2 Treffer). Mit dieser Daueraufmerksamkeit erreicht man bei Leserinnen und Lesern fast die Wirkung einer Gehirnwäsche. Eine ähnliche Empfindung der Disproportionalität stellt sich bei der medialen Behandlung bestimmter antisemitischer Anekdoten ein. Ein prominentes Beispiel ist der Fall des Rabbiners Daniel Alter, der 2012 in Berlin mitten auf der Straße von vier vermutlich arabischen Jungen geschlagen und verletzt wurde. Seit dieser Fall bekannt wurde, ist die Geschichte von Daniel Alter wie das Amen in der Kirche zu hören, wann immer es eines Beweises für die behauptete Gefahr bedarf, die für Juden in Deutschland von Muslimen ausgeht. In den ersten fünf Jahren, die seit dem Vorfall vergangen sind, hat die *Jüdische Allgemeine* Daniel Alter 63 Mal erwähnt, der *Berliner Tagesspiegel* 38 Mal, die *taz* 18 Mal und *Die Welt* 13 Mal. So soll die Brutalität und Bedrohlichkeit des muslimischen Antisemitismus unterstrichen werden. Wobei sich die Frage stellt, wieso es nur einen solchen Fall gibt - so gefährlich und beängstigend er sein mag -, der als Beispiel für dieses Argument dienen kann.

Nach den fünf Jahren, in denen Daniel Alter der Vorzeigebeweis für muslimischen Antisemitismus in Deutschland gewesen ist, übernimmt vielleicht ein Mobbingfall diese Rolle: Im April 2017 wurde bekannt, dass ein 14-jähriger jüdischer Schüler seine Schule im Stadtteil Friedenau in Berlin gewechselt hat, nachdem er über längere Zeit antisemitisch beleidigt und körperlich angegriffen wurde. In einer Periode von drei Monaten wurde über diesen Fall 7 Mal in der *taz* und 8 Mal in der *Welt* geschrieben, im *Tagesspiegel* sogar 15 Mal. Der Fall in der Friedenauer Schule wurde immer als ein Antisemitismus-Problem geschildert und nicht im Kontext des großen und wichtigen Problems von Mobbings an Schulen und der nicht genügend geschulten und trainierten Lehrerschaft. Dabei kam eine Studie der Ludwig-Maximilians-Universität in München aus dem Jahr 2010 in einer Hochrechnung zu dem Ergebnis, dass rund 500.000 Schüler in Deutschland »ein- oder mehrmals in der Woche Attacken über sich ergehen lassen« müssen.[19]

Ein Teil der Versuche, das Thema zu behandeln und zu beurteilen, geht auf zivilgesellschaftliche Lobbyorganisationen zurück wie die jüdisch-US-amerikanische *Anti-Defamation League* (ADL) oder das *American Jewish Committee* (AJC). Der Vorteil von Lobbygruppen ist, dass sie nicht behaupten müssen, objektiv zu sein. Sie vertreten die Interessen ihrer Auftraggeber, ob es die Waffen-, Pharma-, Tabak- oder irgendeine andere Branche ist, und egal, ob es dabei um politische Gruppen und sogar um Staaten geht. Um ihren Auftrag zu erfüllen, zielen sie auf den öffentlichen Diskurs und die öffentliche Meinung zu einem bestimmten Thema oder versuchen, auf Machthaber, Mitglieder der Exekutive oder der Legislative Einfluss zu nehmen. Zu dem Zweck, wird oft wissenschaftliche Unterstützung gesucht, die die Belange des spezifischen Interessensverbands mit vermeintlich wissenschaftlicher Objektivität untermauern soll.

Forschungen und Berichte, deren Quellen und Auftraggeber Lobbygruppen sind, müssen selbstverständlich mit Vorsicht genossen werden.

Aber auch dann, wenn es nicht um interessengeleitete Untersuchungen geht, sieht es manchmal so aus, als würden einige Wissenschaftler, von denen man Objektivität, Sachlichkeit und Integrität erwarten möchte, sich als Teil des Kampfs sehen. So zum Beispiel könnte man die englischsprachige Pressemitteilung der Koordinierungsstelle des Unabhängigen Expertenkreises Antisemitismus lesen. Aus Anlass des Erscheinens ihres Berichts im April 2017 wurde erklärt: »Der Unabhängige Expertenkreis Antisemitismus besteht aus neun Fachleuten aus der Wissenschaft, dem Bildungswesen und der Zivilgesellschaft, die intensiv an dem Kampf gegen Antisemitismus beteiligt sind.«[20] Sind es nun unabhängige Experten oder Kämpfer?

Ist es überhaupt möglich, objektiv zu sein? Behandeln nicht Wissenschaftler - und besonders in den Sozial- und Politikwissenschaften - ihre Themen immer aus der Sicht einer persönlichen Weltanschauung? Die Komplexität beim Versuch, ein Thema unvoreingenommenen und sachlich aufzuarbeiten, erhöht sich noch weiter bei Personen, die in der einen oder anderen Art involviert oder sogar direkt betroffen sind. Dabei kann man vielleicht differenzieren zwischen dem Versuch, ein Thema zu durchleuchten und dem Versuch, ein Thema nur zu beleuchten, also es zu erkunden und durchdringen oder zu befeuern, um ihm eine gewisse Aufmerksamkeit in der Öffentlichkeit zu verschaffen. Damit das sachlich und inhaltlich sauber vonstattengeht, müssen Wissenschaftler - anders als Lobbygruppen - zwischen ihrer Weltanschauung und ihrem Beruf unterscheiden, da Wissenschaftler klar von der ehrlichen - auch methodisch ehrlichen - Suche nach Wahrheit und Objektivität geleitet sein sollten. Leider ist das aber nicht immer der Fall. Vor allem beim Thema Antisemitismus, wo die Verpflichtung eines »Nie wieder« ein hohes politisches Gut ist, fallen auch Wissenschaftler leicht in eine Kampfposition.

Akademische Arbeiten erreichen nicht oft die Allgemeinbevölkerung. Die Aufmerksamkeit der Medien benötigt meistens PR-Arbeit, wie sie zum Beispiel von Lobbygruppen mit den nötigen finanziellen Mitteln betrieben wird. So konnte 2017 ein Lobbyverband, der 27 Lehrer in Berliner Schulen zu Salafismus und Antisemitismus befragte und Zeitungen, Radio- und Fernsehstationen sowie die Mitglieder des Bundestags mit den Ergebnissen konfrontierte, dafür sorgen, dass die Medien sofort und mit besorgnisschweren Schlagzeilen berichteten.[21] Die Abgeordneten werden wohl kaum die Ruhe gehabt haben, kritisch ein ganzes Heft zu lesen, in dem von Salafismus und Antisemitismus gesprochen wird und dessen Botschaft lautet: Der Islam ist eine Gefahr. Die Studie ist nicht repräsentativ, sie behauptet auch nicht, es zu sein. Doch kann man davon ausgehen, dass die meisten sich nicht in die Methodik vertiefen, dafür aber den Titel »Salafismus und Antisemitismus in Berliner Schulen« verinnerlichen. Man kann nur hoffen, dass Bundestagabgeordnete wenigstens einen Mitarbeiter solche »Studien« lesen lassen, bevor sie sich eine Meinung bilden.

Anders ist es für die gewöhnlichen Zeitungsleser, denen mit Schlagzeilen oder Untertiteln wie »Antisemitismus gehört laut einer Umfrage an Berliner Schulen zum Alltag«, »Antisemitismus an Berliner Schulen wird immer schlimmer« oder »Eine kleine Intifada im Klassenraum« Angst eingejagt wird.[22]

Einige von den oben erwähnten NGOs, die sich Antisemitismusbekämpfung zur Aufgabe gemacht haben, vertreten eine Politik der Antisemitismus-Wahrnehmungserhöhung und bemühen sich zu dem Zweck, das Thema Antisemitismus in den Medien aufrechtzuerhalten. Solche Einflussagenten, die geschickt politischen Druck ausüben in dem Glauben, so ihrer Aufgabe der Antisemitismusbekämpfung im Guten zu dienen, erliegen der Gefahr zu übertreiben. Der Kollateralschaden solcher Übertreibungen besteht darin, von denen, die es nicht hören wollen, nicht ernstgenommen zu werden, und von Juden zu ernstgenommen zu werden – bis hin zu Panik in der jüdischen Gemeinschaft. Mittlerweile scheint es, als gäbe es eine Konkurrenz zwischen verschiedenen Körperschaften, wie *Honestly Concerned* oder der *Recherche- und Informationsstelle Antisemitismus* (rias) Berlin, bei denen antisemitische Taten gemeldet werden können.* Dabei gibt es einen Zentralrat der Juden in Deutschland, der vom Bund mitfinanziert wird und der eigentlich der natürliche Träger einer bundesweiten Meldestelle oder eines Meldesystems sein könnte.**

---

* Die *Recherche- und Informationsstelle Antisemitismus Berlin* (rias) hat ein Berlin-weites Meldesystem für antisemitische Vorfälle aufgebaut. Auch ein jüdisches Nachrichtenportal verwaltet eine Meldestelle mit einem Formular, auf dem antisemitische Propaganda gemeldet werden kann.
  Ein Verein namens *Honestly Concerned e.V.* bittet über seine Webseite (http://honestlyconcerned.info/antisemitische-vorfalle-melden/ [abgerufen am 19.7.2017]) Vorfälle zu melden: »Honestly-Concerned.org versucht antisemitische Vorfälle zu registrieren, aufzudecken und aktiv zu werden. Wenn Sie der Meinung sind, dass Sie einen Artikel gefunden haben, der sich antisemitisch äußert oder Sie wollen von einem antisemitischen Vorfall berichten, melden Sie uns dies bitte hier und geben Sie die entsprechenden Details an.«
** Neben dem Zentralrat ist die *Zentrale Wohlfahrtstelle der Juden in Deutschland* (ZWST) eine Organisation, die sich auch mit »präventiver Bildungsarbeit gegen Antisemitismus sowie der Stärkung der Demokratie« beschäftigt. Auch unter diesem Dach hätte ein Melde- und Beratungsdienst funktionieren können. Der Zentralrat und das ZWST sehen sich wohl nicht als passende Anlaufstellen.

Eine politisierte Thematik

Mit Antisemitismus wird Politik gemacht. Nach vielen Jahren, in den mit Antisemitismus gegen Juden Politik gemacht wurde, wird jetzt mit Antisemitismus von jüdischer und israelischer Seite Politik gemacht. Die israelische Politik bezeichnet externe Kritiker und Gegner gern als Antisemiten oder antisemitisch. Der Vergleich eines Gegners mit Hitler ist selten, kommt aber auch vor. Diese Hitler-Vergleiche dienen dem Versuch, Gegner, die aus israelischer Sicht besonders gefährlich sind, in der Öffentlichkeit zu delegitimieren. Israelische Ministerpräsidenten wie Menachem Begin (1977-1983) oder Jitzchak Schamir (1983-1984; 1986-1992) haben Arafat als einen neuen Hitler bezeichnet. Benjamin Netanjahu (1996-1999; 2009-) verglich Irans Präsidenten Ahmadinedschad mit Hitler. Dabei soll nicht vergessen werden, dass Israel mit seinen Hitler-Vergleichen kein Einzelkind ist. Während der Schuldenkrise bemühte man sie in Griechenland wie auch in der Türkei. In beiden Länder wurden Karikaturen veröffentlicht, die die deutsche Kanzlerin mit einem Hitlerbart zeigten. Auch Israel selbst blieb von ihnen nicht verschont: Der türkische Ministerpräsident Erdoğan kritisierte Israel mit den Worten:

>*»Ich bin nicht einverstanden damit, was Hitler getan hat, und ich bin nicht einverstanden damit, was Israel in Gaza getan hat. Es ist nicht angebracht zu vergleichen, was barbarischer war.«*[23]

Der Direktor des *Middle East Media Research Institute* (MEMRI)*, Menachem Milson, der als Brigadegeneral der israelischen Armee zugleich Chef der israelischen Zivaladministration im Westjordanland war, erklärte, dass überwiegend arabische Medien die Quelle antijüdischer Propaganda seien:

>*»Das Wiederaufleben des Antisemitismus weist zwei erkennbare neue Merkmale auf: a) die gegen Juden gerichteten Positionen werden als angemessene Reaktion auf Israels Verhalten im Palästina-Konflikt dargestellt und b) der Großteil dieser antijüdischen Propaganda hat ihren Ursprung in den arabischen Medien.«*[24]

---

* Das *Middle East Media Research Institute* (MEMRI) ist eine Nichtregierungsorganisation, die ihren Hauptsitz in Washington D.C. hat und die Übersetzungen und Analysen von Texten und Videos aus arabisch- und persischsprachigen Medien zur Verfügung stellt. Kritiker sehen in MEMRI ein einseitiges, pro-israelisches Propagandainstrument.

Auch Milsons Nachfolger in beiden Ämtern, Oberst Yigal Carmon, warnte vor der Gefahr:[25]

>»Antisemitisches Denken ist in den arabischen Gesellschaften weit verbreitet, es ist die wohl derzeit gefährlichste Form des Hasses gegen Juden überhaupt und steht einem nachhaltigen und friedlichen Ausgleich zwischen Israel und seinen arabischen Nachbarn grundsätzlich im Wege.«*

General Jehoschafat Harkabi, ehemaliger Chef des israelischen Militärnachrichtendienstes (1955-1959), der danach Professor für Nahoststudien wurde, erklärt den Konflikt um Palästina zwar zur Ursache des arabischen Antisemitismus, doch macht er ganz klar, dass es seiner Meinung nach um Antisemitismus geht, selbst wenn es sich nicht um den bekannten, der christlichen Tradition entstammenden Judenhass handelt:[26]

>»Man sollte aber aus dem Unterschied zwischen dem arabischen und dem westlichen Antisemitismus nicht schließen, dass die zahlreichen gegen Juden gerichteten Bücher die Bezeichnung ›antisemitisch‹ nicht verdienten bzw. dass ein ›arabischer Antisemitismus‹ nicht existiere. Der westliche Antisemitismus beinhaltet eine christliche religiöse Komponente, aber daraus folgt nicht, dass eine andere Art ohne diesen Faktor nicht existieren kann. Die Reduzierung des Antisemitismus auf die Art, in der eine christliche Komponente und eine weit verbreitete Emotion vorkommen, ist vollkommen willkürlich. ...*

>Für die Araber ist Israel ein Feind und daraus wird kein Hehl gemacht. Deshalb ist der Antisemitismus unter den Arabern heftig und aggressiv; er ist so inbrünstig, dass er sich nicht einmal von der Erinnerung an den Nazi-Holocaust abhalten lässt. Ihre Motivation ist derart stark, dass selbst das Beispiel der moralischen, menschlichen und staatlichen Verwüstung, die durch den Antisemitismus in Deutschland damals herbeigeführt wurde, sie nicht einschüchtert. Ihr Antisemitismus ist leidenschaftlich und rachsüchtig; er wirkt für sie befreiend und hilft ihnen ihr verletztes Selbstwertgefühl wiederzuerlangen.«[27]*

Woher die israelische Angst kommt, erklärt die israelische Historikerin Anita Shapira:

>»Die Zeit der 1930er und des Zweiten Weltkriegs liefert immer noch Schlüsselelemente für das westliche Weltbild. Daraus ergeben sich die*

Fragen, ob die Identifizierung unser Gegenwart mit der Zeit kurz vor dem Zweiten Weltkrieg ein Mythos oder Realität ist und ob der heutige Antisemitismus und Antizionismus auf die drohende Gefahr eines neuen Holocausts hindeuten ... Die Tatsache, dass der Holocaust tatsächlich ohne Vorwarnung stattfand, lässt jegliches Zukunftsszenarium, wie erschreckend es auch sein mag, im Rahmen des Möglichen erscheinen. Die Tatsache, dass täglich Millionen von Muslimen für die Vernichtung des Staates der Juden beten, wirkt nicht gerade beruhigend auf die israelische Psyche.«

Dabei erklärt Shapira auch, dass die israelische Wahrnehmung des Themas Antisemitismus/Antizionismus direkt mit der jeweiligen politischen Orientierung verbunden ist. Die Rechten sehen Antisemitismus als Ursache für Antizionismus, wogegen die Linken der Auffassung sind, dass der Antizionismus die Kraftquelle des heutigen Antisemitismus ist.

Die israelische Gesellschaft und Politik, die seit Jahren politisch ziemlich weit rechts steht, sieht daher die Einstellung verschiedener Länder zu Israel und seiner Politik durch eine Antisemitismus-Brille. Bemerkbar ist das besonders in Krisensituationen. So griff der israelische Ministerpräsident Ariel Scharon (2001-2006) die Regierungen der EU an, nachdem diese Israel 2003 wegen des Mauerbaus im besetzten Westjordanland kritisiert hatten. Die EU-Regierungen würden seiner Meinung nach nicht genügend gegen Antisemitismus unternehmen. Scharon erklärte, der Grund wäre nicht nur der europäische Antisemitismus, sondern auch das Resultat der immer stärker werdenden muslimischen Präsenz. Das Wachsen der muslimischen Community in Europa würde, so Scharon, nicht nur die Politik der EU beeinflussen, sondern sei auch eine Bedrohung für Juden.[28]

2015 nutzte der Einwanderungsminister Israels einen Terroranschlag in Lyon - bei dem keine antisemitischen Motive vermutet wurden -, um Juden aufzufordern, Frankreich zu verlassen und nach Israel zu kommen: »Der Antisemitismus wächst, der Terrorismus greift um sich und Berichten zufolge mordet der ›Islamische Staat‹ mitten am Tag ... Wir sind darauf vorbereitet, unsere Arme für die Juden Frankreichs zu öffnen.«[29] Nach einem Angriff in Kopenhagen rief Israels Ministerpräsident Netanjahu:

»Man kann davon ausgehen, dass sich diese Welle der Terroranschläge, einschließlich antisemitischer und mörderischer Angriffe, fortsetzen wird. Wir sagen den Juden, unseren Brüdern und Schwestern, Israel ist eure Heimat und die aller Juden. Israel wartet auf euch mit offenen Armen.« [30]

Und warum ich?

Um mir selbst eine klarere Meinung über muslimischen Antisemitismus zu bilden, gerade weil so viel mit Emotionen und so wenig sachlich argumentiert wird, wollte ich mich mit dem Thema beschäftigen. Ich komme zu ihm nicht unbedarft, sondern mit den Augen eines im Israel der 1950er-, 1960er- und 1970er-Jahre aufgewachsenen Juden, der mit der allgemeinen Einstellung, dass der Araber der Feind ist, zwar nicht erzogen wurde, aber doch umgeben war.

In dem damals noch sehr jungen Israel, so kurz nach der Staatsgründung und so nah zum Holocaust, waren »die Deutschen« das ultimative Böse. Aber »der Feind«, das waren »die Araber«. Wir waren klein, und unsere vier direkten Nachbarn Ägypten, Syrien, Jordanien und Libanon hatten zwar einen Waffenstillstand mit uns geschlossen, befanden sich aber offiziell noch im Kriegszustand mit Israel. Auch die anderen arabischen Länder haben uns nicht anerkannt, uns aktiv boykottiert und Druck auf andere Staaten ausgeübt, damit auch sie Israel so weit wie möglich boykottieren und isolieren.

Lag Ba'Omer ist ein jüdisches Fest, an dem Kinder traditionell Lagerfeuer entzünden. An diesen Lagerfeuern werden oft Puppen, die einen historischen oder aktuellen Feind oder Gegner symbolisieren, verbrannt. Hitler war natürlich oft dabei. Ich erinnere mich, dass in dem holländischen Internat, auf das ich ging – es war keine jüdische Schule und ich war damals 11 – ein anderer israelischer Junge an Lag Ba'Omer für seine Freunde ein Feuer aufbaute und den ägyptischen Präsidenten Nasser als Feindfigur verbrannte. Für diesen Jungen war das ganz natürlich. Ich habe mich geschämt.*

Israel wurde als jüdischer Staat gegründet, hatte aber auch eine arabische Bevölkerung, die laut Gesetz zwar dieselben Rechte wie die jüdische Mehrheitsgesellschaft hatte, sie aber nicht immer genießen durfte. So mussten die meisten von ihnen bis 1966 unter israelischer Militärverwaltung leben. Man hatte mit israelischen Arabern wenig Kontakt, und in den ersten Jahren, nachdem die arabische Seite den Krieg verloren hatte und so viele von ihnen vor den Juden geflüchtet und abgeschoben worden waren, waren sie ängstlich bemüht, sich anzupassen. In Israel wie auch im britischen Mandatsgebiet Palästina wurde von Juden

---

* Am jüdischen Frühlingsfest Tu Bishvat sangen wir als Kinder einen »netten« Kinderreim, dessen Bedeutung war: Die Araber mögen an Tu Bishvat sterben: »Am Tu Tu droht / Den Arabern der Tod / Am Tu Bishvat / ja, am Schabbat / Um eins geht's ab.«

und Arabern gesprochen. Es gab muslimische wie auch christliche, und anfangs nannten sie sich nicht Palästinenser, sondern Araber. Die Geschichtsschreibung, mit der ich aufgewachsen bin, war einseitig. Die Araber wollten uns, den jüdischen Staat, nicht akzeptieren und haben ihn am Tage nach seiner Gründung militärisch attackiert. Den von ihnen angefangenen Krieg haben sie verloren und weigerten sich weiter, uns anzuerkennen. Sie hetzen gegen uns und setzen sich die Vernichtung Israels zum Ziel. Die arabische Sicht der Dinge war nicht Teil der uns bekannten Historiographie. Wir waren mit unserer eigenen Geschichte beschäftigt, mit unserem Leiden und mit dem positivem Narrativ, das vom jungen Staat gefördert wurde. Es dauerte, bis man auch etwas über das Leiden der palästinensischen Araber lernte, über deren verlorene Häuser - ohne sich dabei Gedanken zu machen, dass wir sehr oft genau in diesen Häusern wohnten und dass unsere Kibbuzim auf dem Land, wo vorher arabische Dörfer standen, gebaut wurden -, über Familien, die teils in Israel lebten, teils in Jordanien wegen der Willkür der Grenzlinie, die nur eine Waffenstillstandslinie hätte sein sollen, und natürlich über die Misere in den Flüchtlingslagern. Es dauerte noch, bis die neuen Historiker bereit waren, auch am zionistischen Narrativ zu rütteln.

Der Konflikt ist noch immer nicht gelöst. Und in diesem Ringen entwickeln sich neue Narrative: So wurden ein palästinensisches Volk und eine palästinensische Nationalgeschichte ersonnen. Und auf israelischer Seite wird an einem muslimischen Antisemitismus gearbeitet. Mehr noch: In einer Welt, in der Rassismus, Kolonialismus und Antisemitismus negativ konnotiert sind, probieren Muslime, Israel und das ganze Konzept des jüdischen Landes als Kolonialprojekt und als rassistisch zu deuten und zu färben. Dagegen bemüht sich Israel, die Muslime als antisemitisch zu brandmarken.

Im Januar 2014 sagte Israels damalige Justizministerin Tzipi Livni, dass die Behauptung, die Kritik an Israel wegen seiner Siedlungspolitik sei antisemitisch, ein Argument ist, in das sich diejenigen flüchten, die gar kein Abkommen mit den Palästinensern haben wollen. Da Antisemitismus an sich - auch ohne den eliminatorischen - bereits schlimm und gefährlich ist, sollte man mit Anschuldigungen dieser Art vorsichtig umgehen. Umso wichtiger ist diese Vorsicht, wenn es um den ehrlichen Versuch einer Lösung im Nahost-Konflikt gehen sollte.

Um mich mit der Frage von Antisemitismus auseinanderzusetzen, der unter Muslimen angeblich prävalent sein soll oder jedenfalls prävalenter als in der nicht-muslimischen Welt, habe ich über 70 Interviews mit Muslimen geführt. In Kapitel 1 wird versucht, die Problematik der Definition(en) von Antisemitismus zu erörtern. In Kapitel 2 probiere ich, den Bereich der quantitativen Forschung und der Umfragen, die den Antisemitismus vermessen wollen, auszuloten. Die Methodik der Interviews wird in Kapitel 3 erklärt. Kapitel 4 beschäftigt sich mit der Rolle des Islams und der Religion in den Einstellungen der Muslime zu Juden. In den Kapiteln 5 und 6 werden Zitate aus den Interviews zur Frage von Stereotypen, Vorurteilen und Verschwörungstheorien sowie zum Palästinakonflikt, Israel und zum Zionismus präsentiert. Am Schluss stehen Zusammenfassung und Ausblick.

Danksagung

Dieses Buch wäre nicht entstanden, ohne die Menschen, die bereit waren, sich mit mir zu treffen, mir ihre Zeit zu schenken und mir ihre Meinungen und Gedanken zu eröffnen. Diesen anonym bleibenden Interviewpartnern und -partnerinnen möchte ich meinen ganz besonderen, großen Dank aussprechen.

Dazu möchte ich mich auch bedanken bei den nicht wenigen, die mir bei diesem Forschungsvorhaben behilflich waren, darunter *Ferda Ataman, Felix Axster, Mustafa Bayram, Klaus Boehnke, Sebastian Daub, Aycan Demirel, Isabel Enzenbach, Rainer Gantert, Daniel Gerlach, Livia Gerster, Gile Haindl, Jutta Hergenhan, Bettina Hofmann, Andreas Hövermann, Diethelm Kaiser, Wilhelm Kempf, Susanne Kern, Michael Kohlstruck, Nicole Kuhn, Jonas Lang, Max Alban Laube, Ahmad Mansour, Julika Rosenstock, Oliver Mayer-Rüth, Ralf Melzer, Dörte Sancken, Eva-Maria Schorsch, Doris Schulz, Alexandra Schwarzkopf, Yasemin Shooman, Peter Ullrich, Astrid Wirtz-Nacken, Burak Yilmaz, Gökce Yurdakul.*

Micha Brumlik, Rainer Kampling und *Stefanie Schüler-Springorum* haben mich ermutigt, dem Thema nachzugehen. Bei Frau Prof. Dr. *Stefanie Schüler-Springorum,* Direktorin des Zentrums für Antisemitismusforschung (ZfA) der TU Berlin, bedanke ich mich von ganzem Herzen für den intellektuellen wie auch physischen Raum, den ich als Fellow am ZfA genieße. Gespräche mit Kollegen des Zentrums waren bereichernd und mir eine besonders wichtige Hilfe.

Eldad Davidov, Johannes Ernst und *Marcus Funck* haben einige der Kapitel gelesen und für ihre Kommentare und Ideen bin ich ihnen sehr dankbar.

Die Zusammenarbeit mit *Alexander Behrens,* meinem Lektor und Verlagsleiter im Dietz-Verlag, war intensiv, produktiv, humorvoll und zeugte von gegenseitiger Geduld. In einem Satz - es machte mir viel Spaß.

Dieses Buch habe ich meinem Vater gewidmet, der in Berlin aufgewachsen ist und sein Studium an der Friedrich-Wilhelms-Universität in Berlin unterbrach, als er 1933 mit seinen Eltern nach Palästina auswanderte. Er starb mir leider viel zu jung und durfte leider so vieles nicht erleben. Dass ich in »seinem« Berlin an diesem Buch gearbeitet habe, hätte ihm - glaube ich - viel Freude und Genugtuung verschafft.

Kapitel 1

Antisemitismus –
Auf der Suche nach einer Definition

»The scholarly study of contemporary antisemitism
is a particularly contested field.«[31]

Keine Definition

Vor ihm wird gewarnt, er wird sogar von Demoskopen gemessen, doch ist man sich nicht darüber einig, was Antisemitismus genau oder eigentlich ist. Das United States Holocaust Memorial Museum in Washington definiert Antisemitismus zwar in einem sehr kurzen Satz so: »Der Begriff Antisemitismus bedeutet Vorurteile oder Hass gegenüber Juden.«[32] Diese Definition genügt aber – wie wir sehen werden – nicht. Menschen werden als Antisemiten bezeichnet, und Meinungen, Sprache, Idiome, Aussagen, Verhaltensweisen werden als antisemitisch deklariert. Solche Urteile sind leicht gefällt, doch scheint es schwierig zu sein, Antisemitismus genau zu definieren und zu erklären, was antisemitisch ist.

Da das Thema Antisemitismus und die Beschuldigung, eine Person sei ein Antisemit oder bestimmte Einstellungen seien antisemitisch, oft stark politisiert werden, und da, wie schon in der Einleitung angeführt, der Antisemitismusvorwurf instrumentalisiert wird und Teil des politischen Spiels geworden ist, ist die Frage der Definition – ob weitläufig und ausgedehnt oder eher beschränkt – von besonderer Bedeutung. Die Tatsache, dass es keine klare, akzeptable und akzeptierte Definition von Antisemitismus gibt, ist nicht nur akademisch, sondern auch aus pragmatischen Gründen eine kontinuierliche Herausforderung.

Was den Antisemitismus unter Muslimen betrifft und die Behauptung, dass sein Vorkommen höher als unter Nicht-Muslimen sei, so stellt sich die Frage, ob der bei Muslimen beobachtete Antisemitismus, wie auch immer er definiert sein mag, etwas besonders »Muslimisches« hat.

Stammt er etwa von der ihnen eigenen Religion, dem Islam, oder einer besonderen Deutung des Islams? Oder hat der Antisemitismus der Muslime gesellschaftliche, soziale, wirtschaftliche und psychologische Ursachen, die vielmehr innerhalb der eigenen Gesellschaft zu finden sind? Oder sind antisemitische Äußerungen oder Verhaltensweisen Reaktionen und Resultate des Nahostkonflikts?

Mit dem Thema befasst man sich auf zwei gänzlich separaten Ebenen, die sich - wenn es um kontemporären Antisemitismus geht - oft vermischen: die akademische und rein-wissenschaftliche sowie die praktische Ebene, in der es um Erziehungs- und Präventionsarbeit geht. Um verstehen zu können, wie Behauptungen über das große Problem des Antisemitismus unter Muslimen entstehen und befördert werden, kommt man um eine Definition nicht herum.

Dem Deutschen Bundestag bereitet Antisemitismus scheinbar so große Sorgen, dass er innerhalb von fünf Jahren schon zweimal einen Expertenkreis beauftragt hat, um »Antisemitismus in Deutschland als eine besondere Form der gruppenbezogenen Menschenfeindlichkeit« zu betrachten und »konkrete Vorschläge für Maßnahmen der Bekämpfung des Antisemitismus« zu machen.* Inwiefern diese Kommission, die den Namen »Unabhängiger Expertenkreis Antisemitismus« trägt, sich unabhängig nennen darf, sei einmal dahingestellt. Ihre eigene Pressemeldung beschreibt die Experten als intensiv engagiert im Kampf gegen Antisemitismus.

Und als sich herausstellte, dass kein einziges der Mitglieder des zweiten Expertenkreises Jude war, gab es, besonders in jüdischen Kreisen, eine Welle der Empörung. Das Problem war schnell behoben, und zwei jüdische Mitglieder wurden berufen.

Der erste Expertenkreis lieferte seinen Bericht im Januar 2012 ab. Ende 2014 wurde der zweite Expertenkreis beauftragt, der dann im April 2017 seinen Bericht dem Deutschen Bundestag überreichte.[33] Gleich zu Beginn der ca. 300 Seiten langen Schrift erklären die Experten, eine allgemeingültige Definition von Antisemitismus existiere nicht.[34] Erstaunlicherweise fällt es selbst vielen professionell Aktiven, die im Bereich Bekämpfung und Prävention von Antisemitismus arbeiten, schwer, Antisemitismus zu definieren. Im Rahmen einer Studie, die von 2010 bis 2013 in Berlin ent-

---

* Vergleichbare Berichte über Rassismus, Fremdenfeindlichkeit oder Islamophobie in Deutschland wurden wohl vom Bundestag bisher noch nicht als notwendig empfunden.

standen ist, wurden in der Hauptstadt Akteure die »sich in besonderer Weise mit Antisemitismus befassen«, Repräsentanten jüdischer und nichtjüdischer Organisationen sowie staatlicher Stellen und Nichtregierungsorganisationen interviewt. »Typisch ist«, erklären die Verfasser der Studie, »eine bei Definitionsversuchen in den Interviews offenbar werdende grundsätzliche Unsicherheit in der begrifflichen Bestimmung von Antisemitismus«.[35]

So seien nicht nur alle bisherigen Versuche, Antisemitismus zu definieren, gescheitert, behauptet der Historiker David Engel in seinem Artikel »Away from a Definition of Antisemitism«, sondern alle zukünftigen Versuche würden aller Wahrscheinlichkeit nach auch misslingen.[36] Nichtsdestotrotz wird weiterhin eifrig nach einer Definition gesucht.

Geschichte

Antisemitismus ist zwar nicht der einzige Begriff, der genügend unklar ist, um missbraucht zu werden. Doch ist die Sensibilität in Bezug auf antisemitische Anschuldigungen heutzutage sehr hoch aufgrund der Geschichte des Judenhasses, der in der Judenvernichtung des Dritten Reichs kulminierte – so hoch, dass selbst die Organisatoren des vom Iran initiierten al-Quds-Tags nicht als Antisemiten gebrandmarkt werden möchten. Für ihre Anti-Israel-Demonstrationen werden mittlerweile Banner vorbereitet, die nicht nur gegen Zionismus, sondern »Gegen Antisemitismus, Gegen Zionismus« aufrufen. Selbst sie geben vor, Antisemitismus zu bekämpfen.

»Ich kann ja nicht Antisemit sein, ich bin selber Semit«, wurde mir von einigen meiner Interviewpartner gesagt. Nur zeugt eine solche Aussage im besten Fall von Unwissenheit. Auch wenn es über den Begriff Antisemitismus keinen Konsens gibt, ist man sich doch darüber einig, dass es einzig und allein um Juden geht und um keine andere Gruppe. Der deutsche Journalist Wilhelm Marr brachte den Antisemitismus-Begriff in die Welt und unterschied mit diesem eine rassistisch motivierte Judenfeindschaft vom religiös begründeten Anti-Judaismus. Heute bezieht sich der Begriff Antisemitismus allgemein auf Judenhass, wie auch immer er begründet sein mag.

Es gab eine Zeit, in der es politisch, gesellschaftlich und rechtlich möglich war, sich selbst als Antisemit zu bezeichnen und mit antijüdischer Propaganda zu werben. So veröffentlichte der schon erwähnte Wilhelm

Marr 1879 sein Pamphlet »Der Weg zum Siege des Germanenthums über das Judenthum«.

Was irgendwo auf der Skala zwischen akzeptabel und »gutem Ton« angesiedelt war, was während des Dritten Reichs zur deutschen Staatspolitik gehörte und sie zutiefst prägte, wurde nach 1945 in vielen Ländern als Straftat definiert und wird - zumindest in der Öffentlichkeit - oft abgelehnt. Schamlose Äußerungen von Judenhass sind dennoch nach wie vor im Alltag präsent: »Juden sind die Kinder Satans« und »Juden werden uns nicht ersetzen« waren Slogans bei einem Aufmarsch, der im August 2017 in Charlottesville im US-amerikanischen Bundesstaat Virginia stattfand.

»Die Wahrheit ist«, erklärte David Duke, ein Ku-Klux-Klan-Führer, *»dass die amerikanischen Medien, das amerikanische politische System und die amerikanische Federal Reserve [die Zentralbank], von einer winzigen Minderheit dominiert werden: dem jüdischen zionistischen Endzweck.«* [37]

Die elementarste und auch plumpste Erklärung für den Wandel vom stolzen Antisemitismus zur ostentativen Ablehnung, als Antisemit verdächtigt oder gar beschuldigt zu werden, ist Auschwitz. Auschwitz als Symbol, Auschwitz als Chiffre für die industrialisierte Vernichtung der europäischen Juden, für den Mord an sechs Millionen Juden - ein von Judenhass inspirierter, von Deutschen konzipierter Plan, der viele nichtdeutsche Kollaborateure hatte und von vielen weiteren geduldet worden ist.

Unser Unbehagen bei dem Thema Juden und antijüdische Gefühle, hat mit dieser Geschichte zu tun, mit dem Holocaust, mit den Gewalttaten, die gegen Juden begangen wurden. Die Geschichte hat uns diesbezüglich sensibilisiert, weswegen auch die kleinsten Aggressionen gegen Juden sowohl innerhalb jüdischer Gemeinden als auch in der Öffentlichkeit mit Besorgnis wahrgenommen werden. Steht uns unser Bedürfnis eines »Nie wieder« bei der Auseinandersetzung mit dem Antisemitismus im Wege? Dabei sei gefragt: Nie wieder was? Nie wieder soll Deutschland eine solche Barbarei verüben? Nie wieder sollen Juden so etwas durchmachen? Nie wieder soll die Menschheit, sollen Menschen so tief sinken und derartiges anderen Menschen antun?

Das Antijüdische beginnt mit Vorurteilen. Diese Vorurteile entwickeln sich manchmal zu antijüdischen Gefühlen; dazu gehören unter anderem Hass, Misstrauen, Zorn, Ekel oder Angst. Diese können wiederum zu Diskriminierung führen, bewusst oder manchmal auch unbewusst. Mitunter äußern sich diese antijüdischen Gefühle auch in Aggressionen und Gewalttaten. Und diese Gewalt, an die wir denken, führt dazu, dass wir Vorurteile über Juden und sogar schon vermeintliche Vorurteile als Antisemitismus bezeichnen.

Der UN-Menschenrechtscharta nach soll jeder Einzelne das Recht auf Meinungsfreiheit und freie Meinungsäußerung genießen.[38] Vorurteile - solange man sie für sich behält - sind private Gedanken. Zweck dieser Freiheit der Gedanken und der Weltanschauung ist es, die Privatsphäre des Einzelnen zu schützen - ungeachtet dessen, ob die persönlichen Gedanken einigen oder vielen anderen unsympathisch sind oder ob die Gedanken Verbotenes, Kriminelles, Unmoralisches beinhalten. Auch im deutschen Grundgesetz, werden diese Rechte folgendermaßen gesichert: »Jeder hat das Recht, seine Meinung in Wort, Schrift und Bild frei zu äußern und zu verbreiten ...«.[39]

Wenn es zur Freiheit gehört, die eigene Meinung äußern zu dürfen, gerät man aber schon in eine Zwickmühle: das Dilemma zwischen der Meinungsäußerungsfreiheit des einen und dem Recht auf persönliche Ehre des anderen.[40] Meinungsäußerungen können als Beleidigungen gelten und als solche strafbar sein. Sogar Behauptungen wahrer Tatsachen können - von Form und Umständen abhängig - als Beleidigung gelten, wenn sie in einer Weise erfolgen, die ehrverletzend ist.[41] Bei unwahren Tatsachenbehauptungen kann es sich dagegen um Verleumdung handeln. Zu diesem Bereich könnte man wohl auch jene hate speech zählen, die aufgrund der enormen Expansion des Internets und der rasanten Verbreitung von Hassreden über soziale Medien erschreckende Ausmaße erreichen kann. Äußerungen, die vor einigen Jahren kein größeres Publikum als den eigenen Stammtisch hatten, können heutzutage mühelos weltweit gelesen und gehört werden.

Trotz des bestehenden Rechts auf freie Meinungsäußerung werden Vorurteile erkundet und gemessen, und schließlich wird - wenn es um Juden geht - mit den Resultaten dieser Messungen der Vorwurf des Antisemitismus begründet und oft Politik gemacht. Ist eine Person, die Vorurteile über Juden hegt und äußert, schon ein Antisemit? Ja, so die verbreitete Meinung. Vorurteile über Juden, wie zum Beispiel »Juden haben in Deutschland zu viel Einfluss« oder »Die deutschen Juden fühlen sich stärker mit Israel als mit Deutschland verbunden«,* werden stets als Indikatoren für antisemitische Einstellungen in Umfragen zu Antisemitismus verwendet.

---

* Oder im jeweiligen Land, in dem die Umfrage ausgeführt wird.

Definitionen

Zur Frage, ob Antisemitismus und Judenfeindschaft gleichzusetzen sind, erklärt der Soziologe und Antisemitismusforscher Werner Bergmann:

> *»Antisemitismus ist zum übergreifendem Terminus geworden, und alle Versuche, Antisemitismus zeitlich und inhaltlich von anderen Formen der Judenfeindschaft klar abzugrenzen, sind umstritten geblieben.«*[42]

Man setzt sich mit angeblich verschiedenen Erscheinungsformen von Antisemitismus auseinander: Antisemitismusforscher versuchen, Facetten von klassischem, sekundärem oder israelbezogenem Antisemitismus zu formulieren. Man spricht von antikem, christlichem, völkischem und rassistischem Antisemitismus. Auch ist die Rede von menschenrechtlichem und von antiimperialistischem Antisemitismus. Es wird debattiert, ob Antizionismus - was immer das sein mag - gleichbedeutend mit Antisemitismus ist. Es wird diskutiert, ob es einen »neuen« Antisemitismus gibt, und seit einiger Zeit wird viel über arabischen, muslimischen, islamischen und islamistischen Antisemitismus geredet.

An Bemühungen, Antisemitismus zu definieren, hat es, wie bereits festgestellt, nicht gefehlt, und die Versuchung ist daher groß, endlich eine Definition zu finden, die - auch wenn sie nicht unwiderruflich ist - wenigstens eine Zeitlang allgemein akzeptiert wird. Schnell geraten die Verfasser solcher Definitionsversuche aber in Beschreibungen, die keine Grundlage für klare Definitionen bilden. Solche Antisemitismus-Definitionen lassen sich in drei Kategorien unterteilen: Die erste Kategorie bilden die - oftmals wissenschaftlichen - Erklärungsansätze für die Motivationen und Hintergründe antijüdischer Taten und die Versuche, diese zu beschreiben und zu klassifizieren. In der zweiten Kategorie finden sich Versuche, die zumeist von der Politik und Lobbyorganisationen gefördert werden, Beispiele aufzulisten, die Fachleuten in ihrer praktischen Arbeit dienlich sein sollen. Die dritte Kategorie ist die einzige, die einer Definition gerecht wird: Hier wird kurz und bündig der Begriff Antisemitismus erklärt.

Die Soziologin und Genozid-Expertin Helen Fein konzentriert ihre Definition des Antisemitismus auf seine Erscheinungsformen und Ziele:

> Er sei *»eine anhaltende latente Struktur feindseliger Überzeugungen gegenüber Juden als Kollektiv, die sich bei Individuen als Haltung, in der*

Kultur als Mythos, Ideologie, Folklore sowie Einbildung und in Handlungen manifestieren ..., die dazu führen und/oder darauf abzielen, Juden als Juden zu entfernen, zu verdrängen oder zu zerstören«.[43]

Werner Bergmanns Definition nimmt die angebliche von den Juden ausgehende Gefahr in den Fokus,[44]

»feindselige Urteile über die Juden als Kollektiv, in denen ihnen unveränderliche schlechte Eigenschaften sowie die Absicht zugeschrieben wird, anderen Völkern Schaden zuzufügen ... Diese ›Schädigung‹ erfolgt oft verdeckt und kann sich nach Meinung der Antisemiten in allen möglichen Formen äußern: religiös als Christenfeindschaft, wirtschaftlich als unlautere Konkurrenz und Geldgier, politisch als Weltmachtstreben, als politische Radikalität oder nationale Illoyalität, kulturell als ›Zersetzung‹ usw.«

Dagegen sieht der britische Jurist Anthony Julius im Antisemitismus keine Ideologie und meint, es handele sich dabei um eine durch Bosheit verschärfte instabile und veränderliche Kombination von allgemein akzeptierten Meinungen.[45]

Politische Definitionen

Nach langwierigen Bemühungen veröffentlichte eine EU-Organisation namens *European Monitoring Centre on Racism and Xenophobia* (EUMC) - deren Nachfolger seit 2007 die *European Union Agency for Fundamental Rights* (FRA) ist - im Jahr 2005 ihre Antisemitismus-Definition, die sie zudem als »Arbeitsdefinition« bezeichnete. Sie lautet:

»Der Antisemitismus ist eine bestimmte Wahrnehmung von Juden, die sich als Hass gegenüber Juden ausdrücken kann. Der Antisemitismus richtet sich in Wort oder Tat gegen jüdische oder nicht-jüdische Einzelpersonen und/oder deren Eigentum, sowie gegen jüdische Gemeindeinstitutionen oder religiöse Einrichtungen.«

Im Kampf um die Definition ringen mittlerweile Regierungen, internationale Organisationen und Lobbygruppen. Der Soziologe David Hirsch berichtet, dass »die von der Europäischen Union benutzte Arbeitsdefinition von Antisemitismus ebenfalls von Fachleuten auf diesem Gebiet angefochten wird, obwohl einige von ihnen aktiv an der Begriffsfindung beteiligt waren«, und erklärt, dass in den politischen Kämpfen, die in einem offiziellen institutionellen Rahmen stattfinden, sich auch Wissenschaftler und Gelehrte an Versuchen beteiligen würden, eine bestimmte Sicht des Antisemitismus zu institutionalisieren.[46] Kenneth Stern, Jurist und Direktor des *American Jewish Committee* (AJC), beschreibt in seinem Bericht[47] über die Entstehung der EUMC-Definition die Einflussnahme jüdischer NGOs und Lobbyorganisationen auf die Formulierung der endgültigen Definition:

> *»Ich habe mich an die Arbeit gemacht, einen Entwurf aufzusetzen und habe mehrere Vorschläge an Antisemitismus-Experten weltweit gesendet und sie zur Mithilfe aufgerufen. Ich erinnere mich an Busfahrten während dieser Konferenz in Israel im Jahre 2004, wo wir diese Definition diskutiert und überarbeitet haben. Insbesondere ... waren stark an diesem Prozess beteiligt. Unser Resultat wurde nach einem sehr anstrengenden Treffen mit ... von der EUMC etwas geändert. Aber die Hauptbestandteile blieben bestehen.«*

Über die Definition, die letztlich eigentlich keine ist, wurde also lang und hart verhandelt. Zu Ihrer Ergänzung wurden zahlreiche Beispiele hinzugefügt, beginnend mit einem Israel-Paragraphen: »Darüber hinaus kann auch der Staat Israel, der dabei als jüdisches Kollektiv verstanden wird, Ziel solcher Angriffe sein.«[48] Attacken auf israelische Personen, Objekte oder Institutionen außerhalb Israels als Antisemitismus zu definieren - auch wenn sie ganz klare Protestaktionen gegen die Politik Israels sind -, ist verständlicherweise ein Interesse Israels.

Da diese Arbeitsdefinition keinen wissenschaftlichen, akademischen Zwecken dienen soll, sondern als praktisches Instrument nützlich sein soll, können ergänzende Beispiele brauchbar, sogar wertvoll sein. Ob man diesen Beispielen zustimmt und sie für adäquat hält, ist eine andere Frage.

Das EUMC-Dokument[49] sollte »als praktischer Leitfaden für die Erkennung und Dokumentation antisemitischer Vorfälle sowie für die Erarbeitung und Umsetzung gesetzgeberischer Maßnahmen gegen den Antisemitismus« dienen. Die diffuse Formulierung einer »bestimmte[n] Wahrnehmung ... die sich als Hass ausdrücken ... kann«, hat sich besonders in der politisch-pädagogischen Praxis als Referenzkonzept etabliert.[50] Die Arbeitsdefinition wird so zum Beispiel bei der Polizei als »wegweisendes Dokument für die praktische Arbeit« gewürdigt, und der weiter oben erwähnte »Unabhängige Expertenkreis Antisemitismus« verwendet sie für seine Arbeit[51], obwohl der Expertenkreis erklärte, dass die Definition wissenschaftlichen Analysen nicht genüge und erweitert werden müsse. Die FRA dagegen hat mit der Erklärung, dass die »Working Definition« nie als eine rechtsgültige Definition betrachtet wurde, das EUMC-Dokument 2013 von ihrer Website entfernt.[52]

Aber auch so geht es...

Die am Anfang dieses Kapitels zitierte Definition des *United States Holocaust Memorial Museum* in Washington beschreibt Antisemitismus mit nur einem kurzen Satz, der ins Deutsche übersetzt lautet: »Das Wort Antisemitismus bedeutet Vorurteile gegen oder Hass auf Juden.«[53] Der britische Philosoph Brian Klug bietet die wohl kürzeste und meines Erachtens präziseste Definition[54]: »Antisemitismus ist eine Art Feindseligkeit gegen Juden als ›Juden‹.«[55] Klugs ›Juden‹ sind die wahrgenommenen fantastischen Figuren mit Eigenschaften und Kräften, die den Juden angedichtet wurden. Daher ist Antisemitismus eine auf falschen Tatsachen beruhende Feindseligkeit gegenüber Juden.

Israel und Antisemitismus

Auf hochpolitischer Ebene, wo Israel, die Kritik an Israel und Antisemitismus sich überschneiden und aufeinanderprallen, erhitzte die Diskussion vor einigen Jahren erneut die Gemüter. Anlass war ein Gedicht von Günter Grass.[56] Grass schrieb in seinem Gedicht »Was gesagt werden muss« über Israels Atomwaffen, die, wie er meinte, Israel eventuell (von aus Deutschland gelieferten U-Booten!) auf den Iran abfeuern könnte. Er beschrieb auch, dass er aus Angst, als Antisemit zu gelten, als Deutscher bisher nicht gewagt habe, Israel zu kritisieren.

> *»... Doch warum untersage ich mir,*
> *jenes andere Land beim Namen zu nennen,*
> *in dem seit Jahren – wenn auch geheim gehalten –*
> *ein wachsend nukleares Potential verfügbar*
> *aber außer Kontrolle, weil keiner Prüfung zugänglich ist?*
>
> *Das allgemeine Verschweigen dieses Tatbestandes,*
> *dem sich mein Schweigen untergeordnet hat,*

empfinde ich als belastende Lüge
und Zwang, der Strafe in Aussicht stellt,
sobald er missachtet wird;
das Verdikt ›Antisemitismus‹ ist geläufig. ...«

Grass sorgte mit seinem Gedicht für Furore. Ist Grass ein Antisemit, ist das Gedicht antisemitisch? Welche Rolle spielt die Tatsache, dass er als 17-Jähriger in der Waffen-SS war, und wie soll man es bewerten, dass der Literaturnobelpreisträger diese Tatsache bis zu seinem 75. Lebensjahr verschwiegen hat? Ist dieses Gedicht ein Produkt seiner Altersschwäche? Und hätte die Süddeutsche Zeitung, die das Gedicht am 4. April 2012 auf Seite 1 abdruckte, es ablehnen sollen? Mit solchen Fragen waren die Zeitungen voll, Politik und Feuilleton debattierten schier endlos. Dabei wären die zwei wirklich wichtigen Fragen nicht der angebliche Antisemitismus von Grass gewesen, sondern ob Israel tatsächlich den Weltfrieden gefährdet und ob in der Tat Israelkritik in Deutschland mit dem Antisemitismusvorwurf totgeschlagen wird.

Rainer Erb und Werner Bergmann entwickelten das Konzept der Kommunikationslatenz - die Idee, dass aus politischer Korrektheit antisemitische Äußerungen oft kaschiert werden und dass eine Ersatzkommunikation benutzt wird, um dem noch immer existierenden Antisemitismus ein Ventil in Form eines akzeptablen Äußerungsweges zu öffnen. Zwei solcher Umgehungsmechanismen sind israelbezogener Antisemitismus und sekundärer Antisemitismus, der vor allem in Deutschland als Möglichkeit beobachtet werden konnte, die Schuld für den Holocaust zu relativieren. Sekundärer Antisemitismus ist mit dem allmählichen Aussterben der Kriegs- und direkten Nachkriegsgeneration auf dem Rückzug. Dagegen zeigen Umfragen ein veritables Aufblühen des israelbezogenen Antisemitismus.[*] Hier findet auch die Hauptauseinandersetzung statt: Sind Anti-Israel-Äußerungen und -Verhaltensweisen antisemitisch oder nicht?

Israel befindet sich seit seiner Gründung - und schon davor - in einem Existenzkampf. In diesem Kampf wird von Israel - zum Teil auch von dessen Unterstützern - die Behauptung aufgestellt, dass seine Gegner Antisemiten seien, von Antisemitismus motiviert seien oder antisemitisch handeln würden. In dieser Diskussion scheinen sich selbst einige

---

[*] Mehr dazu in Kapitel 3 über Umfragen.

Antisemitismusforscher ihrem Studienobjekt nicht mit der nötigen und zu erwartenden kritischen Distanz nähern zu können.*

»Wer gegen Zionisten hetze, meine eigentlich Juden«, erklärte eine Richterin, als sie einen 24-jährigen Mann, der 2014 auf einer Anti-Israel-Demonstration in Essen »Tod und Hass den Zionisten« gerufen hat, wegen Volksverhetzung verurteilte.[57] In seinem Statement, das der Antisemitismusforscher Robert Wistrich** 2004 der UN-Menschenrechtskommission gab, stellte er sogar fest:

>»Anti-Zionismus – durch seine systematische Delegitimierung, Diffamierung und Dämonisierung Israels – ist die gefährlichste und effektivste Form vom Antisemitismus heutzutage.«[58]

Wistrich ist der Meinung, dass Antizionismus und Antisemitismus zwei verschiedene Ideologien sind, dass sie sich aber besonders seit der Gründung Israels, ohne zu fusionieren, einander annähern. Einen Schritt weiter geht der israelische Brigadegeneral a. D. Yossi Kuperwasser, dessen Fazit in einem Beitrag zum Thema lautet:

>»Antisemitismus und Anti-Zionismus sind im Grunde ›die gleiche Idee, an ders verkleidet‹. Deren gemeinsame Motivation ist Hass auf Juden und das gemeinsame Ziel, ist, ihnen Rechte, die andere Völker und andere Menschen genießen, zu entziehen.«[59]

>»Der Antizionismus spricht Israel das Existenzrecht ab. Bewusst oder unbewusst: Eine solche Position läuft auf die Aufhebung einer gesicherten Zufluchtsstätte für die Juden und eine damit verbundene Verfolgung hinaus«,

erklärt der Soziologe und Politikwissenschaftler Armin Pfahl-Traughber und führt weiter aus, dass die Folgewirkung der Forderung von funda-

---

* So könnte man z.B., wie hier in einem Interview mit Samuel Salzborn, meinen, dass die Geschichte mit der Gründung Israels beginnt. Es ging um die Frage der deutschen Medien und deren Behandlung Israels: *»Das eigentliche Dilemma ist aber doch, dass die meisten Medien in Deutschland mit Blick auf das Thema Antisemitismus im Kontext des Nahost-Konfliktes völlig unfähig geworden sind, Fakten von Meinungen zu unterscheiden. Der Ausgangspunkt aller Diskussionen kann doch nur sein: Israel ist die einzige Demokratie im Nahen Osten, die seit ihrer Gründung ununterbrochen angegriffen wird und sich gegen diese Angriffe verteidigt – wie jede andere Demokratie dies auch tut oder tun würde.«* [Kuhn, Philip, Dämonisierung mit dem Ziel der Delegitimierung, Welt.de, 16.1.2013, www.welt.de/politik/deutschland/ article112787522/ (abgerufen am 6.09.2017)].

** Professor Robert Wistrich war Direktor des Vidal Sassoon Zentrum für Antisemitismusforschung an der Hebrew University in Jerusalem.

mentalen Israel-Feinden im arabischen Raum, die die »Auflösung oder Zerschlagung des Staates Israel« verlangen, eine Diskriminierung von Juden bedeuten würde und dass daher »aus dem Antizionismus auch einen Antisemitismus« gemacht würde. [60]

Ob und wie Antizionismus und Antisemitismus zu vergleichen oder gar miteinander gleichzusetzen sind, ob und wie Israelkritik in der Tat eine Facette des Antisemitismus ist: Diese Fragen werden schon seit längerem debattiert. Die Logik ist verständlich: Israel ist ein Staat, der von Juden für Juden konzipiert wurde, von Juden gegen viele Hindernisse und Schwierigkeiten erkämpft wurde und der sich als »jüdischer Staat« definiert. Dazu ermöglicht Israel - wo auch eine muslimische und christliche Minorität lebt - Juden, und zwar ausschließlich Juden, aus der ganzen Welt die Einwanderung und automatische Staatsbürgerschaft nur aufgrund ihrer religiösen Zugehörigkeit.

Damit eine Anti-Israel-Einstellung überhaupt in die Antisemitismusdefinition eingebracht werden kann, wurde ein Konstrukt gebaut, gemäß dem Israel als »kollektiver Jude« gesehen und als solcher gehasst wird. Dabei erkennen selbst viele der Befürworter einer sehr breiten Definition von Antisemitismus, dass Israelkritik auch ohne antisemitischen Hintergrund möglich ist. Einige Beispiele wären: Antizionisten, die wegen des Unrechts an den Palästinensern gegen die Etablierung eines jüdischen Staates waren, und viele derjenigen, die Israel unmissverständlich wegen seiner Besatzungs- und Siedlungspolitik im Westjordanland mit harschen Worten kritisieren. Dazu gehören auch Linke und Liberale, die gegen die Definition eines Staates als »jüdischem« Staat sind, ohne dabei antijüdisch zu sein. Es gibt auch Israelis und Juden, die diese Meinungen teilen. In der Tat gab es vor der Gründung Israels jüdische Strömungen, die innerhalb der jüdischen Gemeinden energisch gegen den Zionismus agiert haben, und es gibt einige, wie zum Beispiel manche ultra-orthodoxe Juden, die auch heute antizionistisch sind.*

Professor Robert Wistrich meinte, der Lackmustest bei der Frage, ob die Kritik an israelischen Regierungsmaßnahmen und israelischer Politik antisemitisch sei, bestehe darin, ob der »Kritiker« des Zionismus den jü-

---

* »Protestrabbiner« nannte Theodor Herzl, der Gründer der zionistischen Bewegung, diejenigen Rabbiner die energisch gegen Zionismus aufgetreten sind. Tatsächlich war die antizionistische Agitation des Allgemeinen Deutschen Rabbinerverbandes so heftig, dass der erste Zionistenkongress, der 1897 für München geplant war, stattdessen nach Basel versetzt werden musste.

dischen Staat abbauen möchte, ohne dabei auch für das Verschwinden anderer Länder im Nahen Osten – und anderswo – zu plädieren. Ein weiterer Indikator sei es, so Wistrich, wenn »unser Kritiker sich in der systemischen Dämonisierung und Diffamierung Israels engagiert«.[61] Wistrichs Argument lautet: Zionismus und das jüdische Volk werden mit Mitteln dämonisiert, die fast identisch mit den Methoden, Argumenten und Techniken des rassenbedingten Antisemitismus sind. Seit dem Zweiten Weltkrieg, argumentiert Wistrich weiter, seitdem der Nazismus als Metapher für das ultimative Böse gilt, werden Zionismus und Juden mit Hitler und dem Dritten Reich verglichen, und da Zionisten folglich »Nazis« seien, müsse man gegen Israel Krieg führen.[62] Es gibt in den Augen vieler Menschen gute Gründe, Israel mit klaren Worten zu kritisieren. Es mag sein, dass viele der Antizionisten, die einen Vergleich ziehen zwischen Zionisten und Nazis oder zwischen israelischen Politikern und Hitler, in der Tat Antisemiten sind, doch das ist mit Wistrichs Argument nicht bewiesen. Selbst wenn es sich um Antisemiten handelt, sind ihre Argumente nicht automatisch auch antisemitisch. Wistrichs Argumentation ist für die Diskussion über antisemitische Motivation ungeeignet. Die Behauptung, dass das jüdische Volk dämonisiert wird, darf nicht auf »Methoden und Argumenten« beruhen, es muss um den Inhalt der Aussagen gehen.

Ein israelischer Politiker, Nathan Scharanski, entwickelte einen sogenannten 3D-Test, der es ermöglichen soll, zwischen antisemitischer und nichtantisemitischer Israelkritik zu unterscheiden. Die drei »D« sind: Dämonisierung, Doppelstandards (Doppelmoral), Delegitimierung. Diese drei »D« sind leicht zu merken und der Test ist daher ein gern benutztes Instrument. Wie adäquat der Test letztendlich ist, sei dahingestellt. Von den drei »D«, ist Doppelmoral am überzeugendsten und genausten zu orten.

In der Tat erscheint es manchmal merkwürdig, wenn sich jemand ausschließlich über Israel erhitzt oder sich nur mit den Rechten der Palästinenser beschäftigt, obwohl es Menschenrechtsverletzungen überall auf der Welt gibt. Es ist eine berechtigte Frage, ob ein Kritiker Israels andere Länder mit denselben Maßstäben misst oder ob sein Fokus sich nur auf Israel richtet. Wenn ein Deutscher, Franzose oder Italiener regelmäßig an Anti-Israel-Demonstrationen teilnimmt, zum Boykott Israels aufruft, Israel und israelische Politiker mit Nazis vergleicht und seine Haltung und sein Verhalten damit erklärt, dass Israel die Menschenrechte der Palästinenser verletzt, wäre es interessant zu erfahren, ob bei ihm ähnliche

Sensibilitäten, Menschenrechtsinteressen und Einsatzbereitschaft für Kurden oder Aleviten in der Türkei, Tibetaner in China, Sinti und Roma in Rumänien und Ungarn oder für die Bevölkerung der von Russland besetzten Krim existieren, um nur einige zu nennen.

Wenn dem nicht so ist, und wenn das antiimperialistische Gefühl beziehungsweise das Menschenrechtsgefühl nur auf Israel fokussiert ist und wenn von Israel, vom jüdischen Staat, Normen und Verhaltensweisen verlangt werden wie von keinem anderem Land, dann wäre es wohl folgerichtig, eine antisemitische Motivation zu vermuten.

Dina Porat, Professorin an der Universität Tel Aviv und Chefhistorikerin in *Yad Vashem,* der Holocaust-Gedenkstätte in Jerusalem, behauptet, dass radikale muslimische Propaganda die Unterschiede zwischen Antisemitismus und Antizionismus absichtlich verwische, um im Krieg der arabischen Welt gegen Israel und mithilfe von Motiven, die aus der europäischen Tradition bekannt sind wie zum Beispiel den *Protokollen der Weisen von Zion,* nicht gegen Juden als Individuen, sondern gegen den Staat zu agieren und so dem jüdischen Staat eine negative Deutung geben. Auch Porat bietet einen Test, mit dessen Hilfe ermittelt werden soll, ob Antizionismus zu Antisemitismus geworden ist: [63]

— *wenn antisemitische Stereotype nach und nach benutzt werden;*
— *wenn ein Vergleich mit dem Naziregime gemacht wird;*
— *wenn der Holocaust verfälscht geschildert und als politische Waffe gebraucht wird mit der Unterstellung, er werde genutzt, um wirtschaftliche oder finanzielle Unterstützung zu erpressen, oder wenn der Holocaust geleugnet und als jüdisches Fantasiegebilde bezeichnet wird;*
— *wenn das Recht der Juden auf einen eigenen Staat unterminiert wird;*
— *wenn die Kritik an Israel und seinen sogenannten jüdischen Unterstützern in keinem Verhältnis steht zur Realität oder zur Kritik an anderen Nationen steht;*
— *wenn das jüdische Volk und der jüdische Staat als kosmische Quelle alles Bösen geschildert werden.*

Die verschiedenen Tests, die bei der Analyse helfen sollen, ob Anti-Israel-Positionen und antizionistische Aussagen antisemitisch sind, wären leichter anwendbar, wenn Israel ein passiver Organismus wäre. Nun ist Israel aber ein aktives Land, das sich in einer realen - teilweise militärischen - Auseinandersetzung mit mehreren Ländern und nichtstaatlichen Organisationen befindet. Gegner der Politik Israels - seien es auch die größten Schurken, Verbrecher oder Immoralisten – sollten ihre Argumente vorbringen dürfen. Auch wenn ein Antisemit Israel kritisiert, besteht die Möglichkeit, dass seine Kritik an der israelischen Besatzungspolitik oder an Israels Verhalten gegenüber den Palästinensern nicht antisemitisch ist. Ein Test sollte daher nur die Sachlichkeit der Kritik prüfen und nichts anderes.

Der besondere Fall: Muslime und antijüdische Einstellungen

Wenn Muslime über Israel sprechen, meinen sie auch Israel. Thematisiert werden Palästinenser und deren Heimat, und bei manchen auch Palästina als arabisches, muslimisches Territorium, wo Nicht-Muslime keine Souveränität haben sollen. Ohne Zweifel lässt sich festhalten, dass antizionistische Äußerungen bei den meisten Muslimen keine Ersatzkommunikation darstellen, um verborgene antijüdische Haltungen zu kaschieren.

Scharanskis schon erwähnter 3D-Test erweist sich als unbrauchbar, wenn die getesteten Personen beziehungsweise deren Äußerungen oder Verhaltensweisen, persönlich betroffen sind. Einen besonderen Bezug zur Kritik an Israel haben natürlich palästinensische Araber. Auch nicht-palästinensische Araber und andere Muslime entwickeln über das Konzept, dass alle Muslime miteinander verbunden und einander verpflichtet sind – besonders in der Beziehung zu Nichtmuslimen –, oft eine große Empathie, die leicht in eine einseitige Meinung über den Israel-Palästina-Konflikt abgleitet. Ähnliches lässt sich – als typisches Diasporaphänomen – auf der jüdischen Seite beobachten, wenn es um die Israel-Empathie von nichtisraelischen, also in der Diaspora lebenden Juden geht. Bei grundlegenden Auseinandersetzungen, vor allem dann, wenn es um Krieg geht, kann von diesen Seiten kein Fair Play erwartet werden. Die sich bekriegenden Parteien diffamieren einander, boykottieren sich und versuchen Boykotte zu etablieren; hier eine objektive Sicht der Dinge zu erwarten, ist unrealistisch, naiv oder gar verlogen.

Die muslimische Welt befindet sich zudem in internen Macht- und Deutungskämpfen, in denen der Nahostkonflikt zuweilen als Projektionsfläche benutzt wird, um Loyalitäten und gemeinsame Feindbilder zu eruieren. So entwickelten unter anderem sowohl der Iran als auch die Türkei eine hochaggressive antiisraelische Politik, die in beiden Fällen ins Antisemitische mündete. Bemerkenswert ist dabei, dass weder der Iran noch die Türkei gemeinsame Grenzen mit Israel und eine nennenswerte palästinensische Bevölkerung haben, was zu Interessenkonflikten hätten führen können. Eigentlich hätten sie keinen - mit Israel verbundenen - Grund, eine Feindschaft herzustellen. Beide Regierungen sahen den Nahostkonflikt als nützlich für ihre Zwecke an, und diejenigen, die die Propaganda nicht als solche erkennen, werden zu politischen Marionetten und entwickeln die »erwünschten« Anti-Israel-, Antizionismus- und Anti-Juden-Gefühle.

Das Thema des Nahostkonflikts und seine vielfältigen Auswirkungen wird in Kapitel 6 behandelt. Um antiisraelische Äußerungen insbesondere von Muslimen vor pauschalisierten Bezichtigungen des Antisemitismus gleichsam zu schützen, bedarf es der Exaktheit und Sorgfalt bei ihrer Analyse. So trivial, wie es scheint, ist es nämlich nicht. Doch gesellen sich zu den antiisraelischen und antizionistischen Äußerungen auf muslimischer Seite auch antijüdisches Verhalten, Vorurteile und Gewalttaten - ob verbal oder physisch.

»Jude, Jude, feiges Schwein, komm heraus und kämpf allein!«, riefen arabischstämmige Demonstranten, die im Sommer 2014 gegen Israels Gaza-Offensive auf die Straße gingen. Wer immer im Organisationskomitee der damaligen Demonstrationen diesen Slogan konzipierte, wollte sicherlich den frustrierten Demonstranten, die täglich Bilder der israelischen Macht auf ihren Fernsehern zu sehen bekamen, einen effektvollen und beleidigenden Auftritt ermöglichen, was offenbar gelungen ist. Dabei konnte diese klar antisemitische Parole von der Staatsanwaltschaft nicht als Volksverhetzung eingestuft werden.[64] Auch der bei einer ähnlichen Demonstration in Paris laut zu hörende Ausruf »Mort aux Juifs! Mort aux Juifs!« (Tod den Juden) bezeugt den Hass auf Juden als solche.

Wenn Juden nun wegen ihres Judentums mit Hass begegnet wird, gilt dies als Antisemitismus. Dabei ging es bei den genannten Demonstrationen um Anti-Israel- und Pro-Palästina-Manifestationen. Das Feindbild wäre in diesem Fall Israel: die israelische Regierung und das israelische Militär, die israelische Luftwaffe und der israelische Geheimdienst. Es gibt weder eine jüdische Luftwaffe noch werden Palästinenser von einer jüdischen Geheimpolizei festgenommen. Warum wurde also skandiert »Mort aux Juifs« und nicht »Mort aux Israeliens«? Warum bestand die Antwort der arabischen, in Europa lebenden Diaspora aus gegen Juden gerichteten Sprechchören, obwohl es um Israels Bomben in Gaza ging?

Wie kommt es von einer Anti-Israel-Einstellung eines Muslims zu Judenhass? Und was bedeutet Antizionismus in diesem Kontext? Ist das wirklich nur ein Code für Antisemitismus, der heutzutage als politisch nicht korrekt gilt? Oder bezeichnet Antizionismus ganz einfach eine Einstellung gegen die jüdische Besiedlung Palästinas?

Bei der Problematik der Definition von Antisemitismus können antijüdische Vorurteile und Verhaltensweisen bei Muslimen in drei Kategorien eingestuft werden:

1) Muslime, die ohne jegliche Verbindung zum Nahostkonflikt Juden hassen, weil sie Juden sind. Zu dieser Gruppe gehören unter anderen, Islamisten, die in der Tat in Juden den Feind sehen. Im vom Islam geprägten Weltbild solcher Islamisten ist ein muslimischer Staat vorgesehen, der weder Demokratie noch Pluralismus will, geschweige denn andere Religionen als ebenbürtig akzeptiert.

2) Muslime, die Juden hassen, weil für sie die Begriffe Jude, Israeli und Zionist sinngleich sind. Sie sprechen von Juden, meinen aber Israelis. Besonders in der arabischen Welt findet man diese Denkweise.

3) Muslime, die Juden hassen, weil sie Juden für Israels Politik mitverantwortlich machen.

Bei der ersten Kategorie ist es eindeutig, dass solche Feindseligkeit als Antisemitismus zu bezeichnen ist. Auch bei der zweiten Kategorie ist es klar: Die Feindseligkeit ist mit dem offenen und blutigen Konflikt verbunden, und es werden diejenigen gehasst, die man für das Leid der palästinensischen, muslimischen Glaubensbrüder verantwortlich macht.

Die dritte Kategorie ist komplizierter, da hier oft Vorurteile über allmächtige Juden, die die Welt regieren, mitverankert sind. Solche Vorurteile gelten als antisemitisch. Worauf aber basieren die Vorurteile der jüdischen Mitschuld? Handelt es sich um reine Fantasien oder etwa Fakten? Der Nahostkonflikt bezieht auch in der Diaspora lebende Juden mit ein, mit dem Effekt, dass ihnen von einigen Gegnern Israels eine Mitschuld zugewiesen wird. Bereits in seiner Unabhängigkeitserklärung definiert sich Israel als jüdischer Staat - ein selbstverständliches Ergebnis seiner Gründungsrechtfertigung. Die Unabhängigkeitserklärung legte auch fest, dass der neu gegründete Staat der jüdischen Einwanderung und der Sammlung der Juden im Exil offen steht. Ferner hat der Erfolg bei der Etablierung des jüdischen Staats auch mit Hilfe von Juden zu tun, die in der Diaspora leben. Sollten also nichtradikale Muslime, die sich antiisraelisch, antizionistisch oder auch antijüdisch äußern, einen Vertrauensvorschuss genießen und nicht automatisch als Antisemiten gesehen werden? Ganz so einfach ist es auch wieder nicht: Selbst wenn viele Muslime von Juden sprechen und Israelis meinen und viele sich nicht im Klaren darüber sind, ob und welche Trennungslinien Israel und Juden scheiden und unterscheiden, gibt es nicht wenige, laut deren Vorurteilswelt, Verschwörungstheorien und Fantasien über Juden - und damit sind nicht Israelis gemeint, sondern eine unklare Größe - der kleine Staat Israel die Möglichkeit erhält, stark und erfolgreich zu sein und damit mächtiger als die *»große und reiche«* arabische Welt. Sie bedienen sich alter christlicher, europäischer antijüdischer und antisemitischer Metaphern, Idiome, Vorurteile und Verschwörungstheorien, die ihren Weg Ende des 19. und Anfang des 20. Jahrhunderts in die arabische Welt gefunden haben. Aber im heutigen Gebrauch ist hier Israel das Thema. Israel, das - nach ihrem Verständnis - den Palästinensern das Land gestohlen hat und damit die Ursache für eine reelle Feindschaft mit der muslimischen Welt ist.[65]

Auch die Begriffsverwechslung zwischen Jude, Zionist und Israeli ist - wie gesagt - mit dem Palästina-Konflikt verbunden. Kurz gesagt, geht es darum, dass viele Juden der zionistischen Ideologie folgten und in Palästina einen Staat gründeten, den sie als jüdischen Staat entwarfen und weiter als solchen darstellen. Seit einigen Jahren genügt es dem Staat Israel nicht mehr, von den Palästinensern anerkannt zu sein, sondern verlangt nun auch, von den Palästinensern als jüdischer Staat anerkannt zu werden.

Zur Begriffsverwechslung und Unklarheit führt auch der von der israelischen Politik geförderte Eindruck, sie würde die Juden weltweit - und nicht nur die Bevölkerung Israels - repräsentieren. Diese Auslegung ist immer mehr zu hören. So erklärte Ariel Sharon, Ministerpräsident Israels von 2001 bis 2006, seinen Staat zum »nationalen und spirituellen Zentrum für alle Juden der Welt«.[66] Israels Ministerpräsident Benjamin Netanjahu (1996-1999; 2009-heute) ging noch weiter mit seiner Erklärung, als er zum Solidaritätsmarsch internationaler Regierungschefs nach den Terroranschlägen im Januar 2015 nach Paris reiste und sich selbst »nicht nur als Israels Ministerpräsident, sondern als Repräsentant des gesamten jüdischen Volkes«[67] sah - ein Amt, das er sich selbst erteilt hat. Eine ähnliche Einstellung kann man auch aus den Worten des israelischen Oppositionspolitikers Jitzchak Herzog heraushören, der meinte, Israel müsse alles tun, um zu vermeiden, dass Diaspora-Juden - »ein Teil von uns« - sich ausgeschlossen und nicht dazugehörig fühlen.[68] So sieht der jüdische Staat in den Juden, die außerhalb Israels leben, eine strategische Reserve. 2017 wurde berichtet, dass eine von Israels Regierung geschaffene Firma eine Datenbank aller jüdischen Studenten in den USA aufbauen soll. Um die Beziehung zwischen israelischen Juden und der jüdischen Diaspora zu optimieren, richtete die israelische Regierung ein separates Ministerium für Diaspora-Angelegenheiten ein.

Nicht nur das Verhalten Israels, sondern auch das Auftreten vieler jüdischer Organisationen in den verschiedensten Ländern, in denen Juden leben, spielt eine Rolle bei der Verwirrung um Israelis und Juden. Ob repräsentative oder andere jüdische zivilgesellschaftliche Körperschaften der Diaspora-Juden, ob Geldsammeln oder politische Lobbyarbeit für Israel - es fehlt nicht an Beispielen. Immer wieder stehen Führungspersonen jüdischer Organisationen bereit, um Israel zu erklären und zu verteidigen. Hier gilt es tiefer zu schürfen. Dieses Thema wird in den Kapiteln 2 (Umfragen) und 5 (Vorurteile) ausführlich behandelt.

Je ausgedehnter die Definition von Antisemitismus, desto größer die Gefahr, dass Judenhass zum Kernthema der Beziehung zwischen Juden und allen anderen Völkern wird. Die heutzutage zirkulierenden Definitionen sind, wie schon gesagt, das Produkt bewegter Verhandlungen, in denen jüdische Organisationen und Lobbygruppen eine wichtige Rolle spielen. Mehr und mehr soll, ihnen zufolge, die Kritik an Israel als Antisemitismus gelten. Für das Thema dieses Buchs sind diese Definitionen jedenfalls ungeeignet. Die Schwierigkeiten mit der Definition von Antisemitismus im Allgemeinen und unter Muslimen im Besonderen verzweigen sich noch weiter - wie das nächste Kapitel darlegen wird - bei der Vermessung des Antisemitismus.

Kapitel 2

Umfragen und ihre Problematik

74 Prozent der Bevölkerung in Nahost- und Nordafrika-Ländern teilen antisemitische Einstellungen. 78 Prozent der Juden in Deutschland meinen, dass sie im kommenden Jahr von einem Muslim attackiert werden. Wer produziert diese und ähnliche Daten? Und wie verlässlich sind sie?

In »*Could it happen here? What existing data tell us about contemporary antisemitism in the UK*«[69] fragen sich die Autoren dieses Berichts, der vom Institute for Jewish Policy Research herausgegeben worden ist, wie es sein kann, dass zu einer Zeit, in der einige besonders brutale Gewalttaten gegenüber Juden in Frankreich stattgefunden haben, eine recht renommierte Antisemitismusumfrage verhältnismäßig niedrige Antipathiewerte gegenüber Juden gemessen hat. Hat dies, so vermuten sie, möglicherweise mit der Fragestellung zu tun? So haben sich zum Beispiel nach dem Gaza-Krieg im Sommer 2014 die Einstellungen zu Juden im Vereinigten Königreich laut den Messwerten auch nicht verändert, obwohl viele Juden im Land durchaus das Gefühl von wachsendem Antisemitismus hatten. In der Tat wird nicht nur in Großbritannien über eine Diskrepanz zwischen der Messung des Antisemitismus und der Messung des von Juden gefühlten Antisemitismus berichtet. So spricht eine Studie der *Anti-Defamation League* (ADL) im Jahr 2014 von nur 4 Prozent Antisemitismus in Schweden, wohingegen eine Studie der *Fundamental Rights Agency* der EU berichtet, dass 60 Prozent der schwedischen Juden Antisemitismus in ihrem Land als ein sehr großes oder ziemlich großes Problem empfinden.[70]

Behauptungen über erhöhten Antisemitismus unter Muslimen sind sehr oft ideologisch motiviert, entspringen also einem antimuslimischen Vorurteil oder sind mitunter politisch-pragmatisch. Sehr gern werden solche Behauptungen dann mit Hilfe passender Anekdoten untermauert.

Um das Thema wissenschaftlicher anzugehen - und eigene Vorurteile und anekdotische Argumente außen vor zu lassen - werden qualitative wie auch quantitative Studien durchgeführt. Der Nachteil qualitativer Studien ist, dass sie nicht repräsentativ sind, ihr Vorteil ist, dass sie das auch gar nicht für sich beanspruchen. Quantitative Studien versprechen zunächst viel und wollen hauptsächlich ein klares Bild des Untersuchungsgegenstands zeichnen. Ob ihnen das gelingt oder überhaupt gelingen kann, sei dahingestellt.

Quantitative Studien, die Antisemitismus unter Muslimen messen wollen, gibt es bisher nur sehr wenige. Wie sehr dieses Thema politisch aufgeladen ist, auch wenn es um wissenschaftliche Darstellung und Auseinandersetzung geht, zeigt der Streit um eine von der *Europäischen Stelle zur Beobachtung von Rassismus und Fremdenfeindlichkeit* (EUMC) bestellten Studie, die die EUMC - wohl auf Druck einiger EU-Mitgliedsländer - unter Verschluss zu halten versuchte. Die EUMC unterstellte der Studie mangelnde Wissenschaftlichkeit und eine mangelhafte Datenbasis, unlautere Generalisierungen und falsche Vergleiche. Zwei Mitarbeiter des Zentrums für Antisemitismusforschung in Berlin, die an der Studie mitgearbeitet hatten, mutmaßten, dass ihre Befunde der EUMC politisch unerwünscht waren und deshalb nicht veröffentlicht werden sollten:[71]

»Zum einen ist dies wohl den Ergebnissen der Studie geschuldet, die in den Ländern Frankreich, Belgien, den Niederlanden und Großbritannien häufig jugendliche Muslime arabischen bzw. nordafrikanischen Ursprungs als Täter antisemitischer Übergriffe benennt, gleichzeitig jedoch feststellt, dass diese Gruppen selbst unter massiven Diskriminierungen leiden, am Rande der Gesellschaft leben und einen Sündenbock für ihre schlechte Lebenssituation suchen. Da das EUMC sich mit Recht seit Jahren darum bemüht, diese Missstände aufzuzeigen, und einen wesentlichen Teil seiner Arbeit der Entwicklung von Strategien gegen die Islamophobie widmet, sieht es seine Initiativen nun gefährdet. Ziel einer wissenschaftlichen Studie kann es jedoch nicht sein, auf solche politischen Intentionen Rücksicht zu nehmen, im Gegenteil, Wissenschaftler sind dazu angehalten, die Fakten zu erforschen und zu präsentieren, die der Politik als Basis dienen. Unbequem scheint auch die Benennung von antisemitischen Tendenzen in einigen linken Gruppierungen bzw. im Umfeld der Globalisierungsgegner zu sein, die die Grenze zwischen einer durchaus legitimen Kritik an der israelischen Politik hin zu einer Instrumentalisierung von antisemitischen Stereotypen im Kampf gegen eine ›imperialistische, kapitalistische Besatzungsmacht‹ überschreiten...«

Interessanterweise haben zwei der größten islamischen Interessenverbände in Deutschland die Studie als Anregung zu einer intensiven Diskussion über das Thema Antisemitismus unter Muslimen begrüßt.[72] Einige jüdische Organisationen, darunter der Jüdische Weltkongress (WJC) und die Vertretung der Juden Frankreichs (CRIF) haben die Studie sogar auf ihren Webseiten veröffentlicht.

2014 veröffentlichte die US-amerikanische *Anti-Defamation League* (ADL) ihre Studie »ADL Global 100«, die sich mit den Einstellungen zu Juden befasste. In der Studie waren rund 100 Länder vertreten, darunter 18 nahöstliche und nordafrikanische sowie andere Länder mit hoher muslimischer Bevölkerung.[73] Glaubt man der ADL, hegen beinahe alle Menschen im Nahen Osten sowie in Nordafrika antisemitische Ansichten:

– 74 Prozent der Bevölkerung des Nahen Ostens und Nordafrikas
– 93 Prozent der Bevölkerung des Westjordanlands und in Gaza
– 55 Prozent der westeuropäischen Muslime.

Weiterhin ist im ADL-Bericht eine Länderaufschlüsselung mit folgenden Ziffern zu finden:

Land	Prozent	
Irak	92 %	
Jemen	88 %	
Libyen	87 %	
Algerien	87 %	
Tunesien	86 %	
Kuwait	82 %	
Bahrain	81 %	
Jordanien	81 %	
Qatar	80 %	
Marokko	80 %	
Vereinigte Arabische Emirate	80 %	
Libanon	78 %	
Oman	76 %	
Ägypten	75 %	
Saudi-Arabien	74 %	
Türkei	69 %	[2015: 71 %]
Iran	56 %	[2015: 60 %]

Ein Jahr später untersuchte die ADL zum ersten Mal die Einstellungen von Muslimen in Europa und publizierte dazu folgende Daten[74]:

Belgien	68 % (verglichen mit 21 % der Gesamtbevölkerung)
Spanien	62 % (verglichen mit 29 % der Gesamtbevölkerung)
Italien	56 % (verglichen mit 29 % der Gesamtbevölkerung)
Deutschland	56 % (verglichen mit 16 % der Gesamtbevölkerung)
Vereinigtes Königreich	54 % (verglichen mit 12 % der Gesamtbevölkerung)
Frankreich	49 % (verglichen mit 17 % der Gesamtbevölkerung)

Kann man sich auf solche Daten verlassen? Was genau bedeuten sie? Und wem soll man glauben?

Etwa der *Fondation pour l'innovation politique* (Fondapol), deren Umfrage zeigte, dass 25 Prozent der Befragten der These zugestimmt haben, »Juden verfügen über zu viel Macht im Wirtschafts- und Finanzbereich«, 22 Prozent der These »Juden verfügen über zu viel Macht in der Medienwelt« und 19 Prozent der These »Juden verfügen über zu viel Macht in der Politik« zugestimmt haben?[75]

Oder der *Anti-Defamation League* (ADL), deren Studie zeitgleich erschienen ist und die zu dem Ergebnis kam, dass 51 Prozent der Befragten der These »Juden verfügen über zu viel Macht in der Wirtschaft« zustimmen? Sind es nun 51 Prozent oder 25 Prozent?

»Antisemitismus ist ja kein Fieber, das sich wie mit einem geeichten Thermometer messen lässt«,[76] war die prägnante Aussage des Soziologen und Antisemitismusforschers Werner Bergmann. Doch wenn man zum Beispiel die Webseite der schon erwähnten ADL besucht, einer amerikanisch-jüdischen Lobbyorganisation, kann man dort ein veritables Antisemitismus-Thermometer finden, den schon genannten *ADL Global 100 - An Index of Antisemitism,* dem die oben zitierten Daten entstammen.[77] Bergmann fügte hinzu:

> *»Je nachdem, wie die Fragen gestellt werden und welche Maßstäbe man anlegt, gelangen verschiedene Studien zu unterschiedlichen Ergebnissen, wie hoch der dauerhafte antisemitische Anteil der Bevölkerung zu beziffern ist.«*

Nichtsdestotrotz bezeichnete er bestimmte quantitative Studien als adäquat zur Erfassung antisemitischer Einstellungen. Bergmanns Einwand jedoch, der meines Erachtens berechtigt ist und vielleicht sogar eine gewisse Skepsis gegenüber der demoskopischen Kunst insgesamt in sich trägt, sollte ernstgenommen werden.

Umfragen und deren Interpretation sind ein beliebtes Instrument zur Identifizierung von Meinungen oder von Wissen bestimmter Bevölkerungen oder Bevölkerungsgruppen über bestimmte Themen und Fragen, die in der Öffentlichkeit debattiert werden. Zu beinahe jedem Thema, das im öffentlichen Diskurs aufscheint, werden Bevölkerungsumfragen durchgeführt - und die Resultate wirken oft nicht nur auf den Diskurs selbst zurück, sondern beeinflussen auch die politischen Entscheidungsträger.* Solche Umfragen sind deshalb so attraktiv, weil sie versprechen - oder zumindest behaupten -, ein wissenschaftliches, objektives Mittel zu sein, um die »Wahrheit« aufzudecken und ihr Geltung zu verschaffen. Da es meist um Themen von größerer Bedeutung oder gar Brisanz geht, werden die Umfrageergebnisse von den Parteien gern im politischen Diskurs genutzt und dienen ihnen als wissenschaftlich bewiesene »Wahrheit«. Je explosiver das Thema, desto kritischer ist die Frage der Objektivität und Relevanz von Resultaten aus spezifischen Umfragen zu sehen.

Genau deshalb, weil erwartet wird, dass mittels Meinungsforschung bestimmte Fragen wissenschaftlich beantwortet werden können, und weil die Produzenten von Umfrageergebnissen sowie jene, die sie verbreiten, die Resultate gern kategorisch präsentieren und suggerieren, das sei nun die wissenschaftlich ermittelte Wahrheit, werden die Ergebnisse auch tatsächlich oft als »die Wahrheit« betrachtet.

Nachdem die Ergebnisse einer Schweizer Studie mit Schlagzeilen wie »Jeder sechste Schweizer bekennt sich offen zum Judenhass« oder »Über eine Million Antisemiten« für einen eidgenössischen Medien-Aufreger gesorgt hatten, warnte der Sozialforscher Peter Atteslander vor genau solchen medialen Effekten:

»Schlagzahlen, die zu Schlagzeilen werden, verstärken gerade am Beispiel Antisemitismus Vorurteile, anstatt sie in ihrer Wirkung zu relativieren.«[78]

Was also zeigen die Umfragen? Die Antwort hängt teilweise davon ab, wer die Umfragen durchführt und wer sie in Auftrag gegeben hat. Selbst

* Zu diesem Thema berichtete *Der Spiegel* in seinem Artikel »Regieren nach Zahlen« über Bundeskanzlerin Merkels regelmäßige (mindestens wöchentliche) Unterstützung durch demoskopischen Umfragen: »Wie mit einem Pulsgerät lässt das Kanzleramt nonstop den Herzschlag der Gesellschafft messen«, und zitiert einen »langjährigen Wegbegleiter«: »Merkel schaut sich die Umfrageergebnisse genau an ... Sie will sich von Umfragen nicht abhängig machen. Aber sie speichert die wichtigsten Trends ab. Und wenn der richtige Moment kommt, setzt sie ihr Wissen ein.« Der Spiegel 37/2014.

wissenschaftlichen Studien wird - wie man weiter unten noch sehen kann - zuweilen die Objektivität abgesprochen.

Auch wenn im Volksmund, in der Politik und natürlich in den Medien von Antisemiten die Rede ist, sprechen professionelle Berichterstatter lieber von den »Trägern antisemitischer Einstellungen«. Noch vorsichtiger - und genauer - wäre es, von Personen zu sprechen, die Thesen (sogenannten *Items*) zustimmen, die als Indikatoren für Antisemitismus gelten. Die empirische Antisemitismusforschung, so erklären die Antisemitismusforscher Andreas Zick und Beate Küpper,[79]

>*betrachtet zudem Antisemitismus als antisemitische Einstellungen einer Person, nicht als eine unveränderliche Charaktereigenschaft dieser Person. Es macht nach Vorlagen aller empirischen Studien keinen Sinn, ›den Antisemiten‹ zu suchen, sondern das, was eine Person als Einstellung explizit oder implizit äußert oder ausdrückt.«*

Auf eine solche Differenzierung verzichten einige Medien zugunsten ihrer Schlagzeilen. So lautet eine Schlagzeile des Nachrichtensenders CNN: »Globale Studie zeigt, dass 1 von 4 Erwachsenen antisemitisch ist«, während der ADL-Bericht sagt, dass »1 von 4 Erwachsenen weltweit« stark mit »antisemitischen Einstellungen infiziert« sei.[80] Die *Jewish Telegraphic Agency* berichtet Ähnliches:

>*»ADL-Umfrage: ›Mehr als ein Viertel der Weltbevölkerung ist antisemitisch‹.«* Sie schreibt weiter: *»Viele Menschen auf der Welt hassen die Juden. Das ist das Hauptergebnis der bisher größten von der Anti-Defamation League durchgeführten Umfrage zu antisemitischen Einstellungen weltweit.«*[81]

Verlässt man sich auf die von der ADL veröffentlichten, medial verbreiteten und von Politikern instrumentalisierten Informationen, könnten sich diese betrüblichen und für einige auch beunruhigenden Informationen über das Ausmaß des weltweiten Antisemitismus in den Köpfen der Menschen verfestigen.

Hinter den diversen Umfragen zum Antisemitismus stehen - wie in diesem Kapitel noch gezeigt werden wird - viele Fragezeichen. Da Informationen aus demoskopischen Studien zu diesem Thema regelmäßig ihren Weg in die Medien finden, oft mit besorgniserregenden Schlagzeilen gekrönt werden und so auf den Diskurs zurückwirken, möchte ich ein paar generelle Probleme von Umfragen beleuchten. Dabei geht es sowohl um methodische Schwierigkeiten als auch um den Missbrauch solcher Studien, der sich förmlich anbietet, wenn eine These oder eine Behauptung angeblich wissenschaftlich fundiert ist.

Auch das Ego der Wissenschaftler, die in ein Forschungsprojekt involviert sind, spielt sicherlich eine Rolle bei der Auswertung von Umfragen, ferner das Bedürfnis der Gesellschaft und Behörden, auf Fragen klare Antworten zu bekommen und daraus Handlungsoptionen abzuleiten. Doch sollte man sich darüber im Klaren sein, dass sich auch Wissenschaftler untereinander oft nicht einig sind, wie Umfragen am besten oder richtig zu strukturieren sind. In diesem Kapitel wird also erklärt, warum ein gesunder Vorbehalt bei der Bewertung von Umfrageberichten angebracht wäre.

Zwei Elemente müssen dabei kritisch betrachtet werden: die Akteure, die die Umfragen ausführen, und die dabei verwendeten Methoden. Bevor ich auf die Akteure eingehe, werde ich etwas zur Methodik von Umfragen sagen. Dies soll kein Lehrstück über Umfragen sein, aber doch auf einige generelle Schwächen und mögliche Problemfelder aufmerksam machen.

Werden die richtigen Fragen gestellt?
Und werden die Fragen richtig gestellt?

»Es gibt drei Arten von Lügen: Lügen, dreiste Lügen und Statistiken«. Auch wenn diese Feststellung mittlerweile zum Klischee geworden ist - ganz ohne Grund wurde sie nicht getroffen. Eine Befragungsmethode, die keine Gelegenheit zum Nachhaken und zur Klärung bietet, zwingt zu Frage- oder Urteilsformulierungen, »die eine als vorhanden unterstellte Meinung oder ein Wissen des Befragten evozieren wollen«, erklärt Werner Bergmann. Weiter führt er aus:

> *Die Wahl der Themen, Ereignisse und Aussagen muss sich insofern dem herrschenden Diskurs über den Gegenstandsbereich möglichst anzunähern suchen, sodass die entsprechenden Assoziationen beim Rezipienten aktiviert werden.«*[82]

In vielen Umfragen werden den Befragten keine Fragen, sondern Aussagen beziehungsweise Thesen, sogenannte *Items*, vorgelegt, zu denen sie Stellung nehmen sollen. Aber sind solche Items denn überhaupt adäquat formuliert und methodologisch fachgemäß zusammengestellt worden?

Umfragen werden, hoffentlich, von professionellen Demoskopen vorbereitet und durchgeführt, weshalb man davon ausgehen können sollte, dass sie korrekt aufgebaut sind, um die wahre Meinung der untersuchten Bevölkerung herauszubekommen. Bedeutet das, dass die Ergebnisse tatsächlich liefern, was gewünscht ist: die Meinung der Bevölkerung zu einem untersuchten Thema? Nein, sagen viele Meinungsforschungsexperten, die sich nicht über ein perfektes Erhebungsmodell einig sind.

Double-Barrel

Einigkeit herrscht bei den Experten immerhin darüber, dass Fragen oder Items klar verständlich sein sollten. Dazu gehört auch die Vermeidung sogenannter *double-barrelled*-Items. Ein Beispiel für so ein *double-barrel* und die daraus resultierenden Probleme haben wir in dem Item: »Wir sollten unter unsere Vergangenheit einen Schlussstrich ziehen; bei den anderen sind genauso schlimme Dinge vorgekommen.«* Wie soll man zu diesem Item eindeutig Stellung beziehen, wenn man eigentlich keinen Schlussstrich unter der NS-Vergangenheit ziehen würde, aber der Meinung ist, dass in der Tat bei anderen genauso schlimme Dinge vorgekommen sind? Oder auch umgekehrt, wenn man zwar nicht der Meinung ist, dass bei den anderen genauso schlimme Dinge vorgekommen sind, man aber doch gern einen Schlussstrich unter die Vergangenheit ziehen möchte?

Positiv oder Negativ

Viele der Antisemitismus-Umfragen gebrauchen beinah ausschließlich negative Items. Eine amerikanische Umfrage sollte den Unterschied zwischen negativ und positiv formulierten Items testen. Zu diesem Zweck wurden die Teilnehmerinnen und Teilnehmer entweder gefragt: »Sind Sie der Meinung, dass die USA öffentliche Reden gegen die Demokratie verbieten sollen?« oder »Sind Sie der Meinung, dass die USA öffentliche Reden gegen die Demokratie erlauben sollen?«[83] Während in der ersten Gruppe 46 Prozent der Beteiligten der negativen Frage zustimmten, verneinten in der zweiten Gruppe 62 Prozent die positive Frage.[84] »Do people mean what they say?«, fragen die Autoren des Artikels, in dem dieses

---

* Diese Items wurden in den Emnid-Umfragen in den Jahren 1989 und 1991 vorgelegt.

Beispiel angeführt wird. 15 beziehungsweise 17 Prozent haben die Frage mit »Don't know« beantwortet. Sind nun 21 Prozent der Bevölkerung liberal denkend und der Meinung, dass sogar die Gegner der Demokratie ein demokratisches Recht haben, für ihre Meinung zu plädieren, oder 39 Prozent? Wollen nun 62 Prozent der Bevölkerung die Gegner der Demokratie zum Verstummen bringen oder nur 46 Prozent? Die Antwort hängt vom Format der Frage ab: Ist sie positiv oder negativ gestellt? Dieser Sachverhalt ist höchst unbefriedigend.

Agree-Disagree

Es gibt zwei Hauptformate für Umfragen: Das eine Format setzt sich aus direkten Fragen zusammen, das andere nutzt die Zustimmungs-Ablehnungs-Methode (Agree-Disagree-Methode). Über die Zustimmungs-Ablehnungs-Methode sind die Meinungen geteilt, und sehr viele Experten raten von ihrer Nutzung ab. Manch andere hingegen finden die Methode empfehlenswert. Mehrere Studien aber zeigen, dass *Agree-Disagree-Umfragen* weniger zuverlässig sind als direkte Fragen, das heißt, dass Menschen, die die gleiche Meinung haben auch dieselbe Antwort geben.[85] Selbst über die optimale Anzahl von Antwortkategorien, um die Meinung der Befragten am genauesten festzuhalten, sind die Experten sich nicht einig.[86]

Da das *Agree-Disagree-Format* (AD-Format) jedoch in so vielen der Antisemitismusumfragen benutzt wird, möchte ich etwas zu dessen Problematik sagen. Eine grundlegende Schwierigkeit des AD-Formats besteht in der kognitiven Belastung des Befragten, die beim AD-Verfahren höher ist als bei direkten Fragen. Kognitive Belastung bedeutet hier, dass ein Befragter mehrere Phasen durchlaufen muss, bevor er in der Lage ist, eine Frage überhaupt beantworten zu können: Der kognitive Prozess beginnt mit der Notwendigkeit, zunächst ein Item zu verstehen, dann die verschiedenen Abstufungen in der zur Verfügung gestellten Antwortskala und danach die Bedeutung dieser Abstufungen, bevor man seinen passenden Platz auf der nicht kontinuierlichen Skala finden und die Frage so beantworten kann, dass man sich damit wohlfühlt. Bei Verfahren mit direkten Fragen ist der Prozess kürzer: Hier muss das Item verstanden werden und die Wahl der Antwort ist einfacher, da die Skala kontinuierlich ist.

Wegen dieser kognitiven Belastung nehmen viele der Befragten gerne Abkürzungen, die den Zeitaufwand minimieren und zu viel Aufmerksamkeit und Mitdenken ersparen. Die Umfrage wird auf einem zufriedenstellenden, gerade ausreichenden Niveau beantwortet – eine Strategie, die mit dem Begriff *satisfice** bezeichnet wird.

Eine der Abkürzungsstrategien ist die automatische Wahl der extremsten Antwort, *extreme response style,* ohne sich weiter mit dem Thema zu befassen. Ein anderes Phänomen, auf Englisch *acquiescence,* ist die Neigung vieler Menschen, der Aussage eines Items einfach zuzustimmen. Dies kann aus Faulheit geschehen, da es eine einfache Möglichkeit ist, einen Fragebogen schnell zu beantworten, ohne sich lange mit den Fragen auseinanderzusetzen. Eine andere Erklärung für dieses Phänomen ist die bei manchen vorhandene Tendenz, sich der Meinung des Interviewers oder der vermeintlichen »Meinung« des Fragebogens unterzuordnen, denen man höheres Wissen und Expertentum im untersuchten Gebiet unterstellt. Nicht nur die Annahme, dass die Umfragen die »richtigen« Antworten beinhalten, sondern auch der Wunsch, denjenigen Aussagen zuzustimmen, von denen man glaubt, dass sie die Meinung der Mehrheit widerspiegeln, spielt bei vielen eine Rolle. Dazu haben die meisten Menschen das Bedürfnis, einen guten Eindruck oder zumindest keinen schlechten Eindruck auf den Interviewer zu machen. Wie sich das äußern kann, ist am folgenden Beispiel zu sehen: In Umfragen, die gleich nach Wahlen stattgefunden haben, behaupteten 25 Prozent der Nichtwähler, gewählt zu haben. Sie machten falsche Angaben, da sie befürchteten, ihre Nichtpartizipation könnte einen schlechten Eindruck hinterlassen. Als aber in der Formulierung des Items den Befragten eine Ausweichmöglichkeit geboten wurde, wie etwa: »Viele Menschen wählen nicht, weil etwas Unerwartetes dazwischengekommen ist ...«, sank der Prozentsatz der unehrlichen Antworten.[87]

Wie unzuverlässig quantitative Studien sind, ist Untersuchungen zu entnehmen, die zeigen konnten, dass mehr als 60 Prozent der Befragten die Frage »Stimmen Sie diesem Statement zu oder nicht?« mit Ja beantworteten. Auch zeigten Untersuchungen, dass viele sowohl einem Item als auch einem entgegengesetzten Item zustimmen.[88]

Richtige Fragen?

Es wäre wohl am leichtesten, wenn man bei einer Umfrage einfach fragen könnte »Sind sie Antisemit?« oder »Haben Sie etwas gegen Juden?« und

---

* Der englische Begriff satisfice besteht aus satisfying (zufriedenstellen; genügen) und suffice (ausreichend; genügend).

sich dann sicher sein dürfte, dass alle Befragten wahrheitsgemäß antworten, um so ein klares Bild über die Verbreitung des Antisemitismus in der Gesellschaft zu bekommen. Je politisch unkorrekter es aber geworden ist, sich antisemitisch zu äußern oder gar als Antisemit zu outen, desto unzuverlässiger ist das Resultat, das man mit einer solchen direkten Frage erreichen würde. Zu denjenigen, die ihren Antisemitismus nicht öffentlich oder gegenüber unbekannten Personen zugeben wollen, kommen noch diejenigen, die ihn sich zwar nicht eingestehen, die aber unterschwellig antisemitische Vorurteile haben. Um diese verborgene Feindseligkeit zu enthüllen, wurden verschiedene Versuche unternommen, den Antisemitismusbegriff zu ergänzen (vgl. Kapitel 1).

Nun müssen solche Fragen oder Items eingesetzt werden, von denen angenommen wird, dass sie als Indikatoren zur Ermittlung von Antisemitismus bei Befragten taugen. Wenn aber - wie in Kapitel 1 geschildert - schon kein Konsens über die Definitionen des Antisemitismus besteht, wird man sich auch über die Items schwer einigen können. In der Medizin kennt man den Begriff »Marker«, das sind Parameter, die zum Beispiel im Blutbild gemessen werden und die als Indikatoren für die Diagnose einer Krankheit dienen können. Solche minutiösen, genauen und klar messbaren Marker gibt es für soziologische, psychologische oder politische Vorgänge jedoch nicht. Daher ist das Anliegen der Demoskopen, die Relevanz der von ihnen gewählten Items als Indikatoren für das Untersuchte »Krankheitsbild« zu belegen - in unserem Fall der Antisemitismus -, nicht leicht.

Die Anti-Defamation League

Statistiken zu antisemitischen Einstellungen und zur Prävalenz des Antisemitismus in verschiedenen Ländern oder auch in differenzierten Bevölkerungsgruppen werden regelmäßig von Forschungsinstituten geliefert und sporadisch von den unterschiedlichsten Einrichtungen nach Bedarf erstellt. Einer der aktivsten, wenn nicht der aktivste Akteur auf diesem Gebiet ist die *Anti-Defamation League* (ADL), die sich seit über 50 Jahren sehr systematisch und regelmäßig mit der Messung des Antisemitismus in den USA und seit einigen Jahren auch in vielen anderen Ländern beschäftigt. Dadurch ist die Organisation bestens in der Lage, Daten zu diesem Thema zu liefern. Die ADL, deren Hauptsitz in New York ist und deren Haupttätigkeitsgebiet darin besteht, Antisemitismus zu bekämpfen, wurde 1913 gegründet mit dem Zweck, »das Diffamieren der

Juden zu beenden und um Gerechtigkeit und Fairness für alle zu sichern«. Die ADL bezeichnet sich selbst als die wichtigste Bürgerrechtsorganisation der USA und erklärt, dass sie Bürgerrechte verteidigt, demokratische Ideale schützt und alle Arten der Bigotterie bekämpft. Regelmäßig werden von der ADL Statistiken über die Ausbreitung antisemitischer Vorurteile veröffentlicht. Sie ist wohl weltweit der größte Produzent von Umfragen und Daten, was die globale Reichweite antisemitischer Vorurteile betrifft.[89] Die Organisation behauptet, dass sie die Verantwortlichen in den USA, in der ganzen Welt und bei den Vereinten Nationen dazu auffordert, Maßnahmen gegen antijüdische Bigotterie und Gewalt zu ergreifen; globalen Antisemitismus und Extremismus überwacht und bekämpft und die Sicherheit und das Wohlbefinden jüdischer Gemeinden auf der ganzen Welt fördert. Die ADL beansprucht für sich, hierzu Fachkenntnisse an Regierungen wie auch an nichtstaatliche Institutionen zu liefern.*

Die ADL und ihre Studien, die seit 1964 Antisemitismus in den Blick nehmen und veröffentlicht werden, sind wegen ihrer Bedeutung und wegen ihres Rufs, den sie auf diesem Gebiet genießen, auch ein Beleg für die Problematik von Antisemitismusumfragen. Dabei sollte klar gesagt werden, dass die ADL als jüdische Lobbyorganisation zwar nicht objektiv sein kann - und das sicherlich auch nicht von sich behaupten würde -, dass ihre Arbeit deswegen aber nicht automatisch geringgeschätzt werden darf.

In der Tat: Juden haben jahrhundertelang unter Antisemitismus gelitten, und die Existenz von Organisationen, die Antisemitismus erkunden, messen und bekämpfen, ist sehr wichtig. An diesem Punkt sollte etwas über die Funktion solcher zivilgesellschaftlichen Organisationen in der demokratischen Welt gesagt werden, und wie sie dabei vorgehen. Den Begriff Non Governmental Organisations (NGOs) oder Nichtregierungsorganisationen gab es zur Gründungszeit der ADL noch nicht. Viele dieser Organisationen leisten wichtige und oft lebensrettende Arbeit. Doch sind darunter auch Interessenverbände, deren Kalkül es ist, ihre eigenen Ziele - welcher Art auch immer - durchzusetzen. Zu diesem Zweck versu-

---

* www.adl.org/about-adl/, (abgerufen am 20.2.2017). Die ADL fordert führende Politiker in den USA und der Welt sowie die Vereinten Nationen dazu auf, radikale antijüdische Einstellungen und gegen Juden gerichtete Gewalt zu unterbinden ... Die ADL beobachtet und bekämpft den globalen Antisemitismus und Extremismus und verstärkt die Sicherheit und das Wohlergehen jüdischer Gemeinden überall auf der Welt. Sie stellt ihre Expertise Regierungen und Nichtregierungseinrichtungen weltweit zur Verfügung.

chen sie, politische Machthaber sowohl in der Legislative als auch in der Exekutive zu beeinflussen. In diesem Kontext wird dann auch von Lobbyismus oder Lobbyarbeit gesprochen - ein Begriff, der von vielen negativ bewertet wird.

Um sich selbst zu informieren, aber auch um andere von ihrem Anliegen zu überzeugen, führen Interessenverbände Meinungsumfragen aus. Bei der Auswertung der Informationen, die von einer Lobbyorganisation geliefert werden, sollte man sich bewusst sein, dass die Daten nicht von einem unabhängigen Forschungsinstitut stammen, sondern von einer politischen Gruppierung. Und hier komme ich auf die oben zitierten Worte Werner Bergmanns zurück:

> *»Je nachdem, wie die Fragen gestellt werden und welche Maßstäbe man anlegt, gelangen verschiedene Studien zu unterschiedlichen Ergebnissen, wie hoch der dauerhafte antisemitische Anteil der Bevölkerung zu beziffern ist.«*[90]

1964 wurde von der University of California in Berkeley ein Umfrageformat für die ADL entwickelt, das elf Items beinhaltet - einzelne Aussagen, zu denen die Befragten ihre Zustimmung beziehungsweise Ablehnung auf mehrstufigen Skalen angeben sollen.[91] Die Befragten werden gebeten, eine von drei möglichen Antworten zu wählen: »wahrscheinlich wahr«, »wahrscheinlich nicht wahr«, »unbekannt«. Diese elf Items wurden 50 Jahre lang von der ADL in ihren Umfragen benutzt. Erst 2014 hat die ADL einige Änderungen in den Items veranlasst. Die Umfragen werden nicht direkt von der ADL, sondern in ihrem Auftrag von verschiedenen Meinungsbefragungsinstituten ausgeführt. Die Informationen gehören der ADL, die diese dann »vermarktet«, damit - wie die Organisation erklärt - »Menschen auf der ganzen Welt, denen daran liegt, Antisemitismus und Hass zu bekämpfen, über diese Daten verfügen, die aufzeigen, wo die Probleme liegen und wohin sich die Aufmerksamkeit richten muss«.[92]

Die Verwendung der gleichen Items über viele Jahre hinweg ist bei Umfragen ein sehr großer Vorteil. Sie ermöglicht Vergleiche und Einsichten in die Entwicklung eines Themas, eines Problems, einer Einstellung über längere Perioden hinweg. Doch die Demoskopie hat sich in den letzten 50 Jahren enorm verändert, und so stellt sich die Frage, ob es wissenschaftlich zufriedenstellend oder gar vertretbar ist, Umfragen, die auf dem Wissensstand der 1960er-Jahre konzipiert wurden, Jahrzehnte lang unverändert weiterzuführen. An dieser Stelle gilt es auch zu erwähnen, dass alle elf Items, die seit 1964 wiederholt genutzt wurden, negative Aussagen über Juden sind. Bemerkenswert ist, dass auch die 2014 veränderten Items ausschließlich negative Aussagen über Juden beinhalten. So darf man sich hier fragen, inwiefern die Umfragen die Befragten gewissermaßen in eine negative Richtung drängen.

Die Entscheidung, alle elf Umfrage-Items nur negativ zu formulieren, ist nicht bedeutungslos für unser Thema. Eine Frage sollte eigentlich auf ein »Bild im Kopf« der Befragten treffen[93] und kein »Bild im Kopf« der Befragten erzeugen. Die Tendenz einiger Forschungsinstitute, über viele Jahre hinweg die immer gleichen Fragen zu verwenden, unter anderem, um die Vergleichbarkeit zu gewährleisten, können diesen »Implantierungseffekt« noch verstärken.

ADL-Umfragen

Auf der Webseite der ADL wird man zurzeit mit folgender Information begrüßt: »1.090.000.000 ist die Anzahl der Menschen, die antisemitische Einstellungen haben.«[94] Man kann sich ein oder mehrere Länder oder Ländergruppen aussuchen und deren Antisemitismuspegel anzeigen lassen. Zum Beispiel: »Von 275.000.000 Erwachsenen in den untersuchten nahöstlichen und nordafrikanischen Ländern haben 200.000.000 Menschen antisemitische Einstellungen.«[95] Was bedeutet diese Behauptung? Ist sie mehr als eine provokante Schlagzeile? Können und sollten Entscheidungsträger mit dieser Information etwas anfangen? Wenn Juden infolge antisemitischer Gewalt- und Straftaten über Angst vor steigendem Antisemitismus sprechen, sind dann diese oder ähnliche Zahlen relevant für sie? Machen sie ihnen nur noch mehr Angst? Oder dienen sie nicht vielmehr den Finanziers der Organisation und ihrer Studien, damit sie das Gefühl vermitteln, das Geld für die Studie sei gut investiert und es sei wichtig, die ADL weiter zu unterstützen?

In der Pressemeldung zur ADL Global 100-Studie, die 2014 veröffentlicht und als »Index des Antisemitismus« bezeichnet wurde, stand die Überschrift:[96]

»ADL führt in über 100 Ländern Befragungen durch und stellt fest, dass über ein Viertel der Befragten mit antisemitischer Gesinnung infiziert ist.«
»Nur 54 Prozent der Befragten haben vom Holocaust gehört.«

Interessant ist der medizinische Begriff »infiziert«, der hier verwendet wird, um anzudeuten, dass Antisemitismus ein Virus oder eine ansteckende Krankheit sei. An dieser Stelle könnte man sich fragen, ob nicht auch diese Wortwahl die Verbreitung des Virus fördert. Kurios ist zudem die Gewichtung, dass »nur« 54 Prozent der Befragten vom Holocaust gehört hätten. Wie kommt es zu der Erwartung, dass Befragte in Tansania, Nigeria, der Mongolei oder China sowie in anderen Ländern, in denen der Großteil der Bevölkerung weder mit Juden noch mit europäischer Geschichte Kontakt hat, Kenntnis vom Holocaust haben sollten? Die Pressemeldung berichtet ferner, dass die höchste Konzentration von antisemitischen Einstellungen bei Befragten im mittleren Osten und in den nordafrikanischen Ländern (»MENA«) festgestellt wurde, »wo fast drei Viertel der Befragten, nämlich **74 Prozent,** mit dem Großteil antisemitischer Vorurteile übereinstimmten. Die Nicht-MENA-Länder liegen im Index im Durchschnitt bei **23 Prozent.**« (fett im Original)

1. *Juden verhalten sich loyaler gegenüber Israel als dem Land, in dem sie wohnen.*
2. *Juden verfügen über zu viel Macht in den internationalen Finanzmärkten*
3. *Juden haben zu viel Kontrolle über das Weltgeschehen.*
4. *Juden halten sich für bessere Menschen*
5. *Juden haben zu viel Einfluss auf die globalen Medien.*
6. *Juden sind für die meisten Kriege auf der Welt verantwortlich.*
7. *Juden verfügen über zu viel Macht in der Wirtschaft*
8. *Juden sind alle Menschen egal, außer Juden.*
9. *Juden sind wegen ihres Verhaltens verhasst.*
10. *Juden haben zu viel Kontrolle über die US-Regierung.*
11. *Juden reden noch immer zu viel über den Holocaust.*

Das sind die elf Items, die in den Umfragen der *Anti-Defamation League* verwendet werden. Befragte, die sechs oder mehr Items mit »*wahrscheinlich wahr*« beantworten, werden als Träger antisemitischer Ansichten eingestuft.

Problematische Items

Beinahe jedes Item im ADL-Fragebogen bringt ein Problem mit sich: Wer »Juden verfügen über zu viel Macht in der Wirtschaft« bejaht, wird »Juden verfügen über zu viel Macht in den internationalen Finanzmärkten« wohl nicht negieren. In ähnlicher Weise wirken auch zwei weitere Items als Doubletten: »Juden haben zu viel Kontrolle über die US-Regierung« und »Juden haben zu viel Kontrolle über das Weltgeschehen«. Wie bereits oben erwähnt, genügt es, sechs von elf Items mit »wahrscheinlich wahr« zu beantworten und der Befragte wird als Antisemit eingestuft beziehungsweise als Träger antisemitischer Einstellungen. Mit diesen vier bejahten Items - die inhaltlich eigentlich nur zwei sind - befindet man sich laut ADL schon an der Schwelle zum Antisemitismus. Noch weiter nähert man sich ihr an, wenn man zu dem Schluss kommt, dass die Meinung »Juden haben zu viel Einfluss über die globalen Medien« logisch verbunden ist mit der Meinung »Juden haben zu viel Kontrolle über das Weltgeschehen«. Bei einem weiteren Item »Juden halten sich für bessere Menschen« kann man sich fragen, ob das nicht über fast alle - oder zumindest viele - Ethnien, Religionsgemeinschaften und andere Gruppierungen gesagt werden kann? Für die Bejahung dieses Items dürfte auch der Umstand eine Rolle spielen, dass man bei Juden über das von Gott auserwählte Volk spricht. Ist man antiamerikanisch oder frankophob, wenn man eine solche Aussage über Amerikaner oder über Franzosen mit »wahrscheinlich wahr« beantworten würde? Interessant wäre es, dieses Item Juden in einer Umfrage vorzulegen, um zu erfahren, ob sie selbst es vielleicht bestätigen würden.

»Juden sind wegen ihres Verhaltens verhasst« wie auch »Juden reden noch immer zu viel über den Holocaust« sind *double-barrelled*. Dem Befragten wird berichtet, dass Juden verhasst sind, und nun soll er nur noch Stellung dazu beziehen, ob das am Verhalten liegt oder nicht. Jemand, der Juden nicht hasst, aber der Meinung ist, dass diejenigen, die Juden hassen, es aufgrund von Verhaltensweisen der Juden tun, wird dieses Item positiv beantworten - und hat sich damit angeblich schon antisemitisch geäußert. Kann man daraus wirklich Antisemitismus folgern? Ganz ähnlich können die Befragten dem Item »Juden reden noch immer zu viel über den Holocaust« die Unterstellung entnehmen, dass Juden schon in der Vergangenheit zu viel über den Holocaust geredet haben.

Selbst das Item »Juden verhalten sich loyaler gegenüber Israel als dem Land, in dem sie wohnen« ist problematisch. In der Tat kann man diese Behauptung auch oft von Juden hören. Nehmen wir die US-amerikanische Präsidentschaftswahlkampagne von 2016 als Beispiel: Nicht nur, aber besonders in den USA befinden sich sehr aktive und teilweise sehr erfolgreiche jüdische Lobbygruppen, die es sich zur Aufgabe gemacht haben,

Israels Politik öffentlich zu verteidigen. Der Milliardär und Medien-Mogul Haim Saban war einer der größeren Unterstützer Hillary Clintons, und der Milliardär und Casino-Magnat Sheldon Adelson unterstützte mit erheblichen Summen nicht nur Trump, sondern auch eine ganze Reihe anderer Republikaner in ihren Wahlkämpfen. Sowohl Saban als auch Adelson machten keinen Hehl aus der Tatsache, dass US-amerikanischer Beistand für Israel für sie das Hauptthema ist. Die *New York Times* wusste in einem Artikel mit der Überschrift »Republican Contenders Reach Out to Sheldon Adelson, Palms Up« zu berichten:

»Uneingeschränkte Unterstützung für die israelische Regierung ist der Preis für Mr. Adelsons Unterstützung.« Im selben Artikel wurde ein republikanischer Bewerber, Senator Lindsay Graham, zitiert, der scherzend sagte: »Ich werde vielleicht aufgrund der pro-israelischen Finanzierung das erste rein jüdische Kabinett in Amerika haben.«[97]

Mit diesem Hintergrundwissen ist nicht nur das Item zur Loyalität nicht notwendigerweise als Vorurteil zu sehen, sondern auch die Items zur »Kontrolle über die US-Regierung«, »Kontrolle über das Weltgeschehen« sowie »Macht in der Wirtschaft«. Betrachten wir einmal einen fiktiven Umfrageteilnehmer: Herrn Philo Semiticus.

Herr Semiticus liest in seiner Zeitung Berichte über Saban oder Adelson oder über die regelmäßige überparteiliche Unterstützung Israels im US-amerikanischen Senat*, wird danach von einem demoskopischen Institut angerufen und bekommt die elf ADL-Items vorgelesen. Stellen wir uns auch vor, dass es um jemanden geht, der nicht judenfeindlich ist, aber die Politik Israels gegenüber den Palästinensern sehr negativ beurteilt und sich darüber ärgert, dass seine eigene Regierung Israels Siedlungspolitik ermöglicht oder zumindest nicht bekämpft. Sehr schnell stimmt unser Herr Semiticus sechs der Items zu und wird damit als Träger antisemitischer Meinungen eingestuft und, schlichter, als Antisemit angesehen. Natürlich kann man Herrn Semiticus vorwerfen, dass er verallgemeinert, weil er wegen ein paar Nachrichten über zwei jüdische Milliardäre Items zustimmt, die beginnen mit »Juden verfügen« oder »Juden haben«. Auch könnte man aufgrund seiner Zustimmung zu den Aussa-

---

* Dafür gibt es mehrere Beispiele, wie z. B. den *Jerusalem Embassy Act;* das Gesetz, das die amerikanische Botschaft von Tel Aviv nach Jerusalem verlegen möchte, wurde 1995 mit 93 zu 5 Stimmen im Senat verabschiedet. Das war ein Versuch des Senats, sich in die Prärogative des amerikanischen Präsidenten einzumischen. Seit 1995 unterschreibt der amtierende Präsident alle sechs Monate ein Ausschluss-Dokument, um das Inkrafttreten dieses Gesetzes zu verschieben. Ein anderes Beispiel ist der Brief, den alle 100 Senatoren 2017 an den UNO-Generalsekretär schrieben und in dem sie verlangten, dass die UNO Israel fairer behandeln solle.

gen, Juden hätten »zu viel Macht« und »zu viel Kontrolle« eine antijüdische Emotion vermuten, denn wie viel Macht oder Kontrolle sind oder sollen gestattet sein? Was genau bedeutet »zu viel«? Hätte Herr Semiticus möglicherweise einen Anwalt beauftragen müssen, der ihn auf die Tücken der Umfrage aufmerksam macht?

Seit einigen Jahren lässt die ADL auch in vorwiegend muslimischen Ländern Daten sammeln. Leider gibt sie nur sehr wenig Information zu den angewandten Erhebungsmethoden heraus. Dazu ist die Teilnehmerzahl in jedem Land häufig auf 500 limitiert, was als Stichprobe zu klein erscheinen mag, um Repräsentativität zu garantieren. Mit einer noch kleineren Stichprobe begnügte sich die ADL 2015, als sie zum ersten Mal die Einstellungen von Muslimen gegenüber Juden in sechs Ländern Westeuropas untersuchen ließ. In ihrer Pressemeldung berichtete die ADL, dass »die Übernahme antisemitischer Vorurteile durch Muslime in Belgien, Frankreich, Deutschland, Italien, Spanien und Großbritannien wesentlich höher war als in der Gesamtbevölkerung dieser Länder«. Im Durchschnitt zeigten 55 Prozent der westeuropäischen Muslime antisemitische Einstellungen, damit waren es weniger als die 75 Prozent, die der ADL-Index des vorigen Jahres für den mittleren Osten und Nordafrika angegeben hatte. Zu diesem Ergebnis kam die ADL, nachdem in jedem dieser sechs Länder 100 Muslime mit Hilfe ihres Fragebogens befragt wurden.[98] Was die Pressemeldung – in der zwar eine hohe Fehlermarge notiert ist (+/- 9,8 Prozent) – nicht erwähnt, ist, dass diese Erkenntnisse über Muslime in Europa auf einer Stichprobe von tatsächlich nur 100 Befragten pro Land basieren.

Bei diesen veröffentlichten Daten, die die Einstellungen von Muslimen in überwiegend muslimischen Ländern und in Europa vergleichen, tauchen der Nahostkonflikt und seine Auswirkungen auf Muslime, auf ihre Ansichten über jüdische Macht und jüdischen Einfluss oder auch die Verwechslung der Begriffe Jude und Israeli nicht auf. Besonders sticht dies bei der oben genannten Studie ins Auge, die auch den angeblichen Antisemitismus jener palästinensischen Bevölkerungsteile misst, die unter Israels Kontrolle leben.

Kritik an ADL-Studien

Einige Kritiker der Studien sind der Meinung, dass diese zu wenig Antisemitismus messe. 74 Prozent behaupteter Antisemitismus in der arabischen Welt seien unglaubwürdig niedrig, meint der Autor des folgenden Texts, der auch die Abwesenheit von israelbezogenen Items kritisiert, die seiner Meinung nach zu einer »fälschlicherweise positiven Sicht der europäischen Länder« führe:[99]

>»Die Ergebnisse der neuesten weltweiten Umfrage der ADL zum Antisemitismus deuten darauf hin, dass es für jeden Juden 70 Antisemiten gibt. ...*
>*Die ADL sollte für die Durchführung einer so großen Anstrengung gelobt werden. Der Bericht bietet viele nützliche Informationen. Einer seiner wichtigen Beiträge ist neue Schlüsselinformation über massiven Antisemitismus in den Palästinensergebieten und der weiteren muslimischen Welt. ...*
>*Zu den gestellten Fragen gehörte jedoch nicht: ›Glauben Sie, dass Juden Affen und Schweine sind?‹ Diese Frage ist in muslimischen Umfeldern sehr wichtig. Die Nazis behaupteten, Juden seien Untermenschen. Jeder, der glaubt, dass Juden Tiere sind, hat eine genauso extrem antisemitische Einstellung, egal, wie er oder sie die elf Fragen beantwortet.«*

Auch im *Jewish News Service* war man skeptisch – und die Schlagzeile eines Artikels zur Studie lautete: »Die ADL-Antisemitismus-Studie ist im Vergleich zu früheren sehr umfangreich, aber wie akkurat ist sie?« In diesem Artikel wird Rabbi Abraham Cooper vom *Simon Wiesenthal Center** zitiert, der die Resultate bei Ländern wie Schweden und Holland, die in der Studie einen niedrigen Antisemitismus mit 4 und 5 Prozent zeigten, für unglaubwürdig hielt:

>»Wir reden hier von Ländern, in denen shechita [Schächten, koschere Schlachtung] illegal ist, in denen es Holocaustleugner gibt und allgemein eine sehr negative Einstellung [gegenüber Juden] vorhanden ist ... Jüdische Kinder werden in Schulen in Skandinavien schikaniert, weil sie Juden sind. Das also Schweden als leuchtendes Beispiel in Skandinavien dargestellt wird, ist einfach völlig realitätsfern.«[100]

Die ADL-Umfragen beinhalten keine Items, die israelbezogenen Antisemitismus ermitteln, wie das zum Beispiel in deutschen Umfragen üblich ist. Aber Antizionismus ist Antisemitismus, sagte Haim Fireberg, Forschungsdirektor am *Kantor Center for the Study of Contemporary European Jewry*,

---

* Das 1977 gegründete Simon Wiesenthal Center ist eine jüdische Nichtregierungsorganisation, die sich mit der Holocaust- und Antisemitismus-Thematik beschäftigt. Der Hauptsitz dieser international politisch tätigen NGO ist Los Angeles.

an der Universität Tel Aviv. Er kritisiert die ADL-Studie dafür, dass sie nicht präzise genug sei und sich nicht angemessen mit dem heutigen Antisemitismus auseinandersetze. Wogegen Abraham Foxman, emeritierter Vorsitzender und damaliger Direktor der ADL, erklärte:

>>Es ist offensichtlich, dass der Nahostkonflikt in Bezug auf den Antisemitismus von Bedeutung ist, ... wir sind der Meinung, dass antiisraelische Einstellungen einen Einfluss auf den Antisemitismus haben, aber wir verfügen über keine statistischen Daten, die dies bestätigen.<<[101]

In einem Artikel äußerten sich hingegen zwei pro-palästinensische Aktivistinnen, die der Meinung sind, die ADL sei eine

>>Organisation, die seit langem versuche, diejenigen, die nicht ihre uneingeschränkte Unterstützung Israels und israelischer Politik teilen, zum Schweigen zu bringen und einzuschüchtern<<, und sie stellen fest: >>Viele Fragen in der ADL-Umfrage dienen dazu, Paranoia zu schüren.<<[102]

Aber auch in der israelischen Presse ließ sich eine gewisse Skepsis bezüglich der Methodik der Studie finden: Unter der Überschrift

>>Testen Sie sich: Sind Sie Antisemit? Eine Umfrage der ADL ergab, dass circa ein Viertel der Weltbevölkerung antisemitisch ist. In der Befragung wurden eine Reihe interessanter, fast suggestiver Fragen gestellt.<<

Da bittet der Autor die Leser, denen die elf Umfrage-Items im Artikel präsentiert werden, selbst zu beurteilen, ob die Studie fair, wissenschaftlich und seriös ist.[103] Auch Harvard-Professor Noah Feldman beschwerte sich über die Methodik der Studie, in der, wie er sagt, elf Fragen unfair gestellt wurden, sodass sie zu antisemitischen Antworten führten. Über den rhetorischen Effekt hinaus, den die Verkündung habe, dass ein Viertel der Weltbevölkerung antijüdisch sei, biete diese Studie >>nichts Wertvolles, was tatsächliches Wissen betrifft<<.[104]

Teilt man die Meinung des Anthropologen Sydney Singer, dass man mit den ADL-Umfragen sogar Antisemitismus erzeugt,[105] so müsste das gesamte Konzept solcher Umfragen neu überdacht werden. In der Umfrage von 2014 wurde Laos - mit 0,2 Prozent Antisemiten - als das am wenigsten antisemitische Land in der ADL-Weltreihe genannt. Die ADL verspricht >>fortlaufende und regelmäßige Befragungen, um Änderungen zu messen und den Effekt von Ereignissen auf antisemitische Haltungen festzustellen«.[106] Es wäre spannend zu erfahren, wie hoch die Antisemitismusquote in Laos in zehn oder zwanzig Jahren sein wird, nachdem dort zehn Umfragen durchgeführt wurden. Vielleicht haben die Befragten, die bisher nichts über Juden wussten, dann einiges mithilfe der negativen Umfrage-Items gelernt?

Vergleiche über Zeiten und Ländergrenzen hinweg

Sowohl die ADL-Studie als auch europäische Studien, die die Prävalenz des Antisemitismus in verschiedenen Ländern vergleichen, produzieren zwar genaue Ziffern, mit deren Hilfe man den Antisemitismus vielleicht vergleichen könnte, doch stellt sich die Frage, ob die ermittelten Werte überhaupt vergleichbar sind. Kann ein vergleichbares Wissen über den Holocaust bei Deutschen und bei Syrern vorausgesetzt werden? Kann die Antwort auf einen »Klassiker« in Antisemitismusumfragen »Was der Staat Israel heute mit den Palästinensern macht, ist im Prinzip auch nichts anderes als das, was die Nazis im Dritten Reich mit den Juden gemacht haben« von einem Europäer und einem Araber gleich bewertet werden? Auch die Frage zum jüdischen Einfluss auf die US-Regierung wird von jemandem, der das politische System der USA mit seinen Lobbygruppen kennt, und einem, der weniger darüber weiß, unterschiedlich verstanden, weshalb man die beiden Antworten verschieden bewerten müsste.

»If you want to measure change do not change the measure«, bringt es Tom W. Smith in seinem Artikel auf den Punkt, in dem er die Ergebnisse dreier großer Antisemitismus-Studien, die 1964, 1981 und 1992 in den USA erschienen sind, zu vergleichen versucht.[107] Der Vergleich dieser Studien, der wie die Studien selbst die Tendenzen und Veränderungen im Antisemitismus untersuchen sollte, ist laut Smith wegen verschiedenster methodischer Unterschiede nicht möglich oder riskant. Ein Beispiel ist das Item »Jew stick together too much« (Juden bleiben zu oft unter sich), welches in einer Studie exakt so vorkommt, in einer anderen Studie aber als Vergleichsfrage gestellt wird, in der die Befragten gebeten werden, Schwarze, Italiener, Juden, Asiaten, Weiße und Lateinamerikaner dahingehend zu vergleichen, inwiefern die eine Gruppe mehr als die anderen dazu neigt, untereinander zu bleiben (»stick to themselves«). Im ersten Format wird das pejorative »zu viel« benutzt, das in dem zweiten Umfrageformat nicht vorkommt. Weiterhin geht es in der ersten Formulierung um ein asoziales jüdisches Exklusivverhalten, während mit der zweiten Formulierung Gruppensolidarität und Zusammenhalt assoziiert werden.

Deutsche Studien

Seit mehreren Jahren werden in Deutschland zwei Langzeitstudien durchgeführt, die unter anderem antisemitische Einstellungen untersuchen. Die eine wird im Rahmen der Leipziger »Mitte«-Studien von einem Team an der Universität Leipzig ausgeführt, die andere im Rahmen der Forschung zu Gruppenbezogener Menschenfeindlichkeit (GMF) vom Bielefelder Institut für interdisziplinäre Konflikt- und Gewaltforschung.* Zusätzlich gibt es verschiedene vereinzelte Umfragen, die von Zeit zu Zeit Einstellungen zu Juden in Deutschland untersuchen.

In Deutschland, mit seiner historisch bedingt besonders hohen Sensibilität für Antisemitismus, wurde von Werner Bergmann und Rainer Erb das Konzept der Kommunikationslatenz entwickelt. Nach diesem Konzept nutzen viele, die es nicht wagen, ihren Antisemitismus, der mithilfe von Items des »klassischen Antisemitismus« messbar wäre, offen zu bekunden, den Umweg der Ersatzkommunikation, um ihre Vorurteile zu äußern. Zwei zentrale »Umwege« sollen der sekundäre Antisemitismus (Judenfeindschaft aus Erinnerungsabwehr), und der israelbezogene Antisemitismus sein. Daher werden - im Unterschied zu den ADL-Umfragen - in Deutschland neben den Stereotypen des »klassischen Antisemitismus« oft auch andere Themen angesprochen, die von den Studienverfassern als weitere Facetten des Antisemitismus gesehen werden. Unter diesen Items sind folgende häufig zu finden:

— *Juden haben in Deutschland zu viel Einfluss.*
— *Durch ihr Verhalten sind Juden an ihren Verfolgungen mitschuldig.*
— *Viele Juden versuchen, aus der Vergangenheit des Dritten Reiches heute ihren Vorteil zu ziehen.*
— *Ich ärgere mich darüber, dass den Deutschen auch heute noch die Verbrechen an den Juden vorgehalten werden.*
— *Ich bin es leid, immer wieder von den deutschen Verbrechen an den Juden zu hören.*
— *Die deutschen Juden fühlen sich stärker mit Israel als mit Deutschland verbunden.*

---

* Die Leipziger »Mitte«-Studien wurden bis 2012 von der SPD-nahen Friedrich-Ebert-Stiftung finanziert und mitgestaltet. Die 2016er Leipziger Studie wurde von den Heinrich-Böll-, Rosa-Luxemburg- und Otto Brenner Stiftungen finanziert. Das von der Volkswagen Stiftung geförderte GMF-Forschungsprojekt lief von 2002 bis 2012. Seit 2014 wird die Arbeit des Bielefelder Teams von der Friedrich-Ebert-Stiftung getragen.

- *Bei der Politik, die Israel macht, kann ich gut verstehen, dass man etwas gegen Juden hat.*
- *Durch die israelische Politik werden mir die Juden immer unsympathischer.*
- *Israel führt einen Vernichtungskrieg gegen die Palästinenser.*
- *Was der Staat Israel heute mit den Palästinensern macht, ist im Prinzip auch nichts anderes als das, was die Nazis im Dritten Reich mit den Juden gemacht haben.*
- *Ich werde wütend, wenn ich daran denke, wie Israel die Palästinenser behandelt.*

Für wie wesentlich und bedeutend die nichtklassischen Facetten angesehen werden, kann man an der Kritik des Antisemitismusforschers Samuel Salzborn sehen, der einer 2016 erschienenen Studie, die nur Facetten des klassischen Antisemitismus abfragte, bescheinigte:

>»Das Antisemitismusverständnis der neuen Leipziger ›Mitte‹-Studie ist drastisch verkürzt und in Sachen Antisemitismusforschung nicht auf der Höhe der Zeit.«

Salzborn erklärte:

>»Wenn man in einer empirischen Einstellungsuntersuchung zahlreiche, zumal die dominierenden, Formen von Antisemitismus ignoriert, dann bekommt man am Ende nicht nur empirisch völlig schiefe Ergebnisse, sondern sendet ein heikles politisches Signal eines angeblichen ›Rückgangs‹ von Antisemitismus.«[108]

Die von Salzborn kritisierte Studie »Die enthemmte Mitte: Autoritäre und rechtsextreme Einstellung in Deutschland«[109] wurde von einem renommierten und erfahrenen Forschungsteam an der Universität Leipzig erstellt, das sich seit mehreren Jahren mit dem Messen von rechtsextremen Einstellungen in Deutschland befasst.

Besorgniserregende Befunde über die Zunahme der autoritären Aggressionen gegen Muslime, Sinti, Roma und Asylsuchende, über vermehrte Radikalisierung (Gewaltbereitschaft) und eine zunehmende Polarisierung der Gesellschaft kommen in dieser Studie ans Licht. Auch wurde festgestellt, dass der Anteil rechtsextrem Eingestellter unter jungen Erwachsenen in Ostdeutschland hoch sei und dass Rechtsextreme in der AfD eine Heimat gefunden haben.[110]

Jedoch erbrachte die Studie auch das freudige Ergebnis, dass der Antisemitismus in der Bevölkerung wieder zurückgegangen sei und nun bei nur 4,8 Prozent steht (verglichen mit 9 Prozent im Jahr 2008 und 10 Prozent in 2004). Antisemitismus wurde in dieser Studie mittels dreier Items untersucht, die nur den »klassischen Antisemitismus« abfragen:*

— *Auch heute noch ist der Einfluss der Juden zu groß.*
— *Die Juden arbeiten mehr als andere Menschen mit üblen Tricks, um das zu erreichen, was sie wollen.*
— *Die Juden haben einfach etwas Besonderes und Eigentümliches an sich und passen nicht so recht zu uns.*

Wie zu sehen ist, werden auch in dieser Studie den Befragten nur negative Items über Juden angeboten. Dazu suggeriert das erste *double-barrelled* Item »Auch heute noch ...«, dass Juden schon immer, in jedem Fall aber früher, viel Einfluss hatten. Die Frage, wie man den oft nicht kleinen Anteil der Befragten bewertet, die in eine unklare Aussage flüchten, ist die Basis einer weiteren Kritik. Hier ging es um den Umgang der Studienverfasser mit den erhobenen Daten, der nach Ansicht eines Kritikers zu einem zu niedrigen Ergebnis führte:[111]

> *»Der Aussage ›Auch heute noch ist der Einfluss der Juden zu groß‹ stimmten beispielsweise 2,6 Prozent der Befragten ›voll und ganz‹ und 8,4 Prozent ›überwiegend‹ zu. Als ›Zustimmung‹ zu dieser Dimension werden diese beiden Gruppen zusammengefasst mit knapp elf Prozent angegeben. Doch bei dieser Zahl wird eine weitere Gruppe der Antworten unterschlagen: 21,1 Prozent der Befragten stimmten der Aussage nämlich ›teils zu, teils nicht zu‹. Ist jemand, der teilweise zustimmt, dass der Einfluss der Juden auch heute noch zu groß ist, kein Antisemit? Geht es nach der Leipziger Studie, ist er es nicht. Im Ergebnis führt das zu dem Eindruck, dass Antisemitismus in Deutschland kaum noch ein Problem wäre: 4,8 Prozent klingt nach nichts.«*

---

* Der Umfrage-Auftrag lautete: »Kreuzen Sie bitte bei den folgenden Aussagen an, inwieweit Sie den einzelnen Aussagen zustimmen.« Antwortmöglichkeiten:
1 lehne völlig ab
2 lehne überwiegend ab
3 teils/teils
4 stimme überwiegend zu.

Man kann einer klaren Aussage ausweichen, je nachdem, was die Umfrage ermöglicht - sei es die Option, keine Meinung zu haben oder, wie in diesem Falle eine »teils/teils«-Antwort zu geben. Dabei gibt es viele, die tatsächlich zu dem einem oder anderen Thema keine Meinung haben. Je größer der Anteil der teils/teils- oder »keine-Meinung-«Antworten, desto höher ist auch die Wahrscheinlichkeit, dass es sich um ein Ausweichmanöver handelt, das eine politisch nicht korrekte Antwort kaschiert.

Die Leipziger »Mitte«-Studie von 2016 wurde von der Heinrich-Böll-, der Rosa-Luxemburg- und der Otto Brenner Stiftung finanziert. Mit dem Hinweis: »Die Finanziers der Studie sollte man vielleicht auch erwähnen. Es ist die Grünen-Stiftung, die Böll-Stiftung und die Luxemburg-Stiftung der Linkspartei«, erklärt Extremismus-Forscher Klaus Schroeder*, und daher ist »diese Studie sehr interessengeleitet«.[112] Parteilichkeit in einer akademischen Studie, auch wenn sie von parteinahen Stiftungen in Auftrag gegeben wurde - das ist schon ein sehr schwerwiegender Vorwurf. *Advocacy polling* ist das Problem, dass Schroeder in seiner Kritik anspricht, in der es besonders um die Feststellung ging, dass Menschen mit rechtsextremen Einstellungen in der Alternative für Deutschland (AfD) eine neue Heimat gefunden hätten.

Ein Beispiel aus der Wirtschaftswelt für *advocacy polling* wäre ein Hersteller von Überwachungskameras, der Resultate einer Umfrage über das Sicherheitsgefühl der Bevölkerung verbreitet. In diesem Fall sollte überprüft werden, ob die Umfrage möglicherweise mit nichtrepräsentativen Stichproben und Suggestivfragen hergestellt und wie selektiv die Resultate veröffentlicht wurden. Wenn Studien von Interessenverbänden, Lobbygruppen oder Industrien in Auftrag gegeben und publik gemacht werden, liegt die Befangenheitsvermutung nahe, und daher ist in solchen Fällen Vorsicht geboten.

Die eigentlich erfreulichen Nachrichten zum sinkenden Antisemitismus wurden also mit Kritik aus verschiedenen Richtungen empfangen. Es stellte sich sehr schnell heraus, dass der Antisemitismusbefund der Studie anfechtbar ist. Und es wurde auch sofort gefochten. Oliver Decker, einer der Studienverfasser, erklärte: »Unsere Studie darf keinesfalls als Entwarnung in Hinsicht auf den Antisemitismus in Deutschland gewertet werden«, aber weil der Fokus der Untersuchung in dem Jahr auf Islamfeindlichkeit in Deutschland gelegen habe, hatten sich die Leipziger bei

---

* Prof. Dr. Klaus Schroeder vom Otto-Suhr-Institut der Freien Universität Berlin ist Mitverfasser einer Studie zu den »demokratiegefährdenden Potentialen des Linksextremismus«.

den Fragen zum Antisemitismus auf die klassischen Ressentiments beschränkt. Kurios war zudem, dass obwohl in der Studie selbst von 4,8 Prozent Antisemitismus die Rede ist, Decker anschließend ausführte: »Wir können in der Bevölkerung von einem antisemitischen Potenzial zwischen 20 und 30 Prozent ausgehen.«[113]

Warum die Leipziger Studienverfasser beschlossen haben, bei der Messung des Antisemitismus zu sparen, ist unklar. Es ist schwer vorstellbar, dass den Verfassern der Studie, die sich auch mit anderen Formen von gruppenbezogener Menschenfeindlichkeit befasst haben, nicht realisierten, dass ihr Befund zum Antisemitismus, mangelhaft ist. Auch wenn die Leipziger das Vorurteil über jüdische Macht nicht teilen, hätten sie damit rechnen müssen, dass seitens jüdischer Lobbygruppen Protest erhoben wird. Die Debatte über ein so sensibles Thema hätte zudem auch schnell eskalieren können. Da ich mich scheue, den Verfassern der Leipziger Studie einen Mangel an Sensibilität vorzuwerfen, wäre eine mögliche Erklärung für die Veröffentlichung einer fehlerhaften Studie, dass sie diesen Weg genutzt haben, um darauf aufmerksam zu machen, dass mehr Mittel nötig sind, um qualitativ hochwertige Studien über Antisemitismus anfertigen zu können.

Wie bei der *Anti-Defamation League* findet man auch in deutschen Studien grundsätzlich negative Items, die als Antisemitismusindikatoren die nen. Und auch hier sind die verwendeten Items zum Teil problematisch. In ihrer Expertise beschreiben Andreas Zick und Beate Küppers das Item »Juden haben in Deutschland zu viel Einfluss« als Konspirationsmythos. Der Begriff suggeriert etwas Heimtückisches.[114] Aber was bedeutet »zu viel«? Bedeutet es »mehr als einem lieb ist« oder »mehr im Vergleich zum Rest der Bevölkerung«? Man könnte sich fragen, ob die Konklusion, dass Juden viel Einfluss haben, nicht logisch zu erklären ist. Während der Beschneidungsdebatte, die 2012 in Deutschland aufkam, lebten in Deutschland geschätzt etwa 200.000 Juden und rund 3,5 Millionen Muslime. Das von Juden und Muslimen befürchtete Verbot, Jungen aus religiösen Gründen zu beschneiden, wurde in den deutschen Medien hauptsächlich als jüdisches Thema behandelt. Die Sprecher der jüdischen Gemeinde erklärten, dass Juden nicht in Deutschland bleiben würden, wenn das Beschneidungsverbot gesetzlich in Kraft tritt. Von muslimischer Seite gab es keine vergleichbare Drohung. Die deutsche Politik hat mithilfe eines Gesetzes dafür gesorgt, dass Beschneidungen legal bleiben und Juden so weiter in Deutschland bleiben können. Es stellt sich die Frage, ob eine muslimische Drohung, das Land zu verlassen, einen ähnlichen Effekt gehabt hätte. Hätte da die Politik genauso schnell agiert? Oder wären da nicht einige Stimmen in der Öffentlichkeit zu hören gewesen, die den Muslimen, denen »unsere Zivilisation« nicht gefällt, vorgeschlagen hätten, »zurück in ihre Heimatländer« zu gehen? Seit den frühen 1950er-Jahren sieht die bundesrepublikanische Politik es als ihre Aufgabe an, jüdisches Leben in Deutschland zu etablieren und zu fördern, als Beweis dafür, dass Deutschland sich tatsächlich von seiner nationalsozialistischen Vergangenheit gelöst hat. Damit erklärt sich der Einfluss von Juden auf die deutsche Politik. Und so ist es verständlich, wenn einige der Meinung sind, dass Juden viel oder vielleicht zu viel Einfluss haben. Diese Meinung kann man auch ohne jegliche antijüdischen Ressentiments teilen.

Inwieweit eine Zustimmung zum Item »Ich ärgere mich darüber, dass den Deutschen auch heute noch die Verbrechen an den Juden vorgehalten werden« - der sogenannte Wunsch nach einem Schlussstrich - notwendigerweise antisemitisch ist und nicht nur der einfache Wunsch, dass Kinder und sogar Enkelkinder der Tätergeneration nicht mehr an die schlimme Vergangenheit ihres Volks erinnert und damit implizit verbunden werden sollen, ist eine offene Frage. Es kann ein Gefühl sein, das möglicherweise nichts mit Juden zu tun hat. Das Thema taucht manchmal auch etwas anders formuliert auf: »Ich bin es leid, immer wieder von den deutschen Verbrechen an den Juden zu hören.« Auch »Viele Juden versuchen, aus der Vergangenheit des Dritten Reiches heute ihren Vorteil zu ziehen« ist ein Item, das sekundären Antisemitismus identifizieren soll. Versucht aber nicht jeder, wo immer es geht, Vorteile zu ziehen? Eine interessante Frage ist, ob das »Streben nach Vorteilen« in einer solchen Situation überhaupt als negative oder etwa als moralisch verwerfliche Eigenschaft gesehen werden sollte - auch wenn es der »Tätergesellschaft« und deren Abkömmlingen unbequem, unsympathisch und finanziell belastend erscheint? Diese Items, die als effiziente Indikatoren für antijüdische Ressentiments galten, als die Tätergeneration in Deutschland noch mitten im Leben stand, könnten heute mittlerweile obsolet sein.

Sekundärer Antisemitismus, der als ein typisch deutsches Phänomen gilt, mag im Hinblick auf Muslime weniger relevant sein, ist es aber nicht unbedingt. Wenn man davon ausgeht, dass viele Muslime das Thema Juden durch die Lupe der Palästinafrage sehen, wäre es nicht verwunderlich, wenn sie der Meinung wären, dass die deutsche Unterstützung für Israel zu »ihrem« Problem beiträgt. Daher könnten auch sie den Items zum sekundären Antisemitismus zustimmen, überzeugt davon, dass Juden und der jüdische Staat das Schuldgefühl der Deutschen zu ihren Gunsten und zugunsten Israels ausnutzen.

Israelkritik oder Antisemitismus

Sind Kritiker Israels Antisemiten? Ist die Kritik an Israel antisemitisch? Die Frage ist für die Messung des Antisemitismus von kritischer Bedeutung - nachdem der klassische Antisemitismus und auch der sekundäre Antisemitismus rückläufig zu sein scheinen und Israelkritik nun die Hauptmesslatte für Antisemitismus sein soll. Die höchsten Zustimmungsraten in den Umfragen, die in Deutschland geführt wurden, erreichten jene Items, die einen Israelbezug haben.

In der Bielefelder Mitte-Studie, die 2016 erschienen ist, stimmten zusammengefasst 40 Prozent der deutschen Bevölkerung Items des israelbezogenen Antisemitismus zu. Dem Item »Israel führt einen Vernichtungskrieg gegen die Palästinenser« stimmten 2004 68,4 Prozent, 2008 49,2 Prozent, 2010 57,3 Prozent und 2014 40 Prozent zu. Dem Item »Was der Staat Israel heute mit den Palästinensern macht, ist im Prinzip auch nichts anderes als das, was die Nazis im Dritten Reich mit den Juden gemacht haben« stimmten 2004 51,2 Prozent, 2008 40,5 Prozent und 2016 24 Prozent zu. Bei diesem hohen Ergebnis stellt sich die Frage, ob richtig gemessen wurde? Wenn bei nahezu der Hälfte der untersuchten Bevölkerung antisemitische Einstellungen beobachtet wurden, müssen auch die Messgeräte untersucht werden.

Sind Israelkritik und Antisemitismus zwei Seiten einer Medaille? Wenn nicht, wie lassen sie sich auseinanderhalten? Wo sind die Grenzen? Wann bedeutet Israelkritik, dass der, der sie äußert, Antisemit ist oder antisemitische Ansichten hat? Die Frage, ob die Kritik an Israel Ausdruck eines verborgenen Antisemitismus ist, in dem Israel als »kollektiver Jude« gesehen wird, ist nicht neu. Aber die Versuche, sie zu beantworten, kommen - wie schon in Kapitel 1 angesprochen - zu keinem allgemein akzeptierten Ergebnis. Was über diese Frage der Konvergenz von Antisemitismus und Israelkritik in akademischen Artikeln und auf wissenschaftlichen Konferenzen hin und her diskutiert wird, mag intellektuell mehr oder weniger befriedigend sein. Was Presse und Politik auf diesem Gebiet populistisch aufarbeiten, produziert manchmal gute Schlagzeilen - jedoch muss man bei der Vermessung eines Phänomens genau verstehen, wieso bestimmte Items als Indikatoren dienlich sind. Es gibt Anhänger der Meinung, dass jede Kritik an Israel antisemitische Hintergründe hat. Beunruhigend liest sich auch die etwas schwammige Zusammenfassung der Frage »Israelkritik ohne Antisemitismus« von Zick und Küpper (2011):

> »Zusammengefasst stellen wir fest, dass eine ›neutrale‹ Kritik an Israel zwar möglich ist, aber äußerst selten vorkommt. In der Regel wird die Kritik an Israel antisemitisch unterfüttert beziehungsweise scheint sie antijüdische Assoziationen zu evozieren.« (S.32)

Wenn Kritik an Israel fast nie »neutral« ist, wie hier behauptet wird, ist sie dann auch fast immer von Antisemitismus durchseucht? Zumindest wird sich bei einem Leser des obigen Zitats diese Ansicht einstellen. Natürlich wollen Antisemitismusforscher in der Lage sein, die wahre Verbreitung von Antisemitismus zu bestimmen und zwischen israelbezogenem Antisemitismus und Kritik an Israel, die nicht antisemitisch ist, zu unterscheiden. Es gibt bekanntlich Personen, die zwar Antisemiten, aber keine Kritiker Israels sind und sogar solche, die Israel und seine Politik unterstützen. Ein Forschungsprogramm an der Universität Konstanz konnte, wie Wilhelm Kempf, Professor für Psychologische Methodenlehre und Friedensforschung, berichtete, eine latent antisemitische Vermeidung von Israelkritik bei 11 Prozent der Befragten feststellen.[115]

Wie aber klassifizieren die Umfragen Personen, die Israel mittels NS-Vergleichen kritisieren, ohne antisemitisch zu sein? Und wie klassifizieren diese Umfragen Personen, die zwar keine Antisemiten sind, aber in ihrer Kritik an Israel Ausdrücke, Symbole und eine Sprache verwenden, die dem Wortschatz und der Vorurteilswelt der Antisemiten entstammen? Ein Beispiel dafür wäre der Begriff »Kindermörder Israel«, der gelegentlich nach israelischen Militäraktionen auf antiisraelischen Demonstrationen gebraucht wurde. Kann man in der Verwendung des Begriffs eine Kontinuität der alten Diffamierung von Juden als Kindermörder vermuten, dieser üblen Verleumdung, dass Juden das Blut nicht-jüdischer Kinder benutzen, um für das Pessach-Fest Matzen zu backen? Es ist zu vermuten, dass Antisemiten dasselbe Schlagwort tatsächlich mit einem antisemitischen Hintergedanken gebrauchen oder gebrauchen würden. Kennt der arabische Demonstrant mit dem Plakat, auf dem »Kindermörder Israel« steht, diese Blut-Legende? Wohl eher nicht. Kinder zu ermorden ist wahrscheinlich in jedermanns Augen die schlimmste Denunziation, die es überhaupt gibt, weswegen arabische Demonstranten dies gerne über Israel sagen.

Die vorgetragene Kritik an Israel, so erklären Zick und Küpper, »erweist sich vielfach als beladen mit Antisemitismus bzw. als Vehikel, Antisemitismus zu transportieren«.[116] Weiter erklären die Verfasser der Studie:

>»Eine Kritik an Israel lässt sich als antisemitisch bezeichnen, wenn sie z. B. mit antisemitischen Stereotypen arbeitet (wie etwa dem uralten Bild vom Juden als Kindesmörder), einen doppelten Standard anlegt, alle Juden egal wo auf der Welt in Sippenhaft für die israelische Politik nimmt (d. h. Israel zum ›kollektiven Juden‹ macht) oder wenn sie die israelische Politik mit mehr oder minder deutlichen Assoziationen mit den Verbrechen des nationalsozialistischen Deutschlands gleichsetzt.«*

Die Antwort auf die Fragen der Klassifizierung ist, meines Erachtens, nicht zufriedenstellend. Das Item »Israel führt einen Vernichtungskrieg gegen die Palästinenser« soll »eine unmittelbare Assoziation an den Holocaust« herstellen. Diese Assoziation mögen die Studienverfasser bei der Entwicklung des Items gehabt haben, aber sie kann nicht zwingend bei den Befragten vorausgesetzt werden. Auch muss man sich hier fragen, was die Befragten zum Beispiel unter Vernichtungskrieg verstehen? Wollte man sie an Deutschlands Überfall auf die Sowjetunion 1941, das Unternehmen Barbarossa, erinnern, der oft als Vernichtungskrieg bezeichnet wird? Wie viele der Befragten kennen den Begriff überhaupt? Im Duden ist zu lesen, dass ein Vernichtungskrieg ein Krieg ist, »dessen Ziel die [völlige] Vernichtung des Gegners ist«. Meinen diejenigen, die solchen Items zustimmen, dass Israel die Menschenrechte der Palästinenser vernichtet? Oder dass Israel den palästinensischen Wunsch und die Aussicht auf einen eigenen Staat vernichtet? Oder geht es um einen Auschwitz-Vergleich: Sind sie der Ansicht, dass Israel im Begriff ist, die Palästinenser physisch und systematisch auszumerzen?

>*»Abgesehen von der Leugnung des Holocaust kann Israelis und Juden auf der ganzen Welt wohl kaum etwas mehr empören als Vergleiche der israelischen Palästinapolitik mit der Judenpolitik des Nationalsozialismus«*, schreibt Wilhelm Kempf. [117]

Dabei zeigt eine Studie, dass eine derartige Gleichsetzung nicht nur »antisemitische Dämonisierung der Juden« bedeutet, sondern auch eine »antizionistische Dramatisierung der prekären Menschenrechtslage der Palästinenser«. Auf NS-Vergleiche zurückzugreifen, erklärt Kempf, gehöre in westlichen Demokratien schon fast zur politischen Kultur, »immer dann, wenn man prekäre Menschenrechtslagen dramatisieren und einen Handlungsbedarf zu ihrer Veränderung begründen will«.

»Bei der Politik, die Israel macht, kann ich gut verstehen, dass man Juden nicht mag«, wäre ein Item, bei dem die Befragten »ihre Antipathie gegenüber Juden über den Umweg Israel« kommunizieren würden, so erklären Zick und Küpper. Weiter sagen sie:

> *Sie nehmen die israelische Politik zum Anlass, ihre Abneigung gegenüber Juden allgemein zu begründen beziehungsweise machen Juden insgesamt für die israelische Politik verantwortlich.«*

»Dass man Juden nicht mag« ist klarerweise eine Verallgemeinerung, die ein vorsichtiger Mensch ablehnen würde. Wo aber wären die Demoskopen, wenn alle Befragten vorsichtig antworten würden? Die Befragten haben lediglich ihre Meinung geäußert, dass sie es sich vorstellen können, dass wegen der Politik Israels eine Antipathie gegen Juden entstehen könnte. Das beziehen sie nicht auf sich, sondern auf eine nicht definierte Allgemeinheit. Die Autoren verdrehen mit ihrer irreführenden Interpretation - die vielleicht auf eigenen Vorurteilen beruht - die Aussage des Items, denn sie behaupten, die israelische Politik wäre nur ein Anlass und die Abneigung gegenüber Juden die Ursache. Wie soll ein Befragter, der der Meinung ist, dass israelische Politik antijüdische Gefühle verursacht, auf dieses Item reagieren?

Auch was die Autoren als »die Juden in Sippenhaft für die israelische Politik nehmen« bezeichnen, kann man nicht automatisch aus der Zustimmung zu israelbezogenen Items ableiten. Es wird als »eine In-Verantwortungnahme aller Juden für die israelische Politik« beschrieben. Darf man eine Zustimmung zu den Items »Durch die israelische Politik werden mir die Juden immer unsympathischer« oder »Bei der Politik, die Israel macht, kann ich gut verstehen, dass man etwas gegen Juden hat«, tatsächlich als »eine In-Verantwortungnahme aller Juden für die israelische Politik« darstellen? Die Differenzierung zwischen Juden und dem jüdischen Staat, dessen Politiker oft erklären, dass sie nicht nur im Namen ihrer eigenen Bevölkerung handeln, sondern auch im Namen des jüdischen Volks, wäre zwar korrekt. Ob dies aber der Allgemeinheit klar ist, ist eine andere Frage.* Die Unklarheit auf diesem Gebiet wird von Is-

---

* Zur Verwechslung der Begriffe Juden und Israel, siehe Kapitel 6.

rael - wenn es seiner Politik opportun erscheint - missbraucht, was die erwähnte Sippenhaft eventuell erklären könnte.

Es stellt sich die Frage, ob und wie eine dezidierte und von Antisemitismus freie israelkritische Einstellung die Antworten zu einigen der als antisemitisch geltenden Items beeinflusst? So könnte man sich vorstellen, dass jemand, der der Aussage »Ich werde wütend, wenn ich daran denke, wie Israel die Palästinenser behandelt« zustimmt, erwartet, dass seine Regierung in dieser Sache effektiven Druck auf Israel ausübt. Diese Person wäre dann enttäuscht, wenn solcher Druck ausbleibt, und letztlich der Meinung, dass die deutsche Politik viel zu milde und nachsichtlich mit Israel ist, ja sogar Waffen an Israel verkauft. So käme er dann zu der Schlussfolgerung: »Juden haben in Deutschland zu viel Einfluss.« Vielleicht gibt diese Person ihre Zustimmung auch dem folgenden Item: »Viele Juden versuchen, aus der Vergangenheit des Dritten Reiches heute ihren Vorteil zu ziehen.« Zwar werden in diesem Fall die Begriffe Juden und Israel vertauscht, doch ist dies nicht unverständlich, wenn man bedenkt, dass die bundesrepublikanische Unterstützung Israels zweifellos der Verantwortung gegenüber dem jüdischen Staat infolge der Verbrechen des Dritten Reichs am jüdischen Volk geschuldet ist.

Die Zustimmungen zu israelbezogenen oder - wie sie manchmal genannt werden - antizionistischen Items werden von den Forschungsinstituten mittels Formulierungen in extremer und emotionsgeladener Sprache erreicht: Es wird von Vernichtungskrieg, von Nazis und vom Dritten Reich gesprochen, und in diesen Kontext wird der Staat Israel vergleichend eingebracht. Selbst ein Item, das als nichtantisemitische Israelkritik gilt wie »Ich werde wütend, wenn ich daran denke, wie Israel die Palästinenser behandelt«, ist hochemotional.

Am Beispiel eines bestimmten Items möchte ich darlegen, wie Umfragen möglicherweise ganz andere Resultate produzieren können. Nehmen wir: »Was der Staat Israel heute mit den Palästinensern macht, ist im Prinzip auch nichts anderes als das, was die Nazis im Dritten Reich mit den Juden gemacht haben.«

Wie würden die Antworten ausfallen und zu welcher Schlussfolgerung würden die Antisemitismusforscher kommen, wenn stattdessen eine der folgenden Fragen gestellt worden wäre?

1. *Gibt es heutzutage Länder, deren Politik oder Aktionen Sie vergleichen würden mit dem, was die Nazis im Dritten Reich mit den Juden gemacht haben?*

2. *Bitte nennen Sie das Land/die Länder, dessen/deren Politik oder Aktionen Sie vergleichen würden mit dem, was die Nazis im Dritten Reich mit den Juden gemacht haben.*
3. *Bitte wählen Sie einer der folgenden Aussagen, die Ihre Meinung am besten beschreibt:*
   (a) Israel ist das einzige Land, das die Juden haben, die Araber haben sehr viele Länder und sie sollten Israel in Ruhe lassen.
   (b) Das gesamte von Israel besetzte Gebiet gehört eigentlich den Palästinensern und die Juden sollten es entweder verlassen oder Bürger eines palästinensischen Staats werden.
   (c) Wenn die Araber Israel nicht angegriffen hätten, hätten die Palästinenser schon längst ihr eigenes Land.
   (d) Israel ist berechtigt, in seinem Land in Ruhe zu leben, muss aber das Westjordanland den Palästinensern überlassen.
   (e) Die Palästinenser haben das moralische Recht, Israel auch militärisch zu bekämpfen, damit Israel endlich das besetzte Westjordanland verlässt.
   (f) Beide Seiten im Palästina-Konflikt gebrauchen unnötige Gewalt. Israel ist stärker und seine Gewalt dadurch brutaler.
   (g) Was der Staat Israel heute mit den Palästinensern macht, ist im Prinzip auch nichts anderes als das, was die Nazis im Dritten Reich mit den Juden gemacht haben.

So etwas wäre deutlich schwieriger, die Fragebögen komplizierter und damit alles teurer. Vielleicht sollten Umfragen zu Antisemitismus weniger oft durchgeführt werden, um qualitativ validere Ergebnisse zu erhalten?

Allgemeine Zweifel

»Der Befund eines strukturellen Antisemitismus krankt schließlich an der Verwendung eines in sich unterdifferenzierten bzw. übermäßig vereinheitlichenden Antisemitismusbegriffs«,[118] erklärt der Soziologe und Antisemitismusforscher Michael Kohlstruck in seiner Kritik der Bielefelder Studie von 2016. In Deutschland ist man besonders sensibel, wenn es um den Vorwurf des Antisemitismus geht. Nimmt man die Unklarheit bezüglich der Definition des Antisemitismusbegriffs hinzu (vgl. Kapitel 1) - eine Unklarheit, die das Messen des Antisemitismus im besten Fall schwierig macht - und hierzu die immer größer werdende Problematik des Nahost-Konflikts und dessen Einfluss darauf, was als Antisemitismus verstanden wird, so ist zu erwarten, dass Studienergebnisse zum Antisemitismus immer mehr Kritik auf sich ziehen werden. In Sachen israelbezogener Antisemitismus sind sich auch die Berichterstatter nicht einig, wie man dem Expertenbericht entnehmen kann: [119]

> *»Die Besonderheit der neueren Ideologieformen des Antisemitismus zeigt sich darin, dass in einigen Fällen nur schwer zwischen kritischen und antisemitischen Äußerungen unterschieden werden kann. Dies gilt v. a. in Bezug auf die Auseinandersetzung mit der Politik Israels. Auch im Expertenkreis wurde über die Schwierigkeiten der eindeutigen Zuordnung diskutiert, fließende Übergänge konstatiert und auf ›Grauzonen‹ verwiesen.«*

Die Verfasser der Bielefelder Studie berichten 2016, über geringe (sechs Prozent) Zustimmung zu klassischem Antisemitismus, 26 Prozent zu sekundärem Antisemitismus, jedoch über hohe Zustimmung, 40 Prozent der deutschen Bevölkerung, zu israelbezogenem Antisemitismus. Obwohl sie behaupten, dass die Bielefelder Studie es »weitgehend« schafft, antisemitische Israelfeindlichkeit von einer nicht-antisemitischen Kritik an der Politik Israels abzugrenzen, und obzwar weiterhin berichtet wird, dass die Items »in der Regel« »recht gut« messen, was sie vorgeben zu messen, - lautet, wie schon erwähnt, das Fazit des Expertenberichts, dass sich der Expertenkreis, über die Schwierigkeiten, der eindeutigen Zuordnungen und über Grauzonen, einigen muss.[120]

Verständlicherweise haben auch einige Demoskopen und Verfasser der oben genannten Studien manchmal Zweifel.

> *»Hin und wieder begegnen uns Zweifel daran, ob daß, was wir in unserer Umfrage erfassen, denn überhaupt Antisemitismus sei.«* [121]

Auch der Direktor des Meinungsforschungsinstituts ICM, der sich gegen die Kritik an seiner Methodik verteidigt, mit der er britische Muslime befragt hat, gibt zu:

> *»Es wird immer Gründe dafür geben, Umfragen mit Vorsicht zu genießen - Kompromisse müssen gemacht werden und das bedeutet oft, dass die theoretische Reinheit ein nur schwer realisierbares Konzept ist.«* [122]

Die Bielefelder Forscher, die von ihrem »Hin-und-wieder«-Zweifel sprechen, kommen in einem Bericht, der 2005 erschienen ist, zu folgendem Schluss:

> »Unserer Auffassung nach ... erscheinen uralte antijüdische Mythen und Stereotype in modernem Gewand, indem sie sich aktuelle und emotionsgeladene Themen zu eigen machen.«

Sie unterstützen die Ablehnung ihrer eigenen Zweifel mit der Erklärung, dass die von ihnen benutzten Items auch in anderen Befragungen verwendet worden seien und dass sie auch stimmig mit Indizien zu Feindseligkeit gegenüber anderen Gruppen oder politisch rechten Orientierungen seien. »Wer zustimmt, stimmt antisemitischen Aussagen zu und versteht darunter wohl in den seltensten Fällen etwas anderes«, lautet ihre Konklusion.

»Jede Kritik, die wir gerade dann erfahren, wenn es um den Antisemitismus geht«, verlangen Studienverfasser Zick und Küpper, »sollte jedoch den wissenschaftlichen Forschungsstand zu den Methoden beachten.«[123] Sie versichern gern, dass ihre Arbeiten tatsächlich nach dem aktuellen Stand der Wissenschaft durchgeführt worden sind: »Im Jahr 2004 haben wir im Rahmen der Studien zur Gruppenbezogenen Menschenfeindlichkeit eine zuverlässige Messung der Facetten des transformierten Antisemitismus entwickelt.«[124] Auch erklären sie, dass in der Literatur weitgehend Einigkeit darüber herrscht, »dass die von uns gestellten Fragen tatsächlich Ausdruck von Antisemitismus sind und die von uns gefassten Facetten wesentliche Spielarten des Antisemitismus sind«.[125] Eine Tatsache, die nicht nur beruhigend sein muss.[126]

> »[A]lle Aussagen, die wir als Indikator für antisemitische Einstellungen heranziehen, sind zuvor umfangreich vorgetestet und mit Hilfe statistischer Verfahren auf ihre Qualität hin geprüft. Die überwiegende Zahl der verwendeten Indikatoren wird ähnlich auch in anderen Studien zum Antisemitismus eingesetzt.«

Doch baten die Autoren um Vorsicht: [127]

> »Die vorsichtige und korrekte Bewertung der Zustimmung ist: Diese Person äußert Zustimmung zu einer Aussage, die gemeinhin als antisemitisch gilt. Inwiefern man dies dann als ›antisemitisch‹ oder die Person dann als ›Antisemiten‹ bezeichnen möchte, ist eine politische Frage.«

Die Tatsache, dass andere demoskopische Institute dieselben Items benutzen, könnte auch bedeuten, dass die anderen ebenfalls falsch liegen. Das Thema bleibt weiterhin politisch brisant, und die Brisanz wird in nicht unbedeutendem Maß von Politikern genährt, die sich gern als Kämpfer gegen den Antisemitismus profilieren, von Lobbygruppen, die in- wie auch ausländische Interessengruppen repräsentieren, und von Wissenschaftler, die Umfragen liefern und davon leben. So lesen sich die Forderungen des »Unabhängigen Expertenkreises Antisemitismus« in seinem 2017 dem Bundestag vorgelegten Bericht* wie eine Wunschliste zu weiteren Aufträgen für die Experten und ihre Kollegen.

Um also antisemitische Einstellungen zu vermessen, müssen sie genau definiert werden. Über die Definition von Antisemitismus wird zwar viel diskutiert, jedoch ist man sich bislang über keine gültige einig. Das Gebiet, das in Umfragen die höchsten Zustimmungswerte hat, ist israelbezogener Antisemitismus, und in diesem Bereich herrscht so wenig Einigkeit, dass die Experten von Grauzonen sprechen. Zu ihrer Verteidigung erklären die Demoskopen, dass die von ihnen benutzten Methoden auch von anderen Demoskopen benutzt werden, geben aber zu, dass bei ihrer Arbeit Kompromisse gemacht werden müssen und dass Vollkommenheit unerreichbar ist.

Nach den Angriffen in Paris Anfang 2015 stellte sich die britisch-jüdische Forschungseinrichtung Institute for Jewish Policy Research die Frage, ob Juden in Großbritannien Angst haben sollten? In einem gut argumentierenden Dokument beschreiben dessen Verfasser die Schwächen der existierenden Daten und Umfragen. Auch äußern sie sich kritisch über die Tendenz in einem Großteil der Kommentare, die Daten selektiv zu benutzen, um die Auffassung oder Intention des Autors zu stützen.

> *»Wir bleiben mit sehr viel ›Lärm‹ - Meinungen, Gedanken, Vermutungen, Vorurteilen - zurück, der oft interessant und mitunter auch sehr aufschlussreich ist, aber nicht dazu beiträgt, die kontemporäre Realität so zu erklären, dass man eine empirische Einschätzung der Lage machen kann.«*[128]

Demoskopen werden der Meinung sein, dass die beschriebenen Probleme wie auch andere, mit den »richtigen« Methoden und vorsichtiger Arbeit zu umgehen sind. Zudem spricht kein seriöser Demoskop von Beweisen in der quantitativen Forschung, sondern nur über empirische Evidenz, die

---

* Diese Forderung wurde im zweiten Bericht gemacht. Der erste Bericht wurde 2011 gestellt.

eine bestimmte Idee unterstützt und regelmäßig überprüft werden müsse. Sie liefern ja nur Zahlen, werden sie zu ihrer Verteidigung sagen, und damit haben sie Recht. Allerdings sollten sie auch wissen, was mit diesen Zahlen gemacht wird - manchmal von ihnen selber, manchmal von anderen, manchmal machen sie mit und manchmal schauen sie nur zu.

Was nun unser Thema Antisemitismus unter Muslimen betrifft, so wird der öffentliche Diskurs dazu - wie auch über Antisemitismus allgemein - mit Daten unterfüttert, deren Produzenten teils Meinungsforschungsinstitute, teils Interessengruppen sind. Die Daten selbst und besonders deren Präsentation ist oft angreifbar und wegen ihrer Unzuverlässigkeit wohl auch heikel für die notwendige Entscheidungsfindung. Beim Vermessen des israelbezogenen Antisemitismus unter Muslimen - ein Gebiet, auf dem es auf jeden Fall nicht genügend seriöse quantitative Forschung gibt - wäre wegen des Nahostkonflikts eine höhere Sensibilität zu erwarten.* Die oft reißerische Darstellung von Daten, die genau deswegen gerne von der Presse aufgegriffen werden, kann nur zur Zuspitzung der Problematik führen.

Zum Schluss stellt sich auch die wichtige Frage, was denn überhaupt gemessen werden soll? Was soll uns interessieren, worüber sollen wir uns Sorgen machen? Sind es die Einstellungen einiger Person oder deren Verhaltensdisposition? Der Schweizer Sozialforscher Peter Atteslander erklärt:

»Von Vorurteilen ohne Weiteres auf Antisemitismus zu schließen ist Unfug, solange nicht zwischen Einstellung von Befragten und tatsächlicher Verhaltensdisposition unterschieden wird.«[129]

---

* Hier könnte man z. B. folgendermaßen differenzieren:
- – Palästinenser, die sich als Opfer Israels sehen und deswegen antiisraelisch eingestellt sind aber keinen Anlass sehen, antijüdisch zu sein.
- – Palästinenser, die sich als Opfer Israels sehen und deswegen antiisraelisch eingestellt sind und damit auch Juden einbeziehen.
- – Nicht-palästinensische Muslime, die aus Empathie für ihre Glaubensgenossen antiisraelisch eingestellt sind, aber keinen Anlass sehen, antijüdisch zu sein.
- – Nicht-palästinensische Muslime, die aus Empathie für ihre Glaubensgenossen antiisraelisch eingestellt sind und damit auch Juden einbeziehen.

Kapitel 3

Methodik

Was sagen Muslime, wenn sie über Juden sprechen, und wie erklären sie ihre Meinungen? Damit man die Narrative, um die es hier geht, kennenlernt und besser versteht, habe ich über 70 Interviews mit in Deutschland und England lebenden jungen Muslimen geführt, die noch studieren oder schon ihren Abschluss gemacht haben.* Bei der Suche nach Einblicken in eine Zielgruppe können qualitative Studien zweifellos hilfreich sein. Dabei ist wichtig festzustellen, dass es »die Muslime« als homogene Gruppe natürlich nicht gibt. Nichtsdestotrotz kann man - wenn man sich über die Begrenzung der qualitativen Studie im Klaren ist - einiges aus dem erhobenen Material lernen.

Über die Frage, welche Art Studien, quantitative oder qualitative, ein genaueres Bild einer untersuchten Bevölkerung liefern können, gibt es keine einheitliche Meinung. Die Befürworter von qualitativen Studien sind der Meinung, dass man ihre Studien benötigt, weil nur mit ihnen eine klare wissenschaftliche Bestimmung der Tatsachen möglich ist - Tatsachen, die in diesem Fall die Sichtweisen der Interviewten sind. Dagegen steht oft die Meinung der »quantitativen Branche«, dass man nur mit korrekt durchgeführten quantitativen Umfragen Einsicht in das Denken der Untersuchten erreicht und, über sie, der ganzen Bevölkerung. Ein wichtiges Argument spielt hier die Behauptung einer »repräsentativen« Stichprobe, dank derer man davon ausgeht, dass die Resultate für die ganze Bevölkerung stichhaltig sind, die zwar nicht befragt wurde, aber im Zentrum des Untersuchungsinteresses steht.

Von Interessengruppen finanzierte Studien werfen die Frage auf, inwiefern diese sich von den Ansichten ihres Bestellers - von dem sie abhängig sind - fernhalten können und möchten. Ein weiteres ethisches Problem besteht in der Gefahr, dass die Veröffentlichung der Resultate einer Stu-

---

* 15 Prozent der Interviewpartner waren entweder noch vor ihrem Abitur oder beruflich tätig, ohne ein Studium abgeschlossen zu haben.

die negative Auswirkung genau auf jene Bevölkerung haben könnte, die beobachtet und studiert wurde. Das wäre zum Beispiel der Fall, wenn eine Organisation, die versucht, die Flüchtlingszahlen in Deutschland zu begrenzen, Flüchtlinge in einer Studie interviewen lässt, die diese in einem negativen Licht zeigt.

Auf jeden Fall sollten qualitative Studien, die per Definition nicht repräsentativ sind und für eine Interessensgruppe produziert wurden, mit größerer Vorsicht und einer gesunden Portion Skepsis beurteilt werden.*

Das Interview ist die am häufigsten benutzte qualitative Methode. Mit Hilfe des Interviews kommen die Gesprächspartner selbst zu Wort. Hier soll ihre subjektive Sicht im Mittelpunkt stehen. Im Gegensatz zu Umfragen, in denen von außen präzis definierte und gesetzte geschlossene Fragen gestellt werden, die nur wenige vorgegebene Antwortmöglichkeiten bieten, sind Fragen im Rahmen eines Interviews offener, teils sehr breit formuliert, und sie geben den Befragten viel Spielraum bei der Antwort. Interviewpartner haben die Freiheit, selber zu formulieren und ein Thema mit Daten, Beispielen und Zusammenhängen ihrer Wahl zu belegen.

Dadurch können sich Interviews in eine neue, manchmal sowohl für den Interviewer wie auch für den Interviewten unerwartete Richtung entwickeln, die weitere Horizonte öffnet. Es gibt Abstufungen im Interviewverfahren, die von einem völlig informellen, unstrukturierten und zufälligen Gespräch über verschiedene Mittelstufen bis zu einer genau festgelegten und geplanten Befragung reichen und in solchen Studien möglich sind. In Interviews mit einem Leitfaden sind zwar die Fragen vorgegeben, in manchen Fällen wird dabei aber dem Interviewer die Freiheit belassen, selber zu beschließen, welche von diesen Fragen er stellen will und wie das Interview laufen soll.

Mein Ziel war es, Erkenntnisse über das Denken, die Meinungen, eventuell auch Vorurteile der Interviewpartner über Juden zu gewinnen. Ebenso wollte ich etwas über ihre Emotionen und Rationalisierungsstrategien lernen.

---

* Mittlerweile weiß man schon, dass von der Tabakindustrie finanzierte Studien nicht Teil der Diskussion über die Gefahren des Rauchens sein dürfen. Sicherlich sollte es ähnlich mit politischen Themen gehen.

Zur Wahl der Interviewpartner

Spin-Doktors und Medienprofis sind sich der Potenz von *soundbites* bewusst, kurze Zitate, die ein Thema auf einen vom Redner gewünschten Punkt bringen können. Nicht nur John F. Kennedys »Ich bin ein Berliner« oder Merkels »Wir schaffen das«, sondern auch Resultate von Umfragen, wie zum Beispiel »Studie: Jeder dritte Deutsche antisemitisch«, bringen gute Schlagzeilen.[130]

Der öffentliche Diskurs über das Thema Antisemitismus unter Muslimen neigt dazu, Schlagzeilen zu produzieren und sich von ihnen zu nähren. Das sind jene Stimmen, die - wie in der Einleitung angeführt - Angst schüren. Ein Schild wie »Juden ins Gas«, das auf einer Anti-Israel-Demonstration von einem Jungen getragen wurde, oder die Verbrennung der Israelfahne auf einer Demonstration machen schnell Furore. In der Aufregung wird der Verstand manchmal beiseitegelassen.

Mit einer qualitativen Studie kann man nachgraben, tiefer gehen und mehr Information herausholen. Aber es stellt sich die Frage - wissend, dass eine qualitative Studie nicht behauptet, repräsentativ sein zu können -, wie man seine Interviewpartner auswählt. Meine Interviewpartner sollten nicht das Bild der gesamten muslimischen Community widerspiegeln. Mein Wunsch war es, Narrative kennenzulernen statt Slogans und Substanz statt Schlagwörter, die so oft die Medien, den Diskurs und damit auch die öffentliche Meinung dominieren.

Es gibt bisher sehr wenige qualitative Studien zu diesem Thema, und diese sind meist auf jüngere Personen beschränkt.* Im letzten Jahr sind auch einige Erststudien zu Einstellungen unter Geflüchteten erschienen. Die Idee, sich beinah ausschließlich auf Hochschulstudenten und Graduierte als Interviewpartner zu fokussieren, war mit der Hoffnung verbunden, unter ihnen einen größeren Anteil von Gesprächspartnern zu finden, die ihre Denkweise und Argumentation sachlich erklären können. Interessant war dabei die Frage, ob man auch bei Akademikern und angehenden Akademikern jene irrationalen und emotionalen Elemente** ei-

---

* Für seine Studie *Antisemitismus und Diskriminierungswahrnehmungen junger Muslime in Europa*, Essen 2012, die sich mit dem muslimischen Antisemitismus in Europa befasste, interviewte Günther Jikeli 117 junge Muslime, von denen »nur« 9 Studierende und Graduierte (keiner von ihnen in Deutschland) waren und noch weitere 6 (3 in Deutschland) ein Abitur oder Äquivalent abgeschlossen hatten.

** Jikeli spricht darüber, dass »antisemitische Argumentationsmuster mehr als häufig inkohärent und fragmentarisch« sind.

nes Antisemitismus findet, der in breiteren Schichten der muslimischen Gesellschaft zu existieren scheint. Dass manche der Interviewpartner wohl künftig zu den Führungskräften ihrer muslimischen Communities gehören könnten, gibt dieser Untersuchung ein zusätzliches Gewicht.

Muslime im Sinne dieser Studie waren Personen, die sich selbst als Muslime definierten.

Kontakte zu Interviewpartnern wurden mit Hilfe von Studentenverbänden, Hochschulkollegen, Internetseiten und durch zufällige Begegnungen geknüpft, aber auch nach dem Schneeballsystem, indem ein Interviewpartner Kontakt zu einem nächsten herstellte.

Zusätzlich zu den 66 Interviews, die als Einzelgespräche geführt wurden, gab es vier Gruppengespräche mit jeweils vier bis sieben Teilnehmern. 55 Prozent der Interviewten waren weiblich.

15 der Interviewpartner gehörten zur ersten Generation in Europa, die übrigen wurden hier geboren. Ihre Herkunftsländer - oder die ihrer Familien - waren die Türkei, der Libanon, Syrien, Iran, Afghanistan, Pakistan, Marokko, Ägypten, Indonesien, der Irak und Palästina. Als Palästinenser definierten sich auch einige Gesprächspartner, deren Eltern im Libanon, in Syrien oder Libyen geboren wurden, die aber ein oder mehrere Großelternteile aus Palästina hatten.

Die Interviews dauerten im Durschnitt zwei Stunden.

Die Gespräche fingen mit sehr allgemein gehaltenen Einstiegsfragen an, die nach meiner Einschätzung zu einem produktiven Interview führen sollten. Die Flexibilität der Interviews, die anhand eines Leitfadens und nicht eines strikten Fragebogens geführt wurden, gestattete den Interviewpartnern, ihre Erzählungen, Meinungen und Erfahrungen ausführlich und offen zu kolportieren. Dabei wurde von Anfang des Gesprächs an klargemacht, dass keine Vorgaben gemacht werden, dass es keine »richtigen« Antworten, keine Tabu-Themen, Tabu-Meinungen oder Tabu-Einstellungen gibt. Alles konnte gesagt werden. Um den Interviewpartnern ein sicheres Gefühl zu geben, wurde ihnen totale Anonymität zugesichert, auch in der Hoffnung, dass dieses sichere Gefühl zu einer größeren Bereitschaft führen würde, offen und ehrlich zu sein.

Die Gespräche begannen meistens mit der Bitte, über die eigene Biographie und den Familienhintergrund zu erzählen. Ein Teil der Gespräche entwickelte sich in Richtung eigener Integrationserfahrungen. Beinah immer gab es Fragen zur eigenen Religiosität, dazu, für wie fromm man sich einschätzte und wie streng man die Gesetze (Beten, Ramadan,

Alkohol, Sex und so weiter) befolgt, sowie über eventuelle Veränderungen im Glauben. Im Kontext des Themas »Einstellung zu Juden« wurde die Wahrnehmung von Juden, Judentum und jüdischem Leben, von Israel und dem Konflikt zwischen Israel und Palästina, die Wahrnehmung des Holocaust, des Status von Juden in Deutschland, der Beziehung Deutschlands zu Juden, zu Israel und zum Nahost-Konflikt, des Antisemitismus in Deutschland und des Antisemitismus unter Muslimen erkundet. Schließlich ging es auch um die Frage, wie diese jungen Muslime zu Deutschland stehen und wie sie die deutsche Politik in Bezug auf ihre eigene Situation einschätzen.

Sagen sie mir die Wahrheit?

Ich stellte mir die Frage, ob meine Interviewpartner die Wahrheit sagen. Hierbei ist der Bericht *Flucht und Antisemitismus* interessant zu lesen, der dem *Expertenkreis Antisemitismus*[131] vorgelegt wurde und dem zu entnehmen ist, wie schwierig die Studienverfasserinnen es einzuschätzen fanden, ob die Meinung eines Interviewpartners ehrlich war oder nicht.[132] In dieser Studie ging es um neu angekommene Geflüchtete und deren kolportierten Antisemitismus. Besonders bei Geflüchteten, deren Status in Deutschland unklar ist, die Angst vor einer Abschiebung haben und die mittlerweile wissen, dass man in Deutschland »nichts Falsches über Israel« sagen sollte, ist es wohl allzu optimistisch zu denken, dass sie nicht alles tun werden, um die »richtigen« Antworten im Interview zu geben. Als Beispiel sei ein Interviewpartner genannt, der im Gespräch »eher positive Aussagen gegenüber Juden und Israel« machte, sich aber später, im informellen Gespräch mit dem Übersetzer, ganz anders geäußert haben soll. Hier sprach er »über den weitreichenden zionistischen Einfluss in Deutschland, der sich angeblich auf die Strukturen in den Unterkünften, die Unterstützer_innen bis hin in seine Wohngemeinschaft erstrecken würde.«

Geflüchtete haben natürlich besonders viel Angst, etwas Falsches zu sagen, das ihre Zukunft gefährden könnte. Dagegen ist die Wahrscheinlichkeit eines offenen Gesprächs bei Muslimen höher, deren Status sicher ist, die in Deutschland geboren sind, die schon seit längerer Zeit hier leben und ein besseres Gefühl dafür haben, was tabu ist und was man noch sagen kann.

Auch als ich zum ersten Mal ein Thema über Interviews recherchiert habe, habe ich mir die Frage gestellt: »Sagen sie mir die Wahrheit?« Damals ging es um junge Israelis und ihren Militärdienst, um die Motivation zu dienen und um moralische Zwänge. Die Frage beantwortete ich damals so:[133]

Ohne in die komplizierte Frage, was Wahrheit ist, eintauchen zu wollen, fragte ich mich hier und da tatsächlich, ob einiges von dem, was meine Interviewpartner gesagt hatten, nicht komplett gelogen war. Golda Meir soll angeblich zu Ägyptens Präsident Anwar Sadat gesagt haben: »Wir können ihnen vergeben, dass sie unsere Söhne getötet haben. Aber wir werden Ihnen niemals vergeben, dass sie uns dazu gebracht haben, ihre zu töten.« War das die Wahrheit? Hat Frau Meir dies gesagt, obwohl sie wusste, dass es nicht der Wahrheit entsprach? Wollte sie kurz vor den Friedensgesprächen dem ägyptischen Präsidenten Israels moralische Überlegenheit über die Araber demonstrieren? Ich glaube eigentlich, dass Frau Meir gesagt hat, was sie fühlte und was zu sagen sie für angemessen hielt. Es klang nicht nur sentimental, sondern hätte wahrscheinlich auch einem gründlichen Kreuzverhör nicht standgehalten, und doch war es keine Lüge.

Einer der Interviewten erzählte mir von einem Gespräch mit einem Armeefreund, der bei ihm und seiner Schwester zu Besuch war. In einer Diskussion versuchte seine Schwester, seinem Freund ein schlechtes Gewissen zu machen, weil dieser seinen Militärdienst mochte. Der Freund verteidigte sich und erklärte, dass ihm Schießen keine Freude bereite, aber dass es darum ginge, »das Land zu verteidigen«. Nachdem die Schwester gegangen war, gab der Freund zu, dass dies nicht ganz der Wahrheit entspräche und dass in Wirklichkeit durch das Kämpfen das Adrenalin angeregt werde und dass man als Soldat tatsächlich darauf scharf sei, etwas an »Action« zu erleben.

Generell gehe ich davon aus, dass die Leute das gesagt haben, was sie sagen wollten, und dass dies zu diesem Zeitpunkt ihre »Wahrheit« war. Ich vermute, dass in einigen Fällen Interviewpartner das Gefühl hatten, sie müssten jetzt »repräsentativ« sein. Das war wahrscheinlich am ehesten bei politisch linksstehenden Soldaten der Fall. Dadurch, dass sie ihre Handlungen vor einem Außenstehenden rechtfertigten, kamen sie möglicherweise mit der Dissonanz zwischen diesen Taten und ihren eigenen Werten besser zurecht. Ein nach eigener Aussage linksstehender Interviewpartner erwähnte einen Vorfall nicht, der kurz vor unserem Gespräch stattgefunden hatte und bei dem er auf Palästinenser geschossen, diese verwundet und möglicherweise auch getötet hatte. Ein anderer Interviewpartner erklärte, dass es

»möglicherweise noch schwierigere Sachverhalte gab; ich würde lieber nicht sagen, dass ich diese Erinnerungen unterdrückt habe, aber es gibt vielleicht Dinge, an die ich mich nicht erinnere«.

Mit dieser Studie über Antisemitismus unter Muslimen ist die Wahrheitsfrage und -problematik noch viel schwieriger. Muslime gehören in Europa zu einer Minorität, deren Mitglieder sich oft falsch verstanden, diskriminiert und in der Defensive fühlen. Was unser Thema angeht, gehört es zum Allgemeinwissen – auf jeden Fall unter den Gebildeteren –, dass das Äußern von antisemitischen Meinungen als politisch inkorrekt gilt. Dabei sind viele Muslime sich bewusst, dass ihnen Antisemitismus vorgehalten wird, was sicherlich zu einer noch größeren Vorsicht auf ihrer Seite führen konnte. Ein junger Student beschrieb es mir gegenüber so: Ich würde zwar in einem Haus empfangen, aber nur in die Vorderzimmer gelassen – die wirklich offenen Gespräche fänden aber in den Hinterzimmern statt. Um im Bild zu bleiben, würde ich sagen: Bei Extremisten, von denen sich die meisten sowieso nicht auf solche Interviews einlassen würden, wäre ich nicht einmal ins Vorderzimmer gebeten worden.

In jedem Gespräch, ob ziel- und planlos oder professionell geführt, reagieren die Gesprächspartner aufeinander. Oft werden in Interviews Meinungen entwickelt in direkter Reaktion auf die Person des Gegenübers. Man spricht hier vom »Interviewer-Effekt«. Eine Schwierigkeit lag für mich in der Tatsache, dass ich, der Interviewer, der mit Muslimen über Antisemitismus und Juden sprach, selbst Jude bin. Dies wurde von mir zwar nicht thematisiert, aber, wenn gefragt, auch nicht geleugnet. Die Frage, inwiefern Interviewpartner ihre Antworten und Einstellungen mildern, wenn der Interviewer als Outsider gesehen wird, mag in meinem Fall noch schärfer gewirkt haben. Dagegen gibt es auch die Möglichkeit, dass die Befragten das Gefühl hatten, »ihre Seite« verteidigen oder repräsentieren zu müssen und deswegen eine extremere Einstellung zeigten, als sie es in ihrer Community tun würden.*

In meinen Interviews ging es mir darum, die relevanten Werte, Mythen und Emotionen von Muslimen über Juden kennenzulernen – und diese traten, was immer der Interviewer-Effekt sein mochte, nichtsdestotrotz deutlich hervor, wie die Zitate in den Kapiteln 4 (Islamismus, Islam, Koran), 5 (Vorurteile) und 6 (Nahost-Konflikt) belegen.

---

* Über ein solches Verhalten habe ich viel in Interviews, die ich mit in Deutschland lebenden Juden geführt habe, gelernt. Diese erzählten mir, dass sie in Gesprächen mit Nichtjuden israelische Politik – auch gegen ihre eigene Überzeugung – verteidigen würden, siehe: Ranan, David, Die Schatten der Vergangenheit sind noch lang, Berlin 2014.

Kapitel 4

Islamismus, Islam, Koran

*Gieß' Deinen Zorn über die Goyim**

Radikaler Islam

Der im Einleitungskapitel zitierte Yehuda Bauer warnte in einer unverkennbar radikalen Sprache vor dem Radikal-Islamismus und dessen Antisemitismus als einer eliminatorischen Gefahr für das jüdische Volk. Bauer sagt von sich selbst, dass er kein Islamexperte sei. Er ist aber Historiker und Holocaust-Experte, und als solcher hat er sich viel und lang mit der Entstehung genozidaler Gefahren für das jüdische Volk auseinandergesetzt. Wenn er über solch eine Gefahr spricht, sollte er ernstgenommen werden.

Wer sind diese Radikalen und was wollen sie von Juden? Der radikale Islam, erklärt Bauer, ist eine diffuse Ideologie:

>*»Es ist kein verfestigtes Gebilde. Es ist nicht Marxismus-Leninismus ... al-Qa'ida ist zahlenmäßig nur eine Randerscheinung, aber es gibt eine Vielzahl an Menschen, die sich mit Teilen ihrer Ideologie identifizieren. Was besagt ihre Ideologie? Ich denke, sie besagt, dass sie die Welt erobern wollen. Denn ihr Hauptfeind, der Westen, ist schwach und dekadent und kann besiegt werden. ... Das ist überhaupt nicht so verrückt ... Europa durchläuft gerade eine demografische Katastrophe, ... aufgrund eines Rückgangs in der Geburtenrate, die mit der Situation im spätrömischen Reich gleichgesetzt werden kann. ... Allerdings ist die Eroberung der Welt nichts Neues. Die Nazis haben es versucht und die sowjetischen Kommunisten haben es versucht. Da lassen sich Parallelen ziehen.«*[134]

---

* *»Gieß' deinen Grimm aus über die Nationen, die dich nicht gekannt haben, Und über die Königreiche, die deinen eigenen Namen nicht angerufen haben.«* Dieser aus Psalm 79:6 stammende Spruch wird jedes Jahr, im Rahmen der *Pessach Haggada,* als virtuelles Wunschgebet wiederholt: nicht unverständlich, wenn man die jüdische Leidensgeschichte kennt.

Islamisten sind Fundamentalisten, aber islamische Fundamentalisten sind nicht notwendiger Weise auch Islamisten, denn ein konstitutives Merkmal des Islamismus ist das Ziel eines islamischen Staats. Daneben können auch orthodoxe Islamauffassungen ohne politische Aktivitäten als fundamentalistisch definiert werden.[135]

»*Islamismus*«, erklärt der Extremismus-Experte Armin Pfahl-Traughber,[136] »*ist eine Sammelbezeichnung für alle politischen Auffassungen und Handlungen, die im Namen des Islam die Errichtung einer allein religiös legitimierten Gesellschafts- und Staatsordnung anstreben. Der ideologische Ursprung der gemeinten Bewegung liegt in inner-islamischen Reformbestrebungen in der zweiten Hälfte des 19. Jahrhunderts, die organisatorische Wurzel ist in der 1928 in Ägypten gegründeten ›Muslimbruderschaft‹ zu sehen. Allen späteren Strömungen war und ist die Absicht eigen, den Islam nicht nur zur verbindlichen Leitlinie für das individuelle, sondern auch für das gesellschaftliche Leben zu machen. Das bedeutet: Religion und Staat sollen nicht mehr getrennt und der Islam institutionell verankert sein.*«

Kritisch ist dabei, dass die Prinzipien von Individualität, Menschenrechten, Pluralismus, Säkularismus und Volkssouveränität, die für die westliche demokratische Denkweise essentiell sind, von dieser Auffassung des Islams total abgelehnt werden und in der von ihm geplanten Welt keinen Platz haben.

Schnell wird auch von Islamismus auf Gewaltbereitschaft geschlossen. Das theoretische Streben nach einer »religiös legitimierten Gesellschafts- und Staatsordnung« bedeutet nicht notwendigerweise, dass man auch willens ist, wie der IS oder al-Qaida, Gewalt einzusetzen, um dieses Ziel zu erreichen. Islamisten, so Pfahl-Traughber, »bedienen sich unterschiedlicher Handlungsstile von der Parteipolitik über die Sozialarbeit bis zum Terrorismus«. Doch wird der Weg zu einem Aktivismus, der das Ziel eines religiösen States näherbringen soll, bei einigen nicht mehr so lang sein - aber das hat mit der Persönlichkeit des einzelnen Rekruten zu tun, der zur islamistischen Denkweise bekehrt wurde.

Dem radikalen Islam geht es zunächst weder um Israel noch um den Nahost-Konflikt. Sein Ziel ist die ganze Welt und vor allem die *Umma* - die Gemeinschaft aller Muslimen der Welt. Daher bekämpft der radikale Islam in erster Linie und mit größter Energie und Rücksichtslosigkeit jene Muslime, die ihm nicht zustimmen. Da werden die blutigsten Schlachten geführt. Und dieser Kampf wird von al-Qaida, dem IS und ähnlichen, ihnen ideologisch nahstehenden hybriden Strukturen mit nicht wenig Aplomb geführt. Die gegenwärtige Gefahr dieses radikalen Islams liegt darin, dass der Großteil der Muslime, die weder den Islamisten noch einer Reformbewegung im Islam angehören, richtungslos schwankt.[137] Wenn diese radikale Orientierung des Islams, die Bauer als eine Mutation des Islams beschreibt, den ganzen Körper ergreifen sollte und damit 1,6 Milliarden Muslime hinter sich vereinigt, unter ihren Einfluss bringt oder gar beherrscht, dann hat die säkulare Welt ein großes Problem.

Die Niederlage im Sechstagekrieg von 1967 gab dem islamistischen Denken in der arabischen Welt einen neuen Schub. Wieder wurden muslimische Länder von Israel, der Hochburg des Westens in der Mitte der muslimischen Region, besiegt. Mit Hilfe der weltweiten jüdischen Macht und - nach fundamentalistischer Lesart - aus Mangel am rechten Glauben der geschwächten arabisch-muslimischen Welt haben die Juden wieder gesiegt.

Die Jahre 1977 und 1978 waren, laut dem Historiker Emmanuel Sivan, Wendepunkte in der Entwicklung des fundamentalistischen Gedankenguts über den arabisch-israelischen Konflikt[138]: Der Fall Jerusalems, der Besuch des ägyptischen Präsidenten Sadat in Jerusalem 1977 zehn Jahre nach dem Fall der Stadt und der darauffolgende Friedensschluss mit Israel sowie die Revolution gegen das Schah-Regime im Iran 1978/79, das eng mit Israel verbunden war, rückten den Antizionismus wieder in den Vordergrund der islamistischen Argumentation. Ihrem Ziel »vorwärtszurück zu einer muslimischen Identität«, so erklärt der Soziologe und Antisemitismusforscher Klaus Holz, stehen der Westen und der Zionismus im Wege - »mit Hilfe einheimischer Agenten«.[139] Nachdem Juden früher in der islamistischen Bewegung meistens mit schmählicher Nichtbeachtung bedacht wurden, sollte nun die Zukunft der muslimischen *Umma** abhängig sein vom Ausgang des Kampfs um Palästina.

Obzwar der Islamismus einen sehr viel weiteren Aktionshorizont vorsieht als nur Palästina, ist die Existenz Israels auf dem, was sie als muslimisches Land begreifen, nicht zu dulden. Islamisten beanspruchen das gesamte Mandatsgebiet Palästinas** als islamischen Stiftungsbesitz *(waqf)* und Teil der islamischen Heimat. Nach dieser Auffassung darf mit Israel kein Frieden geschlossen werden, und jeder Muslim ist nach dieser Aus-

---

* Gemeint ist das Konzept einer muslimischen Weltglaubensgemeinschaft.
** Das Gebiet, dass vom Völkerbund nach dem Zusammenbruch des Osmanischen Reiches im ersten Weltkrieg den Briten zur Verwaltung zugewiesen wurde.

legung persönlich verpflichtet, den Dschihad bis zur Ausmerzung Israels zu führen. Besonders relevant ist das für die palästinensische, der Muslimbruderschaft nahestehende Hamas-Bewegung* und für die Iran-nahen libanesischen Hisbollah-Milizen, die beide an Israels Grenzen stehen. Der Islam- und Religionswissenschaftler Uriya Shavit und der Historiker Ofir Winter[140] erklären, wie antisemitische Ideen im Kontext des Israel-Palästina-Konflikts der islamistischen Ideologie dienen.** Dadurch, dass aus islamistischer Sicht Israel an der Spitze einer westlich-christlichen Konspiration steht, deren Ziel es ist, die religiöse Identität der Muslime zu zerstören, bekommt der Kampf gegen Israel eine allmuslimische Dimension. In dieser Sichtweise hat der Islamismus laut Shavit und Ofir die beiden Grundannahmen des modernen Antisemitismus adoptiert: 1. den Juden als Träger eines irreparablen und zeitlosen genetischen Materials mit negativen Eigenschaften, die für jeden Nicht-Juden schädlich sind, und 2. eine Haltung gegenüber dem »Weltjudentum«, die dieses als organisierten maliziösen Störenfried ansieht, der schlimme Ereignisse der Weltgeschichte initiiert und steuert.

Die Publizistin und Islamismus-Expertin Claudia Dantschke spricht von einer Funktion, die der Antisemitismus in der Konstruktion der eigenen Gruppenidentität besitzt.[141] Hier bilden sowohl Christentum wie auch Judentum »monotheistische, abrahamitische Konkurrenzgruppen«. Natürlich bedroht die politische Moderne nicht nur die Muslime, sondern auch die zwei anderen religiösen Gemeinschaften. Und dabei, so Dantschke, spielt der *»gottlose Jude«* eine noch wichtigere Rolle als andere Nicht-Muslime – es geht um den Juden, »der Gott leugnet und die Menschen von Gott entfernen will, um sie beherrschen zu können«. Diese gottlosen Juden, die es geschafft haben, das Christentum zu zersetzen, wollen das Gleiche mit dem Islam tun, befürchten die Islamisten. Deswegen müssten sie bekämpft werden. Demnach beruht die Sicht der Islamisten nicht auf muslimischen Lehren, auf dem Koran oder anderen heiligen Schriften, sondern auf einer europäischen antimodernistischen Idee, deren

---

* Im Mai 2017 hat Hamas erklärt, dass sie zwar weiterhin Teil der »intellektuellen Schule« der Muslimischen Bruderschaft, jedoch eine selbständige palästinensische Organisation sind. Damit gab Hamas ägyptischen Druck nach. In Ägypten sind die Muslimbrüder als Terrororganisation eingestuft.

** Darunter nennen die Autoren: Die Dämonisierung des Feinds macht es leichter, für den Kampf Unterstützung zu finden; Der Streit zwischen dem jüdischen und den muslimischen Staaten wird zu einer über Generationen existierenden Feindschaft zwischen Juden und Muslimen erweitert; Die Dämonisierung des Juden (und des israelischen Juden) entlastet von der Schmach der Niederlagen, die Araber von Israel erlitten haben; Die Macht des organisierten »Weltjudentums« liefert eine Erklärung für die Niederlage, die trotz demografischer Mehrheit der eigenen Seite erlitten wurde.

Antisemitismus mit der Rolle der Juden nach der Epoche der Aufklärung verbunden ist. Das würde auch erklären, wieso Islamisten, die sich in ihrem Antisemitismus auf religiöse Quellen des Islam stützen, sich oft die Zitate aussuchen, die das ketzerische der Juden hervorheben.[142]

Unser Bild des Islams wird geprägt von Schocknachrichten und angstmachenden Bilder, Berichten über al-Qaida und den IS, von Terrorstenvideos, die Hinrichtungen zeigen, von den Angriffen des 11. September 2001, von Angriffen auf Charlie Hebdo, auf den jüdischen Supermarkt in Paris oder den Berliner Weihnachtsmarkt im Dezember 2016. Wenn Muslime in Ägypten eine Moschee, deren islamische Richtung sie nicht akzeptieren, angreifen und über 235 Menschen umbringen, fesselt das unsere Aufmerksamkeit mehr als alle Behauptungen über die Bedeutung der Barmherzigkeit im Islam. Die Medien, die über die üblen Taten berichten und sie zugleich interpretieren, spielen in unserer Meinungsbildung eine wichtige Rolle. Wir werden von Schlagzeilen beeinflusst, deren Ziel es ist, uns in den Artikel hineinzuziehen oder zum Kauf einer Zeitung zu bewegen - auch wenn es auf Kosten der Genauigkeit geht. Damit schüren sie Vorurteile und Angst. Es ist vielleicht nicht ohne Grund, dass ein gängiger Begriff für Islamfeindschaft und antimuslimische Haltungen mit dem Wort Phobie - also einer krankhaften Angst - verbunden ist. Der Historiker Uffa Jensen erklärt, wie Islamophobie, der Zorn und die Angst entstehen:[143]

»Die Islamfeindschaft wird im Wesentlichen als Abwehr einer angeblichen ›Islamisierung‹ verstanden ... Die ›Islamisierung‹ wird dabei als moralische Überwältigung begriffen, so dass sich andere Gefühlsreaktionen anbieten: Angst vor einer bevorstehenden Machtübernahme und Zorn über das moralische Unrecht hinter der vermeintlichen islamischen Mächtigkeit.«

In den Debatten über muslimischen Antisemitismus spielen Unwissen und Vorurteile oft eine tragende Rolle. Das führt dazu, dass manchmal nicht klar genug zwischen den antijüdischen Einstellungen radikaler Islamisten und den Haltungen in der allgemeinen muslimischen Gesellschaft differenziert wird. Um die muslimische Gefahr zu beschwören, bedient man sich oft an den Schriften, Verlautbarungen und Taten von Extremisten und radikalen Islamisten. Mit diesen wird Angst geschürt - als würden sie den Islam oder »die Muslime« repräsentieren. Das ist aber genau so ehrlich, als würde man sich anhand der Umtriebe jüdisch-extremistischer Siedler im Westjordanland und ihrer Unterstützung durch jüdisch-extremistische Dogmatiker seine Meinung über »die Juden« bilden.

»Muslim Anti-Semitism. A Clear and Present Danger«[144] heißt ein ziemlich einseitiger Katalog von Anklagen, den Robert Wistrich, Professor für europäische und jüdische Geschichte an der Hebrew University in Jerusalem, für das American Jewish Committee (AJC) im Nachgang zu den Ereignissen des 11. September 2001 schrieb und das vom AJC 2002 veröffentlicht wurde. Im Vorwort der Publikation wird erklärt, wie ernst die muslimische Gefahr zu sehen sei, und deswegen »müsse man Alarm schlagen, da eine sehr eindeutige und unmittelbare Bedrohung der Juden weltweit bestehe - und in diesem Sinne auch die demokratischen Werte gefährdet seien.«[145] Ob das AJC die amerikanische Panik nach dem 11. September opportunistisch ausnutzen wollte? Wie schon erwähnt, sind die meisten Muslime keine Radikalen,[146] und es war - und ist - demagogisch, so allgemein über eine muslimische Gefahr zu sprechen.

Das wesentliche Charakteristikum des arabischen antizionistischen Antisemitismus ist, laut Wistrich, dessen »kategorische Weigerung, Israels Existenzrecht und seine moralische Legitimation zu akzeptieren«.[147] Die Bewertung der arabischen Weigerung, Israel zu akzeptieren, als antisemitisch wird in Kapitel 1 geprüft. In seinem Bericht gibt Wistrich zu, dass Antisemitismus historisch gesehen ein relativ neues Phänomen in der arabischen Kultur und unter Muslimen ist, er bemüht sich aber doch zu zeigen, dass muslimischer Antisemitismus eine lange Geschichte hat und nicht nur mit dem Nahost-Konflikt verbunden ist.

Protagonisten solcher Argumente versuchen zu behaupten, dass Muslime sich schon vor dem Beginn des territorialen Konflikts in Palästina antijüdisch verhalten hätten. Circa 800.000 Juden lebten Ende der 1940er-Jahre, zur Zeit der Staatgründung Israels, in arabischen Ländern.* Antijüdische Maßnahmen und Unruhen, die sich in Folge des Schocks in der arabischen Welt nach der militärischen Niederlage von 1948 ereigneten, sowie die Ängste der Gemeindemitglieder führten dazu, dass diese jüdischen Gemeinden zum größten Teil durch Emigration liquidiert wurden. Im Laufe der Geschichte war der Status von Juden in muslimischen Ländern mehr oder weniger nach dem *dhimma*-Prinzip geregelt: Sie lebten bis zur Auflösung ihrer Gemeinden als geschützte Minorität. Der *dhimma*-Status regelt die Beziehung eines muslimischen Staates mit seinen nichtmuslimischen Religionsgemeinschaften. Ursprünglich, also noch zur Zeiten des Propheten Mohammed, waren es die nichtmuslimischen Monotheisten, die einen bevorzugten Status im Vergleich zu den Polytheisten genossen haben. Mit der Zeit erweiterte sich diese Gruppe der Schutzbe-

---

* Die größten Gemeinden waren in Marokko, Algerien, Irak, Tunesien und Ägypten.

fohlenen auf andere Religionsgemeinschaften, die als geduldete Minoritäten nicht gezwungen wurden, zum Islam zu konvertieren, die jedoch oft gedemütigt wurden und sich mit einer inferioren Position in ihren Ländern abfinden mussten.

Trotz ihres *dhimmi*-Status kam es zu Gewalttaten gegen Juden in muslimischen Ländern, die allerdings auf keinen Fall vergleichbar sind mit der systematischen christlichen Judenverfolgung, welche die europäischen Juden über Jahrhunderte zu einem kümmerlichen, elenden und lebensbedrohlichen Schicksal verdammte. Der auf jüdisch-islamische Geschichte spezialisierte Nahostwissenschaftler Mark R. Cohen bedauert das kurze Gedächtnis vieler Juden aus arabischen Ländern:[148]

»... *den Gedächtnisschwund vieler Juden aus arabischen Ländern, die sich nicht mehr an die Freundschaft erinnern können, die zwischen Muslimen und arabischen Juden einst in der alten Heimat bestand. Sie erinnern sich nicht mehr daran, dass die Juden der islamischen Welt bis zu den Ereignissen des 20. Jahrhunderts weitgehend von muslimischer Gewalt verschont wurden. Und sie haben vergessen, dass bis zum 20. Jahrhundert, teilweise sogar bis zu den 1940ern viele arabischsprachige bürgerliche Juden tief in die arabische Gesellschaft und Kultur integriert waren, ähnlich wie ihre Vorfahren im Mittelalter, die die arabische und islamische Philosophie, Wissenschaft, Medizin, Religionslehre, Rechtsauffassung und Poesie leidenschaftlich akzeptiert haben, in einer Zeit, die, wenn auch keine interreligiöse Utopie, zumindest eine Ära weiterreichender Koexistenz war. Die gegenwärtig im Kollektivgedächtnis der arabischen Juden vorhandene Erinnerung an jahrhundertelanges Leiden und Antisemitismus ist ein weiterer Mythos in der Vielzahl an Mythen, von denen die aktuelle Realität umgeben ist.*«

Yehuda Bauer hat Recht: Der radikale Islam ist gefährlich und muss ernstgenommen werden. Die Ideologie, die entwickelt wurde, um dem Niedergang der arabisch-muslimischen Welt durch die militärische wie auch wirtschaftliche Dominanz des Westens etwas entgegenzusetzen, ist teilweise gewalttätig. Zudem hat diese Ideologie den Zionismus als Speerspitze und treibende Kraft des Westens - und seinen Erfolg, nämlich auf muslimischem Land einen nicht-muslimischen Staat zu errichten, als totalen Affront gewertet und ihm den Krieg bis zum Sieg erklärt. Zu diesem Zweck wurde unter anderem auf Vorurteile und Verschwörungstheorien christlich-europäischer Antisemiten zurückgegriffen.

Dabei wäre es ein Fehler, über »die Muslime« als Gefahr zu sprechen. Auch wenn nicht wenige - und beileibe nicht nur Radikale - den jüdischen Staat Israel als westlichen Stachel im muslimischen Fleisch empfinden, bedeutet das noch keinen Kampf der Kulturen zwischen Islam und Judentum. Es geht hier um kleine Gruppierungen, die jeweils einige wenige bis einigen Tausend aktive Mitglieder zählen. Allerdings haben diese Gruppen ihrerseits wieder Anhänger in oft größerer Zahl.

Die Relevanz des radikalen Islams im Kontext dieses Buches zeigt sich - trotz seiner geringeren Verbreitung - auf zwei Ebenen: erstens, seiner totalitären Weltanschauung, verknüpft mit seiner Überzeugungs- und Verführungskraft sowie seiner Bereitschaft zu Gewalt. Zweitens, seiner Tendenz, Gewalt und spektakuläre Propagandaaktionen extremistischer Strömungen als etwas »Muslimisches« oder Islamverbundenes zu sehen und damit die große Mehrheit der Muslime als Bedrohung einzustufen.

Auch wenn islamistischer Antisemitismus in weiten Teilen ein säkulares Phänomen ist[149], gibt es manche, die die Wurzeln des muslimischen Antisemitismus in der Religion sehen wollen. Da wird im Koran, dem heiligen Buch der Muslime, und beim Propheten Mohammed nachgeforscht. Auch auf muslimischer Seite gibt es Versuche, den Koran und andere religiöse Texte zur Unterstützung ihrer Ansichten über Juden heranzuziehen. Man muss nicht lang im Internet suchen, um ein Bild, einen Bericht oder gar eine Videoaufnahme eines muslimischen Predigers zu finden, der in seiner Moschee gegen Juden hetzt. Es genügt ein Zitat aus dem Koran, und schon ist die Feindschaft uralt und eine religiös-bedingte Haltung. Das nächste Unterkapitel wird deshalb die Rolle des Korans in der muslimischen Einstellung zu Juden untersuchen.

Koran

Als ich einer befreundeten Islamwissenschaftlerin erzählte, dass ich vorhabe, mich mit dem Thema Antisemitismus unter Muslimen zu beschäftigen, war ihre erste Reaktion, dass ich natürlich die einschlägigen problematischen Stellen im Koran kennen müsse. Das sei ja nicht neu, sagte sie mir. Wenn über muslimischen Antisemitismus gesprochen wird, stellt sich die Frage, inwiefern Judenhass unter Muslimen in der Tat ein genuin muslimischer Judenhass ist, also ob man tatsächlich von einem religiösen, auf dem heiligen Koran fußenden Hass sprechen kann. Wenn es zu dieser Frage kommt, wissen einige schnell zu sagen, dass Juden im

Koran als Schweine und Affen bezeichnet werden. Die einen stützen ihre Einstellung zu Juden gern mit dem Hinweis, dass schon der Prophet Mohammed ein Problem mit ihnen hatte. Die anderen meinen, darin einen Schwarz-auf-weiß-Beleg für genuin muslimischen Antisemitismus gefunden zu haben.

Der Koran, dieser zentrale, heilige Text des Islams, der in den Jahren 609 bis 632 entstanden ist und - nach muslimischem Glauben - das Wort Gottes ist und die Offenbarungen Gottes an Mohammed beinhaltet, soll diesem über eine Periode von 23 Jahren vom Engel Gabriel diktiert worden sein. In seiner Originalsprache, im Arabischen, ist der Koran über 77.000 Worte lang und in 6.236 Verse *(ayah)* in 114 Kapitel *(surah)* unterteilt. Die Texte wurden nach dem Tod Mohammeds von seinen Nachfolgern, die die Texte der Offenbarungen auswendig kannten, schriftlich aufgezeichnet.

Mohammed sah sich selber als Propheten und Gesandten Gottes und den letzten in der Reihe der vom Islam anerkannten Propheten und Figuren des alten und neuen Testaments (Abraham, Moses, Jesus und viele andere). Nach Mohammed, der als »Siegel der Propheten« im Koran bezeichnet wird, soll es keine weiteren Propheten mehr geben. 14 Jahre lang fanden die Offenbarungen in Mekka statt, und nach Mohammeds Auszug nach Medina wurden sie dort fortgesetzt. Wie man sich vorstellen kann, spiegeln die Texte des Korans die politischen Nöte und Notwendigkeiten sowie die Macht der Gegebenheiten wider, in den Mohammed agierte.

Hier wäre es nützlich, die Beziehung, die Mohammed mit »den Juden« hatte, kurz zu schildern. Der um 570 in Mekka geborene Mohammed hatte sich mit seinen Predigten bei Polytheisten unbeliebt gemacht, und als sein Beschützer in Mekka starb, war für ihn die Zeit gekommen, die Stadt zu verlassen. Im Jahr 622 siedelte er nach Medina über, wo ihm und seinen Anhängern der Schutz, den er in Mekka verloren hatte, angeboten wurde. In Medina, damals noch als *Yathrib* bekannt, war Mohammed eifrig und erfolgreich damit beschäftigt, seine Botschaft zu verbreiten und sich innerhalb kurzer Zeit eine Machtbasis aufzubauen. Als Mohammed nach Medina zog, lebten in der Stadt und ihrer Umgebung schon einige jüdische Stämme, und zu Beginn soll ein harmonisches Zusammenleben von Mohammed geplant gewesen sein. Aus der Gemeindeordnung von Medina, in der es hauptsächlich um die Beziehung zwischen den neuangekommenen Anhängern Mohammeds und den in Medina lebenden Anhängern seiner Lehre ging, kann man lernen, dass die Juden, die wie die Muslime als Monotheisten ihre Religion ausüben durften, nicht als Feinde gesehen wurden. Mohammed kämpfte in den ersten Jahren gegen die Polytheisten und schloss nicht nur zu diesem Zweck mit einigen der jüdischen Stämme Verträge und Nichtangriffspakte. Doch erhoffte sich Mohammed auch, die Juden mit seiner Botschaft zu überzeugen und zum Übertritt zum Islam bewegen zu können, doch damit hatte er nicht viel Erfolg. Die guten Beziehungen mit den Juden hielten nicht lang, und im Jahr 624 kam es zur Vertreibung jüdischer Stämme aus Medina. Drei Jahre später, im Jahr 627, wurden die Männer des jüdischen Stammes *banu kuraiza*, hingerichtet, die Frauen und Kinder als Sklaven verkauft, ihr Besitz beschlagnahmt und unter Muslimen verteilt. Die Position zwischen Muslimen und Juden in Mohammeds Einflussbereich war damit geklärt, und die in Medina noch lebenden Juden haben sich Mohammed unterworfen. Sowohl bei den Vertreibungen als auch bei der Hinrichtung der *banu kuraiza* lautete die Beschuldigung von muslimischer Seite, die Juden hätten die Muslime verraten und mit den Feinden Mohammeds kollaboriert. Die Offenbarungen beinhalten die »notwendige« Begründung für die Bekämpfung der *banu kuraiza*-Juden:

»*Gott ist stark und mächtig. Und er ließ diejenigen von den Leuten der Schrift, die sie unterstützt haben, aus ihren Burgen herunterkommen und jagte ihnen Schrecken ein, so dass ihr sie zum Teil töten, zum Teil gefangen nehmen konntet. Und er gab euch ihr Land, ihre Wohnungen und ihr Vermögen zum Erbe, und (dazu) Land, das ihr (bis dahin noch) nicht betreten hattet.*« (33: 25-27)

Wie im Alten Testament, kann man auch im Koran einen Satz oder ein Zitat für beinah jeden Zweck finden. Als es notwendig oder opportun war, sich mit Juden (und Christen) gut zu stellen, gab es Verse, denen man entnehmen konnte, dass es ein friedliches Zusammenleben geben soll:

»*Es gibt keinen Zwang im Glauben. (Der Weg der) Besonnenheit ist nunmehr klar unterschieden von (dem der) Verirrung.*« (2:256)

So steht in einer Sure, wo es insbesondere um Schwierigkeiten geht, die Moses mit seinem Volk, den Kindern Israels hatte, der Satz:

»*Und sie wurden mit Schande und Elend geschlagen, und sie luden Allahs Zorn auf sich; dies, weil sie die Zeichen Allahs verwarfen und die Propheten zu Unrecht töten wollten; das war, weil sie widerspenstig waren und frevelten.*« (2:61)

Aber gleich danach heißt es wieder:

>*Gewiss, diejenigen, die glauben, und diejenigen, die dem Judentum an-
gehören, und die Christen und die Sabier - wer immer an Allah und den
Jüngsten Tag glaubt und rechtschaffen handelt, - die haben ihren Lohn
bei ihrem Herrn, und keine Furcht soll sie überkommen, noch werden sie
traurig sein.*« (2:62)

In einer anderen Sure kann man Ähnliches lesen:

>*Wegen Ungerechtigkeit derer, die dem Judentum angehören, hatten Wir
ihnen gute Dinge verboten, die ihnen erlaubt gewesen waren, und weil sie
viel von Allahs Weg abhielten, und (weil sie) Zins nahmen, wo es ihnen
doch verboten worden war, und den Besitz der Menschen in unrechter
Weise aufzehrten. Und Wir haben den Ungläubigen unter ihnen
schmerzhafte Strafe bereitet.*« (4:160-161)

Und auch hier wird schon im nächsten Satz »großartiger Lohn« denjenigen von ihnen versprochen,

>*die im Wissen fest gegründet sind, ... die das Gebet verrichten und die
Abgabe entrichten und an Allah und den Jüngsten Tag glauben.*« (4:162)

Nachdem den »Leuten der Schrift« erzählt wird, wie Allah diejenigen zu
Affen und Schweinen gemacht hat, die er »verflucht hat und denen Er
zürnt«, ohne sie als Juden zu benennen, wird gleich klar, um wen es geht:

>*Und du siehst viele von ihnen in Sünde, feindseligem Vorgehen ... Für-
wahr, wie schlimm ist, was sie tun! Warum verbieten ihnen nicht die Leute des Herrn {DR: Rabbiner} und die Gelehrten die sündhaften Worte und
das Verschlingen von unrechtmäßig Erworbenem? Fürwahr, wie schlimm
ist, was sie machen! Und die Juden sagen: ›Allahs Hand ist gefesselt.‹ Ihre
(eigenen) Hände seien gefesselt und sie seien verflucht für das, was sie sagen. Nein! Vielmehr sind Seine Hände (weit) ausgestreckt ...*

*Jedes Mal, wenn sie ein Feuer zum Krieg anzünden, löscht Allah es aus.
Und sie bemühen sich, auf der Erde Unheil zu stiften. Aber Allah liebt
nicht die Unheilstifter. Wenn die Leute der Schrift nur glaubten und gottesfürchtig wären, würden Wir ihnen wahrlich ihre bösen Taten tilgen
und sie wahrlich in die Gärten der Wonne eingehen lassen.*« (5:62-65)

Und auch hier, wird sofort klargemacht, dass es nicht um alle Juden als Gruppe geht, sondern um diejenigen, die nicht gottesfürchtig sind, denn:

>*Wenn sie nur die Thora und das Evangelium und das befolgten, was zu ihnen (als Offenbarung) von ihrem Herrn herabgesandt wurde, würden sie fürwahr von (den guten Dingen) über ihnen und unter ihren Füßen essen. Unter ihnen ist eine gemäßigte Gemeinschaft; aber wie böse ist bei vielen von ihnen, was sie tun.«* (5: 66)

Die Affen erscheinen auch hier:

>*Und ihr kennt doch diejenigen von euch, die den Sabbat übertraten. Da sagten Wir zu ihnen: ›Werdet verstoßene Affen!‹ Und so machten Wir dies für alle mit und nach euch zu einem warnenden Beispiel und zu einer Ermahnung für die Gottesfürchtigen.«* (2:65-66)

Wie wir sehen, ist es nicht nur ein Gerücht, dass in dem heiligen Buch der Muslime über Juden als Affen und Schweine gesprochen wird. Mohammed der sich als letzter Prophet und Botschafter Gottes sah, kannte die Bibel und die Geschichte sowohl der Juden als auch der Christen, und diese wurden in den Offenbarungen, im Koran, mitverarbeitet und eingeflochten. So beruht die mehrfache Bezugnahme darauf, dass Juden ihrem Gott und seinen Befehlen nicht folgten und für ihr gottloses Benehmen bestraft wurden, ohne Zweifel auf dem umfangreichen Material, das in den Schriften der Propheten des Alten Testaments zu finden ist. Die Islam-Gelehrten sind sich nicht einig, ob das verwandeln in Schweine metaphorisch zu sehen ist oder ob Gott, Allah, wirklich diejenigen, die er bestrafen wollte, in Schweine verwandelt hat. Es gibt sogar Gelehrte, die sich mit der Frage auseinandergesetzt haben, ob diese von Juden stammenden Schweine sich vermehren konnten oder ausgestorben sind und ob alle Schweine der Welt heutzutage von Juden stammen. Dazu muss man verstehen, dass auch die Exegesen des Korans das Produkt der Zeiten und politischen Konstellationen sind, in denen sie entstehen. Daneben sollte erwähnt werden, dass es zum Thema Abrogation - gemeint ist die Aufhebung einer Bestimmung in den Heiligen Schriften, um Widersprüche innerhalb der heiligen Schriften aufzulösen - auch schon in frühen Jahren eine breite Auseinandersetzung gibt, die nicht zu einstimmigen Meinungen unter Islamwissenschaftlern geführt hat.

An dieser Stelle sollte man sich fragen, was es terminologisch mit den verschiedenen Namen, die im Koran für Juden benutzt werden, auf sich hat. In den Suren des Korans erscheinen *yahud,* das arabische Wort für Juden, wie auch *bani israil:* Kinder Israels. Eine Erklärung, die für die Differenzierung angegeben wird, ist, dass sich *yahud* auf die im Umfeld des Propheten lebenden Juden bezieht, während *bani israil* das historische Volk, die vielen Generationen und deren Geschichte meint. Dann werden auch *ahl-ul-kitab,* »Leute des Buchs« oder »Leute der Schrift« erwähnt – und hier geht es um Juden und Christen, die als Nichtmuslime zwar zu den *kuffar* (von *kafir*), den Ungläubigen, zählen, aber einen bevorzugten Schutz-Status *(dhimmi)* genießen, da sie ja keine Götzendiener und Polytheisten sind. Diese Terminologie kann oft verwirrend wirken, was sich sogar heute manchmal noch in Diskussionen über Juden und Israelis spiegeln kann. Dieses Thema wird im Kapitel 6 ausführlicher besprochen. Einen ähnlichen Fehler machen einige, wenn sie meinen, dass *»Allah«* der Gott der Muslime sei, und nicht verstehen, dass auf Arabisch *Allah* einfach Gott heißt, genauso wie er auf Hebräisch und in anderen semitischen Sprachen *elohim*** genannt wird. Wenn im Koran also erzählt wird, dass Allah die Juden bestraft hat, nachdem die Juden ihm den Gehorsam verweigerten, gibt es unvorsichtige Leser, die meinen, die Juden hätten den muslimischen Gott verärgert und seien deswegen vom muslimischen Gott bestraft worden. Dabei geht es im Koran ja um eine Adaption von Bibelgeschichten und nicht um eine neue Auseinandersetzung zwischen Allah und den Juden. Und was die Heftigkeit der Formulierungen über die mangelnde Folgsamkeit und Bosheit der Juden angeht, ist die hitzige Darstellung und wütende Ausdrucksweise der Propheten des Alten Testaments kaum zu überbieten.

Das Thema der Behandlung von Juden im Koran ist sicherlich von akademischem und theologischem Interesse. Im Kontext dieses Buchs geht es aber nur um zwei Fragen: Wird von den Ausdrücken für Juden im Koran auch in der modernen muslimischen Welt Gebrauch gemacht? Und wird das Denken über Juden – und ganz besonders das antisemitische Denken unter Muslimen – vom Koran vielleicht sogar befeuert?

In der Tat wird von der antijüdischen, aus dem Koran stammenden Terminologie durchaus noch heute Gebrauch gemacht. Im Internet sind viele Beispiele zu finden. MEMRI, das *Middle East Media Research Insti-*

---

* In der von Jesus angeblich an Gott gerichtete Vorwurfsfrage *»'eli, 'eli, lama 'asawtani«* bedeutet *»eli« »mein Gott«.* Das Klagegebet stammt aus Psalm 22.

tute in Washington, hat es sich zur Aufgabe gemacht, Texte aus dem Arabischen, aus Farsi, dem Türkischen, Urdu-Pashtu und Dari zu übersetzen und verfügbar zu machen und führt unter anderem ein Projekt zur Dokumentation von antisemitischen Texten durch. Auf der Webseite von MEMRI ist eine ganze Reihe von Videoaufnahmen und Texten solcher Hetz-Predigten und -Artikel zu finden.[150]

Als eines von zahlreichen Beispielen kann man die *Fatwa* Scheich Ali Osmans aus dem Jahr 2009 nennen: Osman, Beauftragter für religiöse Indoktrination des ägyptischen Ministeriums für fromme Stiftungen *(waqf),* erklärte in seiner *Fatwa,* dass auch heutige Schweine von Juden stammen würden und dass Allah sie deswegen den Muslimen verboten habe. Außerdem sagte Osman, dass die islamischen Gelehrten der *Al-Azhar-Universität* in Kairo derselben Meinung wären, sich aber - um nicht als Antisemiten zu gelten - nicht trauten, ihre Meinung offen zu äußern.[151]

Zu erneuter Prominenz kam die Affen-und-Schweine-Idiomatik mit Mohammed Mursi, der mit den Wahlen 2011 Ägyptens neuer Präsident wurde und dieses Amt in einem Militärputsch 2013 wieder verlor. Einige Jahre zuvor, 2010, hatte er sich im Kontext einer Attacke auf »Zionisten« folgendermaßen geäußert:

>*»Dies ist, was diese Besetzer Palästinas können - diese Blutsauger, die die Palästinenser angreifen, diese Kriegstreiber, diese Nachkommen von Affen und Schweinen.«* [152]

Als Präsident Mursi auf einem kurzen Deutschlandbesuch gedrängt wurde, sich in dieser Sache zu erklären, konnte er nur sagen, dass seine Worte »aus dem Kontext gerissen« worden seien, ohne dabei zu sagen, in welchem Kontext solche Worte denn akzeptabel gewesen wären:

>*»Ich bin nicht gegen das Judentum als Religion. Ich bin nicht gegen die Juden, die ihre Religion ausüben ... Und meine Religion verpflichtet mich dazu, an alle Propheten zu glauben, alle Religionen zu respektieren und das Recht der Menschen zur Glaubensfreiheit zu respektieren.«*

Doch konnte Mursi, ein gläubiger Muslim, seine Worte nicht ungeschehen machen.[153] Dass das Thema nicht tot ist und in dieser Mundart weiter gehetzt wird, kann man auch bei oppositionellen Stimmen lernen, wie zum Beispiel bei einem in Jordanien lebenden palästinensischen Dichter, der schrieb:

»Die Juden sind nicht Nachkommen von Affen oder Schweinen, sondern menschliche Wesen, Kinder von Adam und Eva. Das sich wiederholende Geschrei von einigen der verrückten und primitiven muslimischen Kleriker, ›Juden, die Nachkommen von Affen und Schweinen‹, ist beschämend. Denjenigen, die sich auf die verehrten Strophen stützen ... sage ich: obwohl es Uneinigkeit über die Bedeutung dieser Verse unter den Kommentatoren gibt, ist die favorisierte Meinung, dass {die Juden} Affen im Charakter und nicht in Gestalt wurden - will sagen, sie sind nicht physisch in Affen verwandelt, sondern ihre Eigenschaften wurden affenartig ...«[154]

Die militante Hamas, die sich als palästinensischer Zweig der Muslimbruderschaft sah, bis sie sich Mitte 2017 von ihr entfernte, macht in ihrer Charta - ein Dokument gespickt mit Verschwörungstheorien, fantastischer Geschichtsbeschreibung und Behauptungen über zionistische Mächte - von Affen und Schweine interessanterweise keinen Gebrauch. Die Hamas strebt danach, Israel militärisch zu beseitigen und einen islamischen Staat zu errichten, und ihre Charta macht weder daraus einen Hehl noch aus dem Wunsch, alle Juden zu töten[155]:

»Der Gesandte Gottes ... sagt: ›Die Stunde (der Auferstehung) wird nicht kommen, bis die Muslime gegen die Juden kämpfen. Die Muslime werden sie töten, bis sich der Jude hinter Stein und Baum verbirgt, und Stein und Baum dann sagen: Muslim, Oh Diener Gottes! Da ist ein Jude hinter mir. Komm und töte ihn, außer der Gharqad-Baum, denn er ist ein Baum der Juden.‹«*

Vermutlich werden die Autoren der Hamas-Charta beschlossen haben, dass Behauptungen über die Weltherrschaft von Juden, über jüdische Machtpositionen in Medien- und Finanzbereichen, die ihnen angeblich Kriege und Revolutionen zu finanzieren helfen, für ihre Propagandaziele dienlicher sind als in Affen- und Schweine verwandelte Juden. Oder sollten die frommen Herren der Hamas die Verwandlungstheorie etwa nur metaphorisch sehen, während sie an die Weltdominanz der Juden tatsächlich glauben? Im Mai 2017 hat Hamas eine neue Charta veröffentlicht, die nun erläutert, dass ihr Kampf nicht den Juden, sondern den Zionisten gilt.

---

* Dieses bezieht sich auf einen *Hadith,* eine mündliche Überlieferung eines Spruchs oder einer Handlung des Propheten, oder einer dritten Person, die der Prophet stillschweigend akzeptiert hat. (Sahih Muslim Buch 41:Hadith 6985).

»Juden mit Affen, Schweine und anderen Tieren zu assoziieren«, so beklagt ein MEMRI-Artikel, der in der *Jewish Virtual Library* im Internet zu finden ist, *»das in der arabischen und muslimischen Welt sowohl unter Schiiten wie auch unter Sunniten weit verbreitet ist, gründet auf den wichtigsten religiösen islamischen Quellen und hat auch Wurzeln in den Bräuchen anderer antiker Völker.«*[156]

Das Verbreitungsargument führt in die Irre, sofern es sich nicht auf theologisch gebildete Muslime beschränkt. Die Erwähnung anderer antiker Völker ändert nichts an der Aussage dieses Fazits. Eine interessante These, um zu erklären, warum die Juden in Affen verwandelt wurden, entwickelt der Islamwissenschaftler Uri Rubin - er bringt diese Geschichte in einen Zusammenhang mit der Bestrafung der undankbaren Kinder Israels, die sich über das langweilige *Manna* beklagten, das sie in der Wüste zu essen bekamen. Rubins These nach ist die Verwandlung in Affen die adaptierte Koran-Version einer körperlichen Züchtigung, wie sie im Alten Testament beschrieben wird.[157] Ferner ist erwähnenswert, dass - dem Koran nach - nicht nur Juden, sondern auch Christen mit der Verwandlung in Affen und Schweine bestraft wurden. Angeblich gab es diese Strafe sogar für Muslime, aber nur, wenn ihre Sünden jüdische oder christliche Hintergründe hatten. Es ging wohl darum, christliche und jüdische Elemente fernzuhalten, die als Gefahr für die wahre islamische Identität gesehen wurden.[158]

Damit der Koran eine Rolle spielen kann in der Einstellung von Muslimen gegenüber Juden, müssen die Muslime den Koran erst einmal kennen. Ich habe Menschen interviewt, die sich selber als Muslime identifizierten, und viele von Ihnen behaupteten, sie bemühten sich, die Pflichten ihrer Religion einzuhalten. Ein gläubiger 35-jähriger syrischer Asylbewerber wollte nichts davon wissen, dass Juden im Koran schlechtgemacht werden, und erklärte:

> *»Im Koran wird berichtet, dass ein Teil des jüdischen Volks Moses ungehorsam war und dass Gott sie als Strafe in Affen verwandelt hat. Das steht im Koran, und es geht um einen kleinen Teil der Juden, die vor 3500 Jahren lebten. Es hat nichts mit den Juden, die heutzutage leben, zu tun. Außerdem kann es auch sein, dass diese Verwandlung nur metaphorisch gemeint wurde.«*

Wie gut aber kennen die Muslime ihren Koran? »Die meisten Muslime haben vielleicht nie den Koran gelesen und versuchen nicht einmal, sich daran zu halten! Dann behaupten sie, sie wären Moslems ...«, sagte ein 20-jähriger, dessen Eltern aus der Türkei kommen, dem sein Glauben sehr wichtig ist und der selbst von sich sagt: »Ich bete fünfmal am Tag, ich faste im Monat Ramadan, ich trinke nicht, ich rauche nicht... habe aber keine radikale Sichtweise.« Er erklärt weiter, wie schädlich solches Unwissen ist, wenn man sich trotzdem auf den Koran beruft:

> »Man muss den Koran lesen und versuchen zu verstehen... ein Satz kann sich auf einen Satz beziehen, der fünfzehn Sätze davorsteht. Ich habe einmal mit einer auf Facebook diskutiert, die gegen den Islam was hatte. Eine Nicht-Muslimin hat aus dem Koran zitiert und gesagt, ›schau mal, was hier im Koran steht‹. Ich habe Sie auf die fünf Zeilen davor und die fünf Zeilen dahinter aufmerksam gemacht und meinte, ›du hast das doch aus diesem Kontext herausgenommen!‹ ...

> Genauso machen es aber auch die terroristischen Gruppen, die immer nur die Stellen mit dem Wort ›Töten‹ zitieren. Dadurch hat man natürlich ein schlechtes Gefühlt, denkt, der Islam ist eine Religion der Brutalität oder des Krieges.«

Ein 20-jähriger Student, dessen Eltern Palästinenser sind, erklärt, wie das »System« funktioniert:

> »Es wird sehr oft gesagt, dass der Islam allgemein gegen die Juden ist, die Juden sind ein elendes Volk, sie wurden von Gott verflucht, es gibt ja dieses Gerücht! Obwohl es nicht stimmt! Die erste Frau von unserem Propheten war Jüdin! Im osmanischen Reich waren die hohen Offiziere Juden und Christen! Man zitiert ein paar Zeilen aus dem Koran, nimmt aktuelle Konflikte, mischt es in einen Topf und, es wird gut verkauft. Man bekommt gute Ratings, wenn man antisemitische Propaganda macht! Also... selbst ISIS arbeitet damit!«

Auch eine 20-jährige kopftuchtragende Studentin, deren Eltern vor 30 Jahren aus der Türkei kamen, spricht davon, wie essentiell es ist, den Kontext zu verstehen, und dass man sich nicht einfach auf der Basis von Zitaten aus dem Koran eine Meinung bilden darf. Ebenso wie man es nicht für bare Münze nehmen darf, »wenn ISIS sagt: ›Wir kämpfen im Namen des Islams!‹«, müssen ihrer Meinung nach etwaige antijüdische Zitate hinterfragt werden:

»Was ich mit Hinterfragen meine und nach Quellen frage, ist nicht nur, dass mich ein, zwei Zitate dann zufriedenstellen... so wie: ›Aha, okay, das ist der Vers aus dem Koran - jetzt hast du mich überzeugt!‹ - das ist es nicht! Das ist nicht kritisch genug! Das ist kein Hinterfragen für mich, das ist nur so: ›Okay, du hast jetzt ein angebliches Zitat gebracht...‹ Das nehme ich nicht so zur Kenntnis.

Wenn man sich jetzt ein rechtliches Gutachten oder so etwas durchliest als Laie, versteht man das auch nicht. Weil da so viele Definitionen, Paragrafen oder so Sachen sind, die ich als Laie niemals verstehen kann, weil ich in der Materie nicht drin bin! Genauso kann ich mir den Koran nehmen als Laie und sagen: ›Das ist das und das, der Vers, der predigt Gewalt!‹ Ich brauche aber jemanden der sich darin vertieft hat, nicht nur sich darin vertieft hat, sondern Zusammenhänge kennt, um das ansatzweise zu verstehen!

Ich kann nicht einfach den Koran nehmen und drauf los irgendwelche Verse aussuchen, ohne zu wissen, in welchem Kontext wurde dieser Vers offenbart, wann wurde dieser Vers offenbart? Zu wem wurde dieser Vers offenbart und was genau steht da drin? Oft werden Zitate gebracht, aus politischen Gründen, die nur den Vorwand haben, muslimisch oder islamisch zu sein. Ob sie es sind, das ist zu hinterfragen! Also das Label muss nicht unbedingt stimmen, auch wenn die Leute sich selber so bezeichnen.«

Für seine Studie »Antisemitismus und Diskriminierungswahrnehmungen junger Muslime in Europa«, hat Günther Jikeli über 100 muslimische junge Männer in London, Paris und Berlin im Zeitraum von 2005 bis 2007 befragt. Er wollte mehr über ihre Diskriminierungserfahrungen herausfinden und hören, was sie über Juden denken und welche Argumente sie benutzen, »um eine Feindschaft gegenüber Juden zu rechtfertigen«.[159] Mit diesem Ansatz geht sein Forschungsprojekt wohl generell davon aus, dass die Einstellung der jungen Muslime gegenüber Juden feindlich ist. Jikeli berichtet: »Die Mehrheit der Interviewpartner rechtfertigte auf die eine oder andere Weise eine Ablehnung oder Feindschaft gegenüber Juden mit ihrer religiösen oder ethnischen Identität«. Er stellt fest, dass das Religiöse viel häufiger benutzt wurde, um die Feindschaft zu rechtfertigen, als das Ethnische.[160] Auch die »Geschichte des Islam« wird von Teilnehmern dieser Studie oft als Grund genannt, Verweise würden aber »*meist sehr vage*« bleiben. Es gehe da um eine historische Feindschaft. Manche erwähnen die Ablehnung des oder den Verrat am Propheten, aber direkte Verweise auf den Koran oder gar Zitate über Affen und Schweine kommen nicht vor.

In den Interviews, die ich geführt habe, teilten viele der Interviewpartner Vorurteile über Juden, glaubten an Verschwörungstheorien und äußerten oft heftige Anti-Israel-Meinungen – aber keiner nannte den Koran als Ursprung oder Erklärung für seine antijüdischen Gefühle, nicht mal, um seine Meinungen über angebliche jüdische Charaktereigenschaften zu unterstreichen. In den Gesprächen, in denen genau nachgefragt wurde, kannten die Interviewpartner die einschlägigen Stellen im Koran, wo es um Juden geht, nicht. Was einigen hingegen bekannt war, war der historische Hintergrund von Animositäten zur Zeit Mohammeds. So erklärte eine 34-jährige, in Deutschland geborene Muslimin, deren Eltern aus Ägypten sind, warum judenfeindliche Texte im Koran entstanden sind und wieso Prediger sie heutzutage benutzen:

»Wir verstehen die Religion so, dass Gott immer wieder die gleiche Nachricht gesendet hat, immer mit seinen Propheten, und die Völker haben sich im Laufe der Zeit immer wieder von dem guten Charakter abgewendet. Dann wurde ein neuer Prophet gesendet und so weiter. Deswegen wurde erzählt, was die vorherigen Völker falsch gemacht haben, und das auch von den bani israil, jedes Volk hat ja immer wieder Fehler gemacht, sonst müsste ja kein neuer Prophet kommen. Wenn man das jetzt rausnimmt und aufgrund des hiesigen Denkens, also des politischen Denkens, interpretiert, sagt man: ›ja, schon damals, schon zurzeit von Moses, haben die Juden Mist gebaut, lies mal hier nach und da steht's doch. Und genau das Gleiche machen die heute mit uns‹, man muss aber den Koran im Kontext seiner Zeit lesen und verstehen, dass andere Völker mindestens so schlimme Sachen gemacht haben, dann relativiert sich das.

Was vielleicht ein Prediger dann zitiert, was dann als sehr judenfeindlich interpretiert werden kann oder auch judenfeindlich ist, je nachdem, ist auch wieder nur seine persönliche Interpretation der Herausnahme dieser Textstelle, die, wie gesagt, eigentlich im Kontext sich anders darstellt.

Und wenn es politisch wird, wie zum Beispiel bei der Hamas, ich meine, wenn ich eine politische Agenda habe, dann muss ich irgendwie die Argumente mir suchen, um zu beschreiben, warum ich dafür bin. Ja natürlich nimmt man in einem muslimischen Land nimmt man irgendwelche

muslimischen Verse, ... sie müssen ja irgendwie erklären, warum man ...
also, ich erinnere mich zum Beispiel an London, da ging's um Rauchen
und dann gab's verschiedene Apps, warum man das Rauchen lassen soll-
te. Gesundheit und das macht dir Mundgeruch und macht, dass du bei
den Ladys nicht so gut ankommst. Und dann war eine App, da wurde ir-
gendwie ein Zitat vom Propheten oder so genannt, und da hab ich gesagt,
ja ok, das sind die verschiedenen Zielgruppen, die sie jetzt ansprechen.
Die eine Zielgruppe ist die jungen Typen, die gerne bei Frauen ankom-
men, die andere sind die Gesundheitsbewussten ... so das war halt die
muslimische Zielgruppe, man sucht sich ja die Argumente sozusagen ...«

Auch eine 32-Jährige, die in Deutschland geboren wurde und deren Eltern aus der Türkei kommen, ist der Meinung, dass Juden und Muslime
miteinander auskommen können und dass der Koran nicht abwertend zu
den Juden steht. Sie erklärte den Koran politisch:

»[R]eligiös gesehen oder theologisch gesehen, brauchen wir keine Proble-
me miteinander zu haben. Ich glaube, die Probleme, die sind sehr histo-
risch bedingt und auch politisch bedingt. Und wenn man sich, gerade
jetzt aktuell auch in diese politische Sache zu tief hineinsteigert und jeder
auf seiner Position beharrt und sagt, nein, das muss so sein und die ande-
ren gehören da weg, egal, welche Seite das sagt, dann ist man in einem
Konflikt miteinander. Aber es gibt in der islamischen Geschichte sehr vie-
le Episoden, Zeiten, wo Muslime und Juden sehr gut miteinander gelebt
haben, und ich glaube, das beweist schon, dass man miteinander leben
kann und auch dass wir theologisch keine Probleme haben, weil ich glau-
be, das Judentum und der Islam sind sich eigentlich sehr ähnlich von
dem, wie sie theologisch glauben, von dem, was für ein Verständnis sie
über Gott haben.

Und ich finde auch, dass im Gegensatz zu dem Volksglauben, dass der
Koran zum Beispiel schlecht über Juden sprechen würde, finde ich, dass
eigentlich der Koran Juden sehr aufwertet und sagt, sie waren das auser-
wählte Volk. Ganz, ganz klar. Und sagt aber auch, dass sie Fehler ge-
macht haben, dass sie dann übermütig geworden sind, weil sie eben das
auserwählte Volk waren, und da werden gewisse Eigenschaften verur-
teilt. Nicht die Juden an sich, sondern ihr Hochmut, dass sie dann gesagt
haben, wir sind das auserwählte Volk. Und dann heißt es eben, dass diese
Eigenschaften verurteilt werden, das heißt aber nicht, dass der jüdische
Mensch an sich verurteilt wird, und das muss man auch dann theologisch

so verstehen, dass es Eigenschaften sind, die damals das jüdische Volk hatte ... Und wenn wir uns das so angucken, dann finde ich auch, dass Juden und Muslime kein Problem miteinander haben, außer die fangen an, über Israelpolitik zu sprechen.«

Wenn muslimische Kleriker, Politiker oder auch Künstler über Juden, Zionisten oder Israelis als nachkommen von Affen und Schweinen reden, ist die Quelle dafür also der Koran. Schon immer, auch zu Mohammeds Zeiten, wurde eine gehässige Sprache benutzt, um politische Ziele zu erreichen. Das war der Fall, als Mohammed sich in Medina etablieren wollte, mit jüdischen Stämmen im Konflikt stand und probierte, Juden zum Islam zu konvertieren - und das gleiche gilt, wenn Hassan Nasrallah, der Generalsekretär der Hisbollah, in einer Rede *»Tod Amerika, Israel und den Zionisten«* ruft und zionistische Juden als *»Enkel von Affen und Schweinen«* bezeichnet[161]. Das Absolute, das für gläubige Menschen wesentlich und selbstverständlich ist in allen Lehren, die sich auf heilige Schriften stützen, deren ursprüngliche Sprache und Kontexte sehr weit zurückliegen, kann eine große Gefahr in sich bergen, besonders dann, wenn daraus Handlungen entstehen. Diese Gefahr gibt es auch ohne dass ein Redner sein Publikum zu manipulieren versucht - umso größer ist sie in jenen zahlreichen Fällen, wo ein Redner genau das versucht.

Ob diejenigen, die sich heutzutage einer gehässigen Terminologie bedienen, das tun, weil sie antijüdisch eingestellt sind oder sein wollen oder ob sie antijüdisch sind, weil schon das Wort Gottes im Koran diese gehässige Sprache gegen Juden führt - beides ist möglich. Aber der Koran spielt eigentlich kaum eine Rolle in der antijüdischen Argumentation und Haltung von Muslimen - und dass die antijüdischen Begriffe, die im Koran zu finden sind, das Denken und die Meinungen muslimischer »Ottonormalverbraucher« über Juden in der heutigen Welt beeinflussen, ist schwer vorstellbar.

Kapitel 5

Vorurteile

»In der Türkei, die haben immer so eine Distanz gegenüber Juden... also Juden ist für die immer gleich total schrecklich, total schlimm, das sind diejenigen, die die ganze Welt beherrschen ... Hier bei den Türkisch-stämmigen auch ... irgendwie haben die ein Problem damit, und in der Türkei ist es jetzt auch gerade so, wenn Sie gegen die Regierung sind, sind Sie auch ein Masson {Freimaurer} ... sind Sie auch jüdisch ...«

Das meinte eine 22-jährige, aus der Türkei stammende Studentin. Hinter der Idee, sich auf Interviews mit Studierenden und Graduierten zu konzentrieren - zwar nicht ausschließlich, aber mehrheitlich -, stand der Wunsch, mit Interviewpartnern zu sprechen, die in der Lage sind, ihre Meinungen und Gedanken zu erklären. Der Gedanke, dass man in diesem Bevölkerungsteil keine Vorurteile oder Verschwörungstheorien finden würde, hat sich - wie die Zitate in diesem Kapitel noch demonstrieren werden - als Vorurteil bewiesen. Es fehlte nicht an Theorien und behaupteten Tatsachen, die mit mehr oder weniger Vorsicht verkündet wurden. Viele von denen, die über Antisemitismus unter Muslimen beunruhigt sind, werden - wenn sie das Material lesen - weitere Beweise für ihre Sorgen finden. Die Tatsache, dass das Stereotyp des reichen Juden, Geschichten über jüdische Verschwörungen und jüdische Macht nichts Neues sind und dass Juden in ihrer Geschichte deswegen viel erlitten haben, macht dessen Hartnäckigkeit nur noch beängstigender. Die von meinen Gesprächspartnern geäußerten Vorurteile und Verschwörungstheorien sollten daher, wenn nicht notwendiger Weise im Kontext der Vergangenheit, so doch mit dem Wissen darüber beurteilt werden. Bevor nun einiges zu diesem Thema gesagt wird, will ich das Phänomen der Vorurteile und Verschwörungstheorien kurz beschreiben.

Wie schon in der methodischen Notiz (vgl. Kapitel 2) erläutert, wurden nur Personen interviewt, die die Frage, ob sie Muslime sind, mit »Ja« beantwortet haben. Was diese Zugehörigkeit für jeden bedeutet, war zwar nicht das Thema der Gespräche, wurde aber oft besprochen. Auch bei Muslimen geht Religiosität nicht notwendiger Weise mit der Kenntnis oder gar dem Verständnis der eigenen heiligen Schriften einher. Inwiefern ihre Religionslehre und spezifisch der Koran Einstellungen der Interviewpartner zu Juden beeinflusst, war natürlich von Interesse. Aussagen zu diesem Thema wurden in einem separaten Kapitel besprochen (vgl. Kapitel 4).

Der Großteil der Gedanken, die meine Gesprächspartner geäußert haben, Meinungen, sachliche wie unsachliche und emotionale Feststellungen, Gefühle und auch Fragestellungen über Juden, lagen im Bereich der Stereotype, Vorurteile und Verschwörungstheorien. Beinah immer waren die Einstellungen zu Juden mit dem Nahostkonflikt verbunden. Nicht wenige der Interviewpartner wussten vom Reichtum der Juden und der damit verbundenen wirtschaftlichen Macht zu erzählen, die eingesetzt wird, um Israel finanziell wie auch politisch zu unterstützen. Meistens wurde damit die Stärke Israels erklärt und die Tatsache, dass Israel erlaubt wird, das Westjordanland weiter zu besetzen und seine Herrschaft über die palästinensische Bevölkerung ungestört auszuüben. Dabei wären Teile dieser Behauptungen leicht nachzuprüfen und damit leicht zu widerlegen.

Stereotype, Vorurteile, Verschwörungstheorien

Bevor man zur vermeintlichen Macht der Juden kommt, sollte man die Macht des Vorurteils und der Verschwörungstheorie zu verstehen versuchen. Diese lässt sich wohl am kürzesten durch Bequemlichkeit erklären, da Stereotype und Vorurteile - die, ohne viel nachzudenken einem eine klare Meinung ermöglichen - das tägliche Leben vereinfachen können. »Ich bezeichne Vorurteile und Stereotype gern als normal«, erklärt Sozialpsychologin Juliane Degner, und erläutert, dass diese es ermöglichen, Informationen, die uns im sozialen Miteinander begegnen, effektiv zu bearbeiten.[162] Auch Verschwörungstheorien haben ihre Funktion, indem sie ihren Anhängern bei der Etablierung ihres eigenen Weltbilds behilflich sind.

Sowohl Stereotype als auch Vorurteile sind Verallgemeinerungen. Stereotype sind Meinungen beziehungsweise Wahrscheinlichkeitsurteile über die Charakteristika und Attribute einer bestimmten Personengruppe, die - weil es gerade Spaß macht oder im Gespräch als nützlich empfunden wird - von vielen angewandt werden, ohne viel zu denken, oft auch ohne daran zu glauben[163]: Blondinen sind dumm, Frauen sind schlechte Autofahrer, Italiener sind gute Liebhaber, Juden sind geizig, usw. Die Sozialpsychologen Mark Snyder und Peter Miene erklären:

»Stereotypen sind in der Regel vereinfachte und verallgemeinerte Behauptungen darüber, wie »sie« sich verhalten. Hier sind die Mitglieder einer sozialen Gruppe gemeint, denen ihre Individualität genommen wird, indem man ihnen in ihrer Gesamtheit bestimmte Einstellungen, Verhaltensweisen und Charaktereigenschaften zuschreibt.«[164]

Was aber, wenn Stereotype nicht als wertneutrale Feststellungen daherkommen, sondern dabei eine persönliche Meinung oder Emotion mitspielt? Das würde ein Stereotyp über eine bestimmte Personengruppe, die man negativ oder positiv bewertet und zu deren Attributen oder Charakteristika man eine Meinung hat, in ein Vorurteil verwandeln. Das wäre zum Beispiel der Unterschied zwischen »Juden sind begabte Schüler« und »Die jüdischen Schüler nehmen unseren Kindern die Chance weg, Klassenbeste zu sein«. Beim Vorurteil verwandelt sich das Wertneutrale in eine Bewertung und dabei unter Umständen auch in emotionale Reaktionen gegenüber der bewerteten Gruppe und ihren Mitgliedern.[165]

Sind Vorurteile immer negativ? Eigentlich nicht, Vorurteile können ebenso positiv wie negativ sein, besonders wenn es um die eigene Gruppe geht. Doch wird in der Vorurteilsforschung der Begriff des Vorurteils meistens auf das Negative limitiert, als verfestigte negative Werturteile über andere Gruppen oder deren vermeintliche Mitglieder.[166] In ihren Umfragen zum Antisemitismus in der Bevölkerung benutzt die Anti-Defamation League – wie auch der Großteil der anderen Verfasser von demoskopischen Studien über antisemitische Einstellungen – nur negative Aussagen über Juden.

Dabei besteht die Möglichkeit, dass jene Idee, die Juden mit Geld verbindet und aus der sich die Stereotypisierung entwickelt hat, dass alle Juden reich seien, zwar existiert, aber nicht notwendigerweise negativ wirkt. Kann es sein, dass gut zu verdienen, Geld zu haben, klug mit Geld umzugehen, zwar Neid auf sich zieht, aber vielleicht sogar deswegen Respekt bringt und als erstrebenswert gilt? Das scheint der Fall zu sein bei der Aussage einer in England lebenden und aus Bangladesch stammenden Doktorandin, die keine Juden kennt und noch nie wissentlich mit einem Juden gesprochen hat – sie sagte mir, dass sie, wenn sie sich in einen Juden verlieben würde, kein Problem hätte, ihn zu heiraten. Dabei hat sie von ihrem Vater gehört, dass Juden keine Religion hätten:

»Woher das kommt weiß ich nicht. Müsste ich meinen Vater fragen, aber
wann immer ich mit solchen Fragen kam, wollte er sofort wissen ›Woher
kommt das? Triffst du dich etwa mit Nicht-Muslimen in der Uni?‹«

Juden, meinte sie, seien nicht nur gebildet, sondern besonders geschäfts-
tüchtig und reich - was sie als etwas Positives bewertete. Im ADL-Fragebogen stimmte sie beiden Finanz-Items, »Juden verfügen über zu viel
Macht in den internationalen Finanzmärkten« und »Juden verfügen über
zu viel Macht in der Wirtschaft« voll zu, wie auch der Aussage, dass Juden zu viel Kontrolle über die US-Regierung hätten.

ADL benutzt in ihren Fragebögen elf Items, um festzustellen, ob eine
Person Träger antisemitischer Einstellungen ist.* Von diesen elf sind fünf
mit Macht oder mit Geld verbunden (sechs, wenn man das Item »Juden
sind für die meisten Kriege auf der Welt verantwortlich« dazu zählt). Dagegen gibt es weder in der Bielefelder noch in der Leipziger Mitte-Studie,
die unter den Erscheinungsformen Gruppenbezogener Menschenfeindlichkeit auch Antisemitismus erforschen, Items zum Stereotyp des Reichen Juden. Wie an den Zitaten in diesem Kapitel festzustellen ist, kamen in den Gesprächen und Interviews, die ich geführt habe, mehrmals
Äußerungen zu jüdischem Geld, jüdischer Macht und sogar einige welt-
verschwörerische Mythen vor.

Die Sozialpsychologinnen Lioba Werth und Jennifer Mayer sprechen von
einer kognitiven Komponente, einer affektiven Komponente und einer
Verhaltenskomponente in diesem Bereich, um zwischen Stereotypen
und Vorurteilen, die bis zur Diskriminierung führen, zu differenzieren.**
Wenn man über die Verhaltenskomponente spricht, ist man bei der Diskriminierung.[167] Die Behauptung, Juden sind sehr reich, ist eine Stereo-

---

* (1) Juden verhalten sich loyaler gegenüber Israel als gegenüber dem Land, in dem sie wohnen
/ (2) Juden verfügen über zu viel Macht in den internationalen Finanzmärkten / (3) Juden haben zu viel Kontrolle über das Weltgeschehen / (4) Juden halten sich für bessere Menschen /
(5) Juden haben zu viel Einfluss auf die globalen Medien / (6) Juden sind für die meisten Kriege
auf der Welt verantwortlich / (7) Juden verfügen über zu viel Macht in der Wirtschaft / (8) Juden sind alle Menschen egal, außer Juden / (9) Juden sind wegen ihres Verhaltens verhasst /
(10) Juden haben zu viel Kontrolle über die US-Regierung / (11) Juden reden noch immer zu
viel über den Holocaust.
** Die »Wissensstruktur, die die sozial geteilten Überzeugungen bezüglich der Merkmale enthalten, die eine Gruppe und ihre Mitglieder auszeichnen« - ist zwar die kognitive Basis eines
Vorurteils - aber als solches noch kein Vorurteil, sondern Stereotyp. Die nächste Stufe, die Af-
fektive Komponente, ist die persönliche Akzeptierung oder Überzeugung von dem Stereotyp,
die es zu einem Vorurteil macht. Damit wird die »positive oder negative Empfindung gegenüber Personen aufgrund ihrer Zugehörigkeit zu einer Fremdgruppe bezeichnet.«

typisierung. Dass sie zu viel Macht in der Finanzwelt haben oder zu viel Einfluss in der Politik, ist ein Vorurteil, aber keine Verschwörungstheorie. Es wird aber zu einer Verschwörungstheorie – also zu der »Vorstellung, Annahme, dass eine Verschwörung, eine verschwörerische Unternehmung Ausgangspunkt von etwas sei«[168] –, wenn beispielsweise behauptet wird, dass die Juden mit ihrer Macht einen geheimen Plan durchsetzen wollten.

In der realen, nicht imaginären Welt gab und gibt es zweifellos echte Verschwörungen. Bei einer Verschwörung – »eine meist geheim geregelte Übereinkunft einer kleineren Gruppe von Personen, die die Durchsetzung eines konkreten Zieles auf diesem Weg anstrebt«[169] – geht es typischerweise um relativ kurzfristig durchgeführte Vorhaben. So war zum Beispiel der britisch-französisch-israelische Angriff auf Ägypten im Jahr 1956, die sogenannte »Suez-Krise«, oder auch der misslungene Versuch der Gruppe des 20. Juli 1944, Hitler umzubringen, eine Verschwörung. Eine Verschwörungstheorie ohne jeden Beweis ist dagegen jene Behauptung, die im muslimischen Raum viel Zuspruch findet, dass die Flugzeug-Attacken al-Qaidas in New York und Washington am 11. September 2001 eine Aktion des Pentagons waren, um für die USA eine Rechtfertigung zu liefern, erst in Afghanistan und dann im Irak einzumarschieren – oder gar vom israelischen Mossad angezettelt –, mit dem Zusatz, dass 4.000 Juden an dem Tag nicht zur Arbeit erschienen seien, da sie vom Mossad vorgewarnt wurden. Auch das ist ein Mythos. Ein anderes Beispiel wäre jene zirkulierende Geschichte über das vermeintliche Judentum des IS-Führers Abu-Bakr al-Baghdadi, wobei es nicht so schwer ist herauszufinden, dass die Geschichte unwahr ist. Dieser Verschwörungstheorie nach soll Al-Baghdadi – ein in Bagdad aufgewachsener und studierter irakischer Muslim – in Wahrheit ein vom Mossad und dem CIA trainierter jüdischer Schauspieler namens Simon Elliott sein.

Die Behauptung, dass alles, was böse ist oder als böse gesehen wird, jüdisch sei, kann auch der Schuldabwehr dienen und eigener Not entspringen. Verständlich ist der Wunsch vieler Muslime, sich vom IS – der so viel Hass auf Muslime und Angst vor ihnen verursacht – zu distanzieren. Für einige ist die Idee, dass der IS-Führer Jude sei, die nötige und erleichternde Erklärung für die Bosheit der Organisation, die von sich selbst behauptet, den wahren Islam zu repräsentieren. Dazu finden die Abnehmer solcher Verschwörungstheorien hier einen weiteren »Beweis« für ihre Vorurteile über Juden.

Muslime seien ganz besonders empfänglich für die Faszination von Verschwörungstheorien, sie halten sich an sie und glauben daran, erklärte ein ehemaliger pakistanischer Diplomat, da sie darin einen bequemen Weg sehen, die Machtlosigkeit einer Gesellschaft zu begründen, die früher einmal wirtschaftlich, wissenschaftlich, politisch und militärisch die Welt führte.[170] Der englische Stand-up-comedian David Baddiel sagte in einer seiner Shows: »Verschwörungstheorien, ... da können sich auch Idioten mal wie Intellektuelle fühlen.«[171] Und er fügte hinzu:

> *»Aber es gibt auch noch andere Gründe, warum sie heutzutage so beliebt sind. Einsame Männer finden so eine Online-Gemeinschaft gleichgesinnter einsamer Männer. Das beruhigt und ermutigt. Es bringt Ordnung in ein ungeordnetes Universum, wenn man sich vorstellt, dass die schrecklichen Ereignisse von Schattenmächten organisiert werden und man sich nicht mit der furchtbaren Wahrheit konfrontiert sieht, dass Tod und Zerstörung alltäglich scheinbar willkürlich geschehen.«*

Solche konspirativen Theorien, die mit einer Verschwörung eine Situation oder ein Ereignis zu erklären versuchen, sind nicht nur, aber besonders in unklaren Situationen zu beobachten, in Lagen, die komplex und nicht leicht nachvollziehbar sind, und ganz besonders in Folge beängstigender oder beklemmender Ereignisse. Das Attraktive an diesen Welterklärungen ist ihre Einfachheit. Man bleibt nicht allein mit unbeantworteten Fragen, es gibt einen Grund, warum der Erklärer - der per Definition der Gute ist oder zu den Guten gehört - leidet: den omnipotenten Bösen.

Verschwörungstheorien in der jüdischen Geschichte

An solchen Theorien, die die Welt oder Situationen erklären, fehlt es nicht; Verschwörungstheorien sind auch nicht neu. Zweifellos sind die Ängste vor dem Unbekannten und der Wunsch, in einer unvorhersehbaren Welt eine Ordnung zu finden, eine Erklärung für den enormen Erfolg der Religionen, die auch als eine Art Verschwörungstheorie gesehen werden können. Ein wichtiger Unterschied - und psychologischer Vorteil - ist das Versprechen vieler von ihnen, dass da ein Ausweg existiert: Folgt man den von Gott gesetzten Regeln, wird am Ende alles gut. Die Macht liegt in den Händen derjenigen, die behaupten Gott zu repräsentieren. Diese »Verschwörer« erklären Gottes Wünsche, interpretieren sie und etablieren sich als Kontrollinstanz zur Aufrechterhaltung der Regeln.

Einige Verschwörungstheorien sind sehr verbreitet, andere weniger. Es gibt diejenigen, die im Orkus der Geschichte verschwunden sind, und andere, die sich als wahr erwiesen haben. Sehr bekannt ist zum Beispiel die Behauptung, dass Elvis Presley nicht gestorben, sondern noch am Leben ist, oder dass der amerikanische Geheimdienst John F. Kennedy umgebracht hat. Auch soll – so die Theorie – die Mondlandung (1969) nicht wirklich stattgefunden haben, sondern von der NASA vorgetäuscht und nur eine Filmstudioinszenierung gewesen sein. Das Thema Organtransplantationen zum Beispiel bietet auch ein breites Feld für Verschwörungstheorien. Da es nicht genügend Organe gibt für alle Patienten, die mit einer Transplantation gerettet werden könnten, hat sich ein Markt entwickelt, der zwar illegal ist, aber trotzdem existiert. Auf diesem Marktplatz können reiche Patienten von Armen Körperteile kaufen. Bald tauchten Gerüchte über einen mafiösen Organhandel auf und darüber, dass zum Beispiel in China Hingerichteten Organe entnommen und verkauft werden. Es hieß sogar, dass Todesurteile nach dem Marktbedarf für Organe gefällt würden. Ein siebenteiliger iranischer Fernsehfilm aus dem Jahr 2004, *Zahras blaue Augen,* gibt dem Thema eine antisemitische Wendung – in dem Film geht es um einen israelischen Ministerpräsidentschaftskandidaten, der palästinensische Kinder entführen lässt, um mit ihren Organen seinen kranken Sohn zu retten. Der 12-jährigen Zahra wurden – in diesem Film – die Augen entnommen, um sie dem blinden Sohn des israelischen Politikers einzupflanzen. 2006 hat ein türkischer Fernsehsender eine türkische Version dieses Films ausgestrahlt.

Als die Ritualmord-Verleumdung erfunden wurde, gab es noch keine Organtransplantationen. Hier nun wird die alte Legende vom Ritualmord verfeinert und modernisiert. 2015 behauptete der palästinensische Botschafter bei den Vereinten Nationen, Riyad Mansour, Israel entnehme getöteten Palästinenser ihre Organe: »Wir bekommen die Leichen ohne Hornhäute und andere Organe.«[172] Ein Interviewpartner wird von seinen Emotionen fortgerissen, als er mir erzählt, er habe die Berichte von seiner eigenen Familie bekommen:

»Glauben Sie wirklich, meine Eltern, meine Tanten und Onkel, die das erlebt haben, meine Schwiegermutter, meine ganze Verwandtschaft, glauben Sie wirklich, die lügen mich an?«

Es geht sogar so weit, dass er behauptet, selber

»Menschen gesehen [zu haben], denen die Innereien herausgeschnitten wurden.«

Die Behauptung des Organraubs ist besonders potent: Die Idee, in einem Spital aus der Narkose zu erwachen und plötzlich Narben zu finden, wo einem die Niere oder ein anderes Organ herausoperiert wurden, ist grauenerregend.

Juden und deren angebliche Machenschaften waren seit frühen Zeiten eine beliebte Projektionsfläche für Konspirationstheorien – und sie sind es noch immer. Wenn es um antisemitische Verschwörungstheorien geht, sind die omnipotenten Bösen die Juden: Es gibt einen klaren Feind, der als Sündenbock dienen kann. Die Liste der Unterstellungen ist lang, und die Folgen einiger dieser fantastischen Erfindungen waren oft grausam: Viele Juden sind solcher Verschwörungstheorien wegen umgebracht worden. Eine sehr frühe Erzählung war der sogenannte Hostienfrevel. Seine früheste bekannte Erwähnung geht auf das 13. Jahrhundert zurück. Da nach dem christlichen Glauben die Hostie der Leib Christi ist, gleicht das Stehlen und Durchstechen der Hostie dem Gottesmord. Dieser Vorwurf stand in direkter Kontinuität zu der Beschuldigung, dass die Juden Christus gekreuzigt hätten. Der Hostienfrevel-Vorwurf führte dazu, dass ganze jüdische Gemeinden in Europa bei lebendigem Leib verbrannt wurden.

Anderen Verschwörungstheorien gemäß sollen Juden Brunnen vergiften, die Pest verbreiten und Ritualmorde begehen. Juden sollen christliche Kinder entführen, um deren Blut zu nehmen und Matzen damit zu backen, den Brotfladen, der von Juden in der *Pessach*-Woche gegessen wird. Auch diese Anschuldigungen verbreiteten sich wie ein Lauffeuer, wann immer ein unerklärtes Delikt oder eine Katastrophe passiert war. Den lokalen Machthabern kam es oft gerade recht, der verängstigten Bevölkerung einen externen Grund für ihr Leid anbieten zu können, der mit der Wahrheit nichts zu tun hatte, vielleicht nicht mal eine wirkliche Erklärung war, in jedem Fall aber einen klaren Schuldigen benennen konnte. So war der »Schwarze Tod«, die Pestepidemie der Jahre 1347–1351, ein Auslöser für die Verschwörungstheorie, dass Juden das Gift, das die Epidemie verursacht, verbreiteten. In Basel wurden alle Juden an einem Platz versammelt und verbrannt, in Straßburg zweitausend Juden massakriert, in Mainz zwölftausend, und Tausende wurden bei lebendigem Leibe in Stuttgart, Speyer, Ulm und Dresden verbrannt. Hunderte jüdische Gemeinden in Europa wurden in Pogromen ausgelöscht.

Auch Shylock, Shakespeares Jude im *Kaufmann von Venedig*, der böse Wucherer, der als Sicherheit für eine Anleihe ein Pfund Fleisch des Schuldners verlangt und bereit ist, Antonio das Fleisch aus dem Leib zu schneiden, ist eine Personifizierung des Vorurteils über jüdische Geldgier, kombiniert mit dem Ritualmord-Mythos.

Die Beschuldigung, dass Juden Kinder entführen würden, um mit deren Blut Mazen zu backen, fasste im Laufe des 19. Jahrhunderts auch im arabischen Raum Fuß. Berüchtigt ist die »Damaskus-Affäre« aus dem Jahr 1840. Damals verschwanden in Damaskus der aus Sardinien stammende Guardian, Pater Tomaso, der Hausobere eines Kapuziner-Klosters, und sein Diener. Hinter der Beschuldigung, dass Juden für den Mord an dem Mönch verantwortlich seien, steckte der französische Konsul, der für die Katholiken Syriens zuständig war. Viele Damaszener Juden wurden verhaftet und gefoltert - und erst nachdem die Affäre weltweit Wellen geschlagen hatte, sprach man die Juden letzten Endes frei. Weitere Ritualmordbeschuldigungen gab es auch in anderen arabischen Gemeinden, doch gingen sie beinah immer von christlichen Kreisen aus und nicht von der muslimischen Mehrheit.

Auch die Unterstellung, dass Juden die Medien der Welt beherrschen und ihrem eigenen Volk, dem Weltjudentum, loyaler gegenüberstehen als den Ländern, deren Bürger sie sind, fußt auf der gleichen Idee einer kleinen Gruppe von Juden, die sich die ganze Welt unterwerfen wollen. Die Vorstellung einer nicht definierbaren Zahl von Juden oder Zionisten, die auf der ganzen Welt die Strippen ziehen und besonders die Finanzwelt im Interesse der Juden manipulieren, war häufig in den Interviews zu hören. Sie hat ihre Wurzeln zweifellos in den *Protokollen der Weisen von Zion*. Dieser Hetzschrift nach gibt es einen jüdischen Plan, die Weltherrschaft zu übernehmen. Manchmal wird sie ernstgenommen, manchmal wird mit der Idee nur gespielt und manchmal wird sie auch als Verschwörungstheorie abgelehnt.

Dieses Pamphlet wurde zuerst 1903 in Russland veröffentlicht, breitete sich danach in anderen Ländern aus - und tut es noch immer. Es stützte sich auf die Behauptung, ein Treffen von jüdischen Weltverschwörern zu dokumentieren. Bei diesem Treffen sollen diese »Weisen von Zion« Strategien entwickelt und den Einsatz bestimmter Mittel zur Erfüllung ihrer Ziele geplant haben. Zu Beginn dienten die *Protokolle der Weisen von Zion* dazu, die antisemitische Propaganda des Zarenregimes zu unterstützen, wonach die Juden Schuld an der Niederlage im russisch-japanischen Krieg (1904/05) waren und hinter der Revolution von 1905 steckten. Der Text wurde zwar schon 1921 in der *London Times* als Fälschung enthüllt, erfreute sich aber weiterhin reger Verbreitung.

Derselben Denkweise entsprang der 1976 zum ersten Mal auftauchende Begriff ZOG (*Zionist Occupied Government* = Zionistisch besetzte Regierung), er findet sich in rechtsradikalen und Neonazi-Publikationen. Mit diesem Begriff wird behauptet, dass eine »ZOG-Regierung« nur ein Puppenregime sei, dass in Wahrheit unter geheimer jüdischer Kontrolle steht und nicht die Interessen des eignen Landes fördert, sondern jüdische Interessen. Die Terminologie »zionistisch« hat in diesem Fall nicht mit der zionistischen Bewegung oder Ideologie zu tun, sondern mit dem Ausdruck »Zion« und dem Konzept der jüdischen Weltverschwörung wie in den gleichnamigen *Protokollen*.

Zitate zu Stereotypen, Vorurteilen, Verschwörungstheorien

»Bis heute ist auch in Europa das Stereotyp von der jüdischen Macht eines der am weitesten verbreiteten überhaupt. ... Würde man dieses Stereotyp aus dem Antisemitismus streichen, wäre dieser kaum noch zu formulieren.« Der Soziologe und Antisemitismusforscher Klaus Holz führt weiter aus und erklärt, »denn nur, wenn ›die Juden‹ über große Macht verfügen, können sie als die große Bedrohung imaginiert werden.«[173]

Bevor es Macht gab, gab es Geld - jüdisches Geld, das Politik und Medien kauft und besitzt. »Juden. Geld. Eine Vorstellung« nannte 2013 das Jüdische Museum in Frankfurt eine Ausstellung, die sich mit diesem Klischee beschäftigen wollte.

»Zwischen beiden Begriffen wird im Titel dieser Ausstellung bewusst eine Verbindung vermieden«, erklärte das Museum in seiner Pressemitteilung, »obwohl sie von vielen als selbstverständlich gesetzt wird. Gibt es ein solches ›und‹ - und wie wäre es zu verstehen?«[174] Weiter wird erklärt, dass »die Vorurteile und Einstellungen zum Geld sichtbar [werden], die seit dem Mittelalter das Bild eines ›reichen Juden‹ geprägt haben - ein Bild, das bis heute aktuell ist.«*

Bei Hassverbrechen, ob physisch oder verbal, die gezielt an Juden begangen werden, nur weil sie Juden sind, sollte sich nicht die Frage stellen, ob es um Antisemitismus geht. Aber auch Hassgefühle, negative Einstellungen, Stereotypisierungen, Vorurteile oder Verschwörungstheorien werden als Antisemitismus gewertet. Bei allen Bedenken gegen die Be-

---

* Das Konzept des Jüdischen Museums, den Stier bei den Hörnern zu packen, ist genial, trotzdem kann man sich fragen, ob die Ausstellung es geschafft hat, das Klischee, das Juden mit Geld verbindet, zu dämmen, zu relativieren oder zu erklären. Dazu wäre es interessant zu wissen, inwiefern die vielen Plakate und Beschilderungen der Ausstellung, die ein halbes Jahr in der ganzen Stadt zu sehen waren, bei den ›Nicht-Besuchern‹ der Ausstellung das Klischee etwa weiter eingeätzt haben? War das nicht geplante Resultat dieser Ausstellung antisemitische Propaganda, die vom Jüdischen Museum gefördert wurde?

deutsamkeit von Umfragen generell - und besonders gegen jene Umfragen, die von Lobbygruppen oder Interessenverbänden über Antisemitismus in Auftrag gegeben wurden -, kann man deren Aussagekraft schlechterdings nicht negieren, wenn das Item »Juden haben zu viel Kontrolle über das Weltgeschehen« in arabischen Ländern zwischen 70 und 88 Prozent und in der Türkei 61 Prozent Zustimmung erhält.*

In der Tat findet man in den von mir geführten Interviews nicht wenige Aussagen über jüdisches Geld, jüdische Macht und jüdische Weltherrschaft. »Warum JUDE eine Beleidigung ist? Na, weil Juden als geldgierig gelten«, erklärte ein 18-jähriger Abiturient, und doch fügte er hinzu, dass es um ein Vorurteil ginge.

Das Thema ökonomische Macht der Juden** wurde manchmal mit der sehr verbreiteten Behauptung verknüpft, dass viele der großen Handelsmarken »Juden« gehören würden. Manchmal wurde das nur am Rande erwähnt und manchmal zusammen mit der Idee, dass man diese Marken oder Läden boykottieren sollte. Die Erklärung für den Boykott war, dass die jüdischen Besitzer einen Teil ihres Profits nach Israel schicken würden. Woher die Information kam, war nie so ganz klar. Es sei einfach bekannt, erklärten zwei 21-jährige Studentinnen:

»Viele Marken gehören doch ihnen! Welche? Viele, oder? Ich habe zum Beispiel gehört, dass Aldi einem Juden gehört ... aber nur gehört, ich weiß es nicht ...!«

»Starbucks, habe ich gehört ... aber das hindert mich nicht dran, zu Starbucks zu gehen und einen Kaffee zu holen ... oder zu Aldi zu gehen!«

»Es gibt aber bestimmt Leute, die gehen da nicht mehr einkaufen! Rossmann, der Drogeriemarkt wie dm, das soll auch jüdisch sein ...!«

»Bestimmt! Gibt es die. Nein, Eins zu eins von der Person habe ich es nicht gehört.«

»Ich könnte es mir vorstellen ...«

»Woher ich das weiß? Das ist genauso, wie man sagt, es gibt nationalistische Deutsche ... wir kennen ja keinen, aber wir wissen, dass es sie gibt ...«

---

* Verglichen mit Deutschland, wo angeblich jeder Vierte daran glaubt und Großbritannien, wo nur jeder Neunte daran glaubt. [The ADL Global 100 2014, http://global100.adl.org (abgerufen am 7.2.2017)].

** Die Aussagen »Juden haben zu viel Einfluss in den Finanzmärkten« und »Juden haben zu viel Macht in der Geschäftswelt«, werden oft in Umfragen benutzt, um als Indikatoren für antisemitische Haltung zu dienen. Siehe zu dem Thema Kapitel 2.

Auch ein 18-jähriger weiß zu erzählen, dass:

*»diese ganzen großen Marken wie Nestea, Nestlé, das gehört ja Juden ...
oder die Aldi-Brüder, das sind ja auch Juden ... Oder, was gibt es denn da
noch ... eben große Firmen ... Woher ich das weiß? Ich glaube, die wurden
mal interviewt oder so, und die wurden halt alles gefragt ...*

*Man sagt aber auch, dass die Börse den Juden gehört, oder nicht? Ja, die
ganzen Firmen, die Aktien anlegen ... also, man sagt, dass ein Großteil,
dass sozusagen die Juden die Börse kontrollieren, sozusagen leiten ... dazu
gehört ja dann ... zum Beispiel von großen Unternehmen ... ich weiß jetzt
nicht ... die Aldi-Brüder, ich weiß nicht, ob das jetzt Juden sind, aber jetzt
so große Unternehmen: Aldi ist ja ein großes Unternehmen, und einer der
Aldi-Brüder ist auch der reichste Mann von Deutschland, ich weiß nicht,
auf jeden Fall haben diese Männer ja ganz hohe Positionen, und ich weiß
jetzt nicht, ob die Religion so eine große Rolle spielt bei sowas, aber wenn
viele Juden zusammentreffen und so eine Börse entsteht, dann entsteht ja
auch so ein Rad ... und wenn das jetzt alles Juden sind, dann könnte man ja
sagen, dass die Juden sozusagen die Börse kontrollieren ... aber ich weiß
nicht ... ich finde das dumm, jetzt eine Religion da mit reinzuziehen ...«*

In den Augen der Interviewpartner galt die Behauptung über die reichen
Juden beinah immer als Erklärung für ihren immensen Einfluss, der Israels
enorme Macht ermöglicht. Bei einem in Deutschland geborenen Palästinenser ist der Frust über die Machtlosigkeit und sein Gefühl der unfairen
Behandlung seines Volkes klar zu erkennen:

*»Ich spreche besser Deutsch als Arabisch, ich schreibe gar kein Arabisch,
da bin ich Analphabet. Mein Herz schlägt aber so, dass ich niemals meine
Kultur vergesse. Ich achte immer auf meine Familie und meinen Beruf,
ich respektiere die deutschen Gesetze wie jeder andere auch. Aber innen
drin bin ich Palästinenser. Das heißt, ich esse zu Hause zu achtzig Prozent arabisch, ich höre zu neunundneunzig Prozent arabische Musik, bei
mir zu Hause hängt auch die palästinensische Flagge ... Ich bin auch der
Einzige meiner Familie, der sich so für Palästina engagiert. Aber fast jeder meiner Brüder hat ›Palestine‹ auf seinem Körper tätowiert. Es ist keine Mode, es hat etwas mit Stolz zu tun.«*

*»Israel darf machen, was es will. Und kein Land dieser Welt verurteilt Is-
rael ... Der Holocaust ist Thema in allen Schulen, aber was nach dem Ho-*

locaust kam, was Israel mit uns Palästinensern angestellt hat, das wird nicht erwähnt. Was haben die Menschen, die den Holocaust überlebten und mit Schiffen nach Palästina gebracht worden sind, was haben diese Menschen dort gemacht? Uns vertrieben. ...

Jetzt kann man nichts mehr machen, es gibt heute ein Israel. Wenn mich jetzt jemand fragt, was ist die Lösung? Oder wird es jemals Frieden geben in Palästina, dann würde ich sagen: Nein! Es gibt keinen Frieden, es wird auch in zwanzig Jahren keinen Frieden geben. Und es wird in dreißig Jahren keinen Frieden geben. Warum? Erst einmal: Israel hat die Welt in der Hand. Israel tut und macht, was es will. Wir sind ein kleines Volk. Uns wird immer mehr Land weggenommen. Unsere Kinder kommen in Gefängnisse. Was sollen wir machen? Wenn sich die Weltpolitik nicht einmischt. Wenn es dort Frieden geben soll, dann muss sich die ganze Welt ändern. Dann muss die ganze Welt einmal mit dem Finger auf Israel zeigen. Aber das wird sie nie machen.

Man muss unterscheiden zwischen Juden und Juden. Es gibt Juden, die sind voll und ganz auf der palästinensischen Seite. Zwischen den beiden Religionen ist kein großer Unterschied. Zwischen dem Islam und dem jüdischen Glauben. Es gibt aber diese rechten Juden. Und diese Juden sind es, die das ganze System kaputt machen. Genau diese Juden, die die Weltherrschaft haben. Das sind die Juden, die sofort mit dem Finger auf Deutschland zeigen, wenn etwas gegen Israel gesagt wird. Die generell mit dem Finger auf alle zeigen, die Kritik an Israel üben. Das sind diese Juden. Es gibt dreizehn Millionen Juden in der Welt. Aber sie sitzen doch überall drin, in den Banken, in allem, was mit Geld zu tun hat, sitzen sie drin. Ich glaube das nicht nur, das ist so! Ich habe hier noch nie einen jüdischen Mitbürger gesehen, der eine Mülltonne geschleppt hat. Oder dass einer die Straße gefegt hat. In Deutschland weiß man, wer Jude ist, was sie machen und was sie nicht machen.

Ich kenne viele Juden und ich arbeite schon länger mit manch einem Juden zusammen. Und sie denken dasselbe, was manch einer von uns auch tut. Aber natürlich beherrschen die Juden die Welt. Warum kritisiert keiner Israel? Warum macht Israel, was es will. Nicht, weil es die Hamas gibt. Wie lange gibt es die Hamas? Und wenn es so wäre, dass Israel kritisiert wird, warum tut dann keiner etwas gegen Israel. Die ganze Welt weiß davon, wenn vier spielende Kinder am Strand gezielt getötet werden, aber niemand tut etwas. Israel bombardiert weiter. Dass sie es mit Absicht getan haben in diesem Fall, das weiß ich. Es ist von Israel selbst so gesagt worden. Die israelische Außenministerin hat wortwörtlich gesagt, wir müssen nicht die palästinensischen Männer töten, sondern die Frauen, damit sie keine Schlangen auf die Welt bringen. Wenn sie das auch vielleicht nicht gesagt hat, diese Aussage erfunden wurde, sie aber eine rechtsradikale Politikerin ist - warum wird Israel nicht in dem Zusammenhang kritisiert, als rechter Staat? Mag sein, dass man so etwas in der deutschen Presse, wenn auch nicht in der des Springerkonzerns, lesen kann.

Aber wenn in Israel sich ein Palästinenser in die Luft sprengt, was ich auch nicht akzeptiere, dann sind gleich alle Kameras auf Israel gerichtet. Aber dass bei uns tagtäglich, stündlich, Massaker stattfinden, Organhandel stattfindet von palästinensischen Gefangenen, das wird nicht erwähnt. Letzteres ist keine Geschichte! Das ist keine Phantasie! Ich weiß das! Vor zwei, drei Jahren kam ja auch heraus, dass in deutschen Krankenhäusern Organhandel betrieben wurde. Jeder, der mehr Geld geboten hat, der hat gleich ein Organ bekommen. In Palästina gibt es das auch. Da wachen Palästinenser morgens auf, sehen die Narbe, wo ihnen die Niere rausgenommen wurde. Das weiß jeder! Zwölfjährige Kinder müssen ihren eigenen Urin trinken. Im Gefängnis. Frauen müssen an Checkpoints entbinden, weil die Israelis sie nicht durchlassen. Warum wird darüber hier in Deutschland nicht berichtet? Glauben Sie wirklich, meine Eltern, meine Tanten und Onkel, die das erlebt haben, meine Schwiegermutter, meine ganze Verwandtschaft, glauben Sie wirklich, die lügen mich an? Das ist keine Propaganda. Wir sitzen ja nicht herum und denken uns was aus, um Israel schlecht zu machen. Wir können Israel nicht schlechtmachen. Wir schaffen es nicht! Es gibt keine Nation auf der Welt, die Israel schlechtmachen kann. Gegen diese Vorurteile, die sagen, man kann sich nicht vorstellen, dass Israel so etwas tut, genau gegen diese Vorurteile kämpfen wir. Und das jede Stunde, jeden Tag, jeden Monat. Wir versuchen die Wahrheit ans Licht zu bringen, aber wir haben keine Medien auf unserer Seite und wir haben keine Menschen auf unserer Seite, die uns helfen, die Wahrheit ans Licht zu bringen. Ganz einfach! Ich habe genügend Geschichten darüber gehört, über den Organhandel. Und es gibt genug andere Länder, die darüber berichtet haben. Ich habe Menschen gesehen, denen die Innereien herausgeschnitten wurden. Wenn wir um Hilfe schreien, dann hört uns keiner.

Wird zu Recht über muslimischen Antisemitismus gesprochen? Wenn das in Richtung IS zielt, dann kann ich nur sagen, der IS hat nichts mit einem *islamischen Staat zu tun. Im Gegenteil. Wir verurteilen, was da passiert. Wir Moslems. Wer den Islam richtig auslegt, der verurteilt das. Normale Muslime, die ihren Antisemitismus mit Schmierereien an Synagogen und Ähnlichem ausleben, die haben keine Ahnung. Viele palästinensische Jugendliche in Deutschland kennen die wahre Geschichte Palästinas nicht, oder sie wissen wenig darüber. Das ist das, was ich eben gesagt habe. Man muss unterscheiden zwischen Juden und Juden. Es gibt Juden, die koscherer als wir, die Moslems, leben. Die akzeptieren aber andere Religionen neben ihrer Religion. Wenn die palästinensischen Jugendlichen hier rufen: Die Juden ins Gas! dann haben die keine Ahnung von der Geschichte. Woher kommt diese Idee, die Juden ins Gas zu schicken? Die haben sich ein Beispiel an Nazi-Deutschland genommen.«*

Mit Hilfe des Geldes erklären einige meiner Interviewpartner, wie zum Beispiel dieser 20-jährige Student, der in Deutschland aufgewachsen ist und dessen Familie aus der Türkei stammt, warum die Juden so mächtig sind. Er entwickelt dabei eine lange Geschichte, nur um am Ende zu sagen, dass es wohl eine Verschwörungstheorie ist und dass auch seine Freunde der Meinung seien, er würde total übertreiben. »Ich habe ja keine richtigen Beweise«, sagt er und gibt zu, dass ihn die Idee dieser angeblichen jüdischen Macht beschäftigt:

»Ich habe nichts gegen Juden, ich weiß auch nicht, welche Juden Israel unterstützen oder ob sie sie unterstützen, ich versuche aber, die Marken zu boykottieren, die anderen Menschen schaden mit ihren Firmen, ich trinke weder Cola noch kaufe ich irgendwas von der Firma. Weil man halt - und dafür habe ich auch keine Beweise - aber ich hätte zum Beispiel ein schlechtes Gewissen, wenn man ... man sagt ja, Coca-Cola gehört einem Juden, der Israel finanziert, da bin ich mir nicht sicher, aber trotzdem habe ich dann ein schlechtes Gewissen, weil ich denke, es könnte ja so sein. Auch Nike [Lachen, weil er Turnschuhe von Nike trägt], ja das waren die letzten... Aber die sind von Billig-Arbeitern hergestellt und deshalb boykottiere ich das! Einfach alles, was unmenschlich ist. Man sagt, McDonalds und Burger King, das hat aber den Grund wegen halal, stattdessen kann man in ein Restaurant gehen, wo es besser schmeckt. Das hat jetzt nichts mit dem Judentum zu tun. Ich glaube, Starbucks auch, das boykottiere ich auch. Ich war vielleicht einmal dort.

Ob es mir schwerfällt? Das einzige ist nur Coca-Cola, das ist schon fast billiger als Wasser, das zu boykottieren fällt mir auch schwer, aber ich hätte kein gutes Gewissen, wenn ich mir vorstelle, dass die Firma Israel unterstützt. Denn dann klebt das Blut von den Palästinensern auch an meinen Händen ... Und deswegen versuche ich, mein Gewissen etwas rein zu halten.

Was meine Eltern dazu sagen? Die kauften Cola. Jetzt nicht mehr, aber sie sagten, das wäre zu übertrieben, alles zu boykottieren, was den Juden gehören könnte. Cola ist ungesund, deshalb halte ich da mein Gewissen rein. Und es ist ja nicht so eine Sache wo ich sage, ohne das kann nicht.«

In der Fantasie über die reichen Juden spielt der Name Rothschild eine geradezu mythische Rolle. Eine kurze Suche im Internet fördert unendlich viel Material zu diesem Thema zutage. Darunter auch die Behauptung, dass »die Rothschilds« hinter allen Kriegen der Welt stecken. Dieser Topos, dass reiche Juden hinter allem Bösen der Welt stehen, wurde auch von der Hamas aufgenommen und über ihre Charta verbreitet.

Doch zurück zu dem 20-jährigen Studenten:

»Israel ist eines der mächtigsten Länder der Welt. Ja, ich weiß, dass es klein ist, aber doch, wenn man das Militär anschaut, da haben sie ein starkes Militär; die Rothschild-Familie unterstützt Israel ja, das ist ja eine der reichsten Familien auf der Welt, deshalb haben die ja schon Macht, Geld ist einfach Macht heutzutage! Woher ich das über Rothschild weiß? Ich habe was über die nachgelesen, wie die überhaupt so reich geworden sind, und damals haben sie überhaupt das Papiergeld auf die Welt gebracht, ihnen gehören Banken, die Israel fördern und unterstützen. Wenn die die reichste Familie auf der Welt sind, könnten die alles kontrollieren, worauf sie Lust haben ... seien es Bevölkerungsteile, in dem sie die manipulieren, indem sie irgendjemandem schaden, den die Familie als Feind sieht ... Ob ich das wirklich glaube? Na, ich sage es mal so, die meisten halten es für eine Verschwörungstheorie ... ich sage es mal so. Ich bin jetzt nicht jemand, der sagt, dass muss 100 Prozent wahr sein, ich habe keine Beweise, aber es könnte ja sein. Man kann ja nicht sagen, die ist 100prozentig falsch. Es könnte sein - und da Israel von überall her unterstützt wird, von Europa oder so, obwohl sie eigentlich unschuldige Menschen bombardieren, muss ja irgendetwas da sein, damit sie diese Unterstützung erhalten! Amerika und Europa stehen ja für die Demokratie, für Menschenrechte, und unterstützen dann ein Land, welches Menschen bombardiert, die eigentlich keine Schuld tragen. Dann denke ich mir, ok, warum unterstützen die ein Land,

das Unschuldige tötet, als ob sie Iran oder Syrien unterstützen würden, dass seine eigene Bevölkerung ausrottet oder ein anderes Land bombardiert.

Von den Rockefellers behauptet man auch, die wären jüdischer Abstammung. Ich sage es mal so, irgendwie muss da Macht oder Geld eine Rolle spielen, dass wirklich ein demokratisches Land ein Land unterstützt, welches Menschen bombardiert! Da können ja nur reiche Firmen dahinterstecken. Es gibt ja keine Beweise, dass die Rothschild-Familie Israel unterstützt. Nur die haben so viel Macht und Geld, um wirklich viel kontrollieren zu können. Wenn ich mir ein Land anschaue, dass demokratisch ist und Antidemokratisches unterstützt, da muss ja irgendwas ... Es gibt auch viele Zufälle, wo die Rothschild-Familie profitiert hat ... zum Beispiel diese Malaysia-Flugzeug, das verschwunden ist ... Von solchen Sachen distanziere ich mich aber.«

Diesem jungen Mann, der an der Universität VWL studiert, war es selber klar, dass diese Geschichten Verschwörungstheorien sind, doch hatte er das Bedürfnis, eine Erklärung für den Erfolg Israels gegenüber den Palästinensern zu finden, und das ging halt nur über diese mythologische Gestalt der Rothschilds.

Ein 40-jähriger türkischer Germanist, der den historischen Kontext kannte, dass Juden viele Berufe verschlossen waren, erklärte:

»Die Rothschilds spielen eine sehr große Rolle in der Entwicklung der Wirtschaftsgeschichte, Banken und Zinssystem. Das war ihr Geschäft. Dass sie Juden sind, ist nicht zufällig, es wurden Juden kaum Betätigungsfelder überlassen, erlaubt.«

Selbst dieser gebildete, moderat denkende und sprechende 26-Jährige, dessen Eltern aus dem Libanon stammen und der berichten konnte, dass »gerade unter Muslimen die Meinung, dass Juden zu viel Geld oder Macht haben in der Welt, also Antisemitismus, sehr verbreitet ist«, erklärte:

»Es ist doch einfach, sich diese Meinung zu bilden. Weil es auch mit Wahrheit behaftet ist. Ich schaue jetzt die Top 7 Investmentbanken an und schaue, was für eine Religion da ist. Goldman Sachs, CEO ist Lloyd Blankfein, so gibt es viele Beispiele ... es gibt Großbanken wie die Rothschilds, eine wichtige Investmentbank ...

Nein, aber ich habe jüdische Freunde, aus der Schule, es ist irgendwie eine Community unter den Juden, in Deutschland und bestimmt auch in der Welt, die kennen sich durch jüdische Jugendclubs. Der eine erzählt mir auch, dass er Bekanntschaften in der Synagoge macht ... Da gibt es schon einen gewissen Zusammenhalt, unbekannterweise schenkt man sich da Vertrauen, viele charakterliche Wertvorstellungen werden geteilt, wenn jemand Jude ist. Die Angstvorstellungen von dem ›reichen, bösen Juden‹ ... ich finde nicht, dass ›Angst und böse‹ der Realität entspricht, aber ich will damit sagen, dass sich Juden gut kennen, schon in der Jugend, und die Juden, die ich persönlich kenne, kommen auch alle aus sehr einkommensstarken Familien. Das ist etwas, was mich immer sehr verwundert. Vielleicht gibt es auch das Gegenteil, und natürlich kann es sein, dass ich nur eine spezielle Schicht kenne. Die sind alle reich, die kennen sich alle, die Väter sind in der Regel in guten Unternehmen und haben Einfluss ... Ja, wenn man in einer hohen Position in einem größeren Unternehmen ist, hat man Einfluss ... Ja, nicht, weil sie Juden sind, aber, wenn man an der Spitze einer Firma steht, hat man Einfluss.

Ob es in Deutschland Juden an der Spitze von einflussreichen Unternehmen gibt? Ich kenne nicht alle Aufsichtsräte oder Vorstände von großen deutschen Unternehmen, aber das sind schon alles Leute, die viel Geld verdienen, oder ihr eigenes Unternehmen haben ... ich denke nicht, dass das aus dem Nichts kommt, ich denke auch nicht, dass das so negativ ist, aber es kommt nicht komplett aus dem Nichts ...«

Macht über Medien

Zu diesem Thema sagt ein 22-jähriger Palästinenser:

»Natürlich kam das nicht in den deutschen Medien oder in irgendwelchen Medien, weil wir nicht veröffentlichen dürfen, warum? Weil Israel die Macht hat, Israel hat die Macht über die Medien, über die einzelnen Länder, sie haben halt die Macht, weil in Amerika, die reichsten Menschen, in den höchsten Positionen in der Regierung sind Juden. Die am meisten Geld haben in den USA sind die Juden ... Man merkt, dass die Nachrichten nicht 100prozentig stimmen. N24 und MTV sind pro-Israel. Soweit ich gehört hab' gehört N24 einem Juden. Ich weiß, dass was die über die Geschehnisse dort übertragen, nicht richtig ist ...

Woher ich das weiß? Das liest man. Nicht in den deutschen Nachrichten, es gibt halt Artikel die nicht so öffentlich sind. Zum Beispiel arabische Nachrichtensender, Al Jazeera gibt es. Oder deutsche Nachrichtsender, die nicht so groß sind, Kleinquellen. Ich glaub auch daran, es ist auch die Meinung vieler anderer. Wenn man sieht, wie Amerika ihre Politik zu Israel verbinden, das kann ja nicht sein, nur, weil sie gute Freunde sind. Es muss ja auch einen Hintergrund haben. Ich finde es auch komisch, dass die USA einfach Milliarden von Dollar einfach an Israel schenkt. Das USA in jeder Streitigkeit Israel zustimmt ... es sind halt große Mächte dort Juden. Obama ist nur eine Marionette von höheren Mächten, die das Bestimmen haben, damit auch, nicht nur aber auch Juden, die Israel unterstützen, deswegen glaube ich dran, dass in der amerikanischen Regierung große Mächte sind, die Juden sind. Nicht israelische Bürger, das geht nicht, aber Juden, die gerne Israel unterstützen, und über die amerikanische Regierung das durchführen. Das ist nicht nur meine Meinung, auch die meines Onkels, meiner Tante, auch Freunde, mit den ich rede. Nicht ganz Europa, aber Deutschland ist auch noch mit drinnen, ich finde, dass Merkel eine Arschkriecherin zu Obama ist, egal was für eine Meinung die USA hat, Merkel hat die gleiche Meinung, siehe NSA, siehe TTIP.«

Zusammenhalt

Ein 24-jähriger BWL-Student berichtet, was angeblich einer seiner Professoren erzählt hat. Auch hier ging es um den Zusammenhalt der Diaspora-Juden, die Israel helfen, militärisch erfolgreich zu sein:

»Israel hat schon viel Macht. Es ist egal, wo ein Jude steckt, er wird automatisch Israel unterstützen. Sie wollen ein Beispiel, hier zum Beispiel: ein amerikanisch-jüdischer Ingenieur hat etwas für das amerikanische Militär gezeichnet, und die Voraussetzung war, dass ein Teil direkt nach Israel fließt, ein Teil des Gewinns oder ein Teil der Produktion, das war der Deal, das hat uns ein Professor an der Uni erzählt.«

Er hat diesen Zustand ganz sachlich beschrieben und erklärte weiter,

»es ist ja ein Land der Juden, ein Land für die Juden. Das ist ja normal, wenn ich Jude wäre, wäre es ja mein Land, unser Land.«

Ein 30-jähriger, in Deutschland aufgewachsener und aus einer türkischen

Familie stammender Interviewpartner sprach über eine Paranoia, die sich mit einem höheren Bildungsgrad beruhigt:

»Also auch Leute, die ich kenne, also will jetzt nicht sagen Freunde, aber Leute die ich kenne, auch Leute, mit denen ich rede, die sagen natürlich, dass sozusagen die Juden die Weltherrschaft, also diese übliche Paranoia, dass die die Weltherrschaft bereits an sich gerissen haben, dass die die Macht kontrollieren, dass die die Medien kontrollieren et cetera, das hört man natürlich. Die Sache ist die, umso höher der Bildungsstand ist von den Leuten, mit denen ich rede, umso seltener bekommt man das dann wiederum mit. Wahrscheinlich gibt es auch Professoren oder Studenten, die vielleicht so denken, aber ich hab' die Erfahrung gemacht, jetzt wie gesagt, aus meinen Gesprächen mit Leuten, dass umso intelligenter oder umso höher der Bildungsstand ist, umso seltener solche Reflexe dann aktiviert werden.«

Von Rothschild über Illuminati zur Weltherrschaft

»Es gibt ja immer diese ganzen – ich nenne es mal Verschwörungstheorien – ich weiß nie bei solchen Verschwörungstheorien, die klingen immer so total plausibel, wenn man sie sich mal durchliest, so: ›Wow! Das kann echt sein, dass das so ist!‹ Aber dann denkt man sich aber, ›okay, das ist alles Illuminati‹ oder was weiß ich was ... viel mehr sollte man sich Gedanken darüber machen, anstatt zu sagen, ›okay, wessen Hand spielt darin mit und wer ist der große Akteur?‹ – es gibt ja diese Theorie, dass man sagt, dass es fünf mächtige Leute auf der Welt gibt, die alles steuern und alle Kriege auslösen und wieder auflösen – anstatt so in diesen Verschwörungstheorien zu schwelgen, sollte man sich lieber darüber Gedanken machen, seine Energie da reinstecken, um eine Lösung für die Probleme, die es jetzt im Moment gibt ...

Zionismus selber ... ich kann das jetzt nicht definieren, ich weiß halt ... da gibt es sozusagen eine andere Gruppe, das sind die Zionisten, das sind Juden, angeblich, die aber nicht durch ihren Glauben handeln, sondern so ... keine Ahnung, aus kapitalistischer Motivation heraus, also da wird ja gesagt, dass die Leute, die die Banken steuern, Zionisten sind ... das ist das, was ich darüber weiß.

Ich weiß nicht, ob es Zionisten sind ... aber ich kann mir schon vorstellen, dass, wenn man sich die Entstehung der Banken anschaut, ist das ja auch ziemlich interessant zu wissen, dass zum Beispiel die Familie Rothschild auch ein großer Name ist, wenn man sich das betrachtet ... und dass wenn man sich die reichsten Menschen der Welt anguckt, wenn das irgendwie nur so zwei, drei Familien sind, die wirklich irgendwie ... ich weiß nicht, da gab es mal so eine Prozentzahl, ich habe die jetzt nicht im Kopf ... dass die wirklich eine gewisse Prozentzahl des Vermögens der ganzen Welt haben ... das macht einen schon stutzig, wenn man sich denkt, okay, kann es sein, dass das, was in der Welt passiert, dieser ganze Geldwandel ... wird das vielleicht zentral von wenigen Individuen gesteuert? Ich denke schon, dass das sein kann ...

Ob das alles Juden sind? Diese Aussage würde ich nicht machen ... Juden würde ich schon gar nicht sagen in dem Sinne, denn ich finde, es ist total wichtig, Religion und zum Beispiel Zionismus zu unterscheiden. Denn Glaube ist für mich eher in Verbindung mit der Religion, und ich finde Zionismus klingt für mich nicht wie ein Glaube, sondern eher wie eine Ideologie. Das ist ein Konzept, was Leute verfolgen, um bestimmte Ziele zu erreichen. Deshalb würde ich nicht sagen, dass diese angebliche Zentralsteuerung von den Banken, dass das irgendwie Juden wären – das würde ich schon gar nicht sagen. Zionisten? Kann sein ... kann aber auch nicht sein. Es können auch Leute sein, die in dieser Hinsicht gar keine Ideologie haben per se ... dass sie sagen, okay, wir sind Zionisten – wir möchten jetzt die ganze Weltherrschaft an uns reißen!«

Aus diesem Gespräch mit einer 22-jährigen Studentin wurde klar, dass die junge Studentin, die auf Lehramt studierte, sich mit dem Material unsicher fühlte. Sie kannte die Geschichten über jüdische Weltherrschaft, aber auch die Aussage, dass es um eine Verschwörungstheorie ginge. Sie ist selber eine sehr gläubige Muslima, und so war es ihr wichtig, ein Modell aufzubauen, in dem das »Böse« nicht von der Religion kommt, sondern von einer säkularen Ideologie.

Auch dieser 20-jährige Informatikstudent, erwähnte die Illuminati*, war dann aber nicht in der Lage zu erklären, worum es ging:

---

* Der Illuminatenorden, ein politischer Geheimorden, dessen Ziel es war, die Welt und seine eigenen Mitglieder nach den Werten der Aufklärung auszurichten, wurde von einem bayerischen Universitätsprofessor 1776 gegründet. Circa zehn Jahre später wurde er verboten. Wenn Verschwörungstheoretiker über *Illuminati* reden, handelt es sich um den Glauben, dass es eine geheime Gruppierung gibt, die die Welt seit langem beherrscht und hinter jeden Krieg und jeder Revolution steht, bzw. finanziert. Dies erreichen die *Illuminati* angeblich durch eine gezielte Unterwanderung anderer einflussreichen Organisationen.

»Wenn man das jetzt auf mehrere Jahre bezogen sieht, waren ja Juden auch ziemlich erfolgreich und haben viel erreicht, was andere Länder oder Religionen so gesehen nicht erreicht haben. Und ich würde behaupten, dass Juden enger zusammenhalten und mit ihren Leuten zusammenarbeiten und das auch der Grund ist, warum die so erfolgreich sind. Das finde ich von Juden so ziemlich gut, eigentlich.

Woher ich das weiß, dass Juden so erfolgreich sind? Das ist immer so ... keine sichere Quelle, kann ich auf jeden Fall sagen! (Lacht) Ja, man hört ja immer so ... mal da, mal im Internet ... Dann sagt man, ok, dann verbindet man manchmal so Sachen wie mit Illuminati und so manchmal ... Was Illuminati sind? Oh, Ich halte mich da ganz raus ... das ist so ... Ganz ehrlich - ich denke an die Illuminaten, wenn ich jetzt an die Illuminaten denke, wenn man jetzt auf die Jahre blickt ... das waren Leute, die intelligent waren, und an die Physik und Mathematik ... weil, die Illuminati haben was mit Mathematik zu tun ... das ist nicht so, da sagt man ja, das sind ›Teufelsanbeter‹ ... das sind eigentlich sehr intelligente Menschen! Wenn ich jetzt so logisch denken würde, würde ich sagen, das waren halt Menschen, die mit Physik und Mathematik zu tun hatten. So.«

Dann probierte er es weiter:

»Ich denke mal, das ist so alles entstanden, wo ich mir sicher bin ... die Juden haben ja mit dem Bankensystem angefangen und mit den Zinsen ... woher das kam, da bin ich mir nicht 100prozentig sicher ... Aber das ist noch ein Thema, wo ich mir etwas sicherer bin als bei anderen Themen. Mit den Banken und Zinsen ... danach fing das halt auch an mit den Illuminati, und man hat auch die Illuminati mit den Juden oft in Verbindung gebracht, mit Macht und Weltregierung ... ich weiß jetzt nicht, ob das stimmt oder wie viel davon stimmt, aber ich denke oft daran, dass es Menschen gibt, die haben halt 'ne hohe Macht, und die die Welt regieren ... denn es passieren Sachen, wo man denkt: ›Warum tut keiner was?‹ Die tun nichts, weil die nichts tun können, weil der andere halt mächtiger ist! Das hängt alles von der Macht ab, meiner Meinung nach, deswegen glaube ich auch an so ein System ... und dass Politiker auch so gesehen Marionetten sind in dem System.«

Es ist ein interessantes Phänomen zu beobachten: Wenn offensichtlich falsche Geschichten berichtet werden über das, was Juden alles gehören soll, und über die Einkünfte großer Firmen, die »einem Juden« gehören, und die nach Israel geschickt werden, um Waffenkäufe der israelischen Armee zu finanzieren - sofort wird eine Portion Skepsis hinzugefügt, die die Geschichte entschärft. Eine 22-jährige Studentin zum Beispiel kennt diese Geschichten, findet die damit verbundene Verallgemeinerung aber problematisch:

>>*Wenn ich in Istanbul bin, auch hier bei den Türkischstämmigen ... irgendwie haben die ein Problem damit, irgendwie ... und in der Türkei ist es jetzt auch gerade so, wenn Sie gegen die Regierung sind, sind Sie auch ein Masson [Freimaurer] ... sind sie auch jüdisch, im Türkischen wird es mit den Juden in Zusammenhang gebracht. Ich würde auch zwischen Juden und Zionisten nochmal unterscheiden ...*

Ich finde es sehr schwierig zu verallgemeinern. In der türkischen Gesellschaft, in der Türkei, aber auch von anderen Freundinnen finde ich, die haben immer so eine Distanz gegenüber Juden ... also Juden ist für die immer gleich total schrecklich, total schlimm, das sind diejenigen, die die ganze Welt beherrschen, und dass diejenigen - ich weiß nicht, ob Sie jemals das gelesen haben - aber es war eine Zeit lang so: ›Kauf am Samstag nicht bei Aldi ein, weil das Geld, was da gewonnen wird, nach Israel fließt und die damit sich die Waffen finanzieren und somit die Palästinenser umbringen!‹ Wieso Aldi? Weil Aldi auch den Juden gehört. Und Lidl auch. Und alle großen Marken gehören den Juden, und die ganze Welt gehört den Juden! Ob ich das glaube? [lacht]. Also, ich finde, man sollte etwas gut recherchieren, bevor man sich eine Meinung bildet und bevor man es verbreitet, vor allem! Ich glaube einfach - selbst, wenn wir davon ausgehen, dass Aldi einem Menschen gehört, der den jüdischen Glauben besitzt - wie würden man dagegen steuern? Was soll man dagegen tun als Moslem? Die Leute meinen, die wollen dem dann Schaden zufügen, indem sie nicht mehr bei Aldi einkaufen ... aber wieweit wollen die das denn bitteschön durchsetzen? Ich finde das auch allgemein ... und selbst wenn diese Person jüdisch wäre, woher wissen wir, dass sie zum Beispiel die Leute in Israel mit Waffen ... oder das Geld halt für die Waffen ... also haben die da irgendwelche Beweise, gibt es irgendwelche Belege? Das ist halt immer diese Frage - wenn ein Mensch ein Jude ist, einen Laden hat und diesen Laden betreibt, finde ich, gibt es keinen Grund, bei ihm nicht einkaufen zu gehen!

Woher ich diese Geschichte kenne? Das ist halt immer dieses ›Rundsagen‹! Jemand hat gesagt ... keine Ahnung ... Das ist auch schon sehr alt ... das ist nichts Aktuelles, das habe ich glaube ich, keine Ahnung, vor sechs oder sieben Jahren gehört, das kommt immer wieder so ... es taucht wieder auf ... Und Coca-Cola gehört auch den Juden und man soll es nicht trinken... und McDonalds auch... und ich finde es lustig, weil ich mir denke, haben die Menschen keine anderen Sorgen, als das - ich würde sagen, zu erfinden - und dann weiter zu verbreiten...«

Mit diesen Geschichten wird auch gerne im Zickzack geredet, wie es hier ein 18-jähriger Abiturient tut:

»Man sagt McDonalds gehört Juden ... die Welt gehört Juden. Es wird gesagt, gehe nicht zu MacDonald, kauf kein Coca-Cola, weil es Juden gehört. Auch, dass 60 Prozent der Marken Israel gehören. Woher diese These kommt? Von meinen muslimischen Brüdern, Geschwistern, das weiß jeder. Das ganze Geld geht nach Israel und Israel bombardiert Palästina. Auch in Türkei, hat man gemerkt, dass das Geld von Coca-Cola nach Israel geht... Ich weiß nicht von wo das kommt, das weiß einfach jeder, das weiß meine Mutter, mein Vater, meine Oma, mein Opa, das weiß halt jeder, dass es Israel gehört. Es wird halt hin und her gesagt, so wie Verschwörungstheorien.

These, ich behaupte, die Welt wird von Rothschild und Rockefeller regiert. Erklären kann ich es nicht, aber ich glaube daran. Das sind Familien, mächtige Familien, denen Banken gehören, kennen Sie die nicht? Da haben Sie was verpasst. Das sind Juden, die die Welt regieren ... keine Ahnung, ich weiß nicht warum ich das glaube...

Warum es schlecht ist, dass die Juden die Welt beherrschen? Weil sie Feind sind, weil sie Krieg mit unseren Geschwistern in Palästina machen... Nein, so sehe ich das nicht. ich hatte mal ein Problem mit Juden, aber das hat sich geändert, ich hatte nur wegen Palästina Hass auf Israel gehabt, aber jetzt interessiert mich Palästina nicht so sehr.«

Folgender Text ist ein Ausschnitt aus einem Gespräch mit vier circa 40-jährigen (die Sprecher sind nummeriert):

[1]: *»Ich sehe das ganz anders ... wenn wir jetzt beim Thema Israel sind. Wir sitzen jetzt hier, wir könnten eine Familie sein, jetzt kämen Soldaten rein mit schweren Waffen und sagen, Sie müssen jetzt hier raus, und wir sagen, wir rufen die Polizei. Die Polizisten kommen und sagen, ›da kön-*

nen wir nichts machen‹, also diese Hilflosigkeit. Die Siedlungspolitik Israels … dass das Land Israel im Laufe der Zeit immer gewachsen ist und das Leid der Bevölkerung, die dort einmal gelebt hat, das kriegt man natürlich mit. Und ich finde, dass es auf der Erde leider Gottes keine Instanz gibt, die dem Staat Israel die Grenzen aufzeigen kann. Sie haben sozusagen Narrenfreiheit!

Wieso? Das ist eine gute Frage, das ist, was die ganze Zeit umschrieben wurde, es ist halt einfach die Macht. Wenn ich die Macht habe, dann kann ich …

6 Millionen oder wie viel? Weltweit sind es ca. 30 Millionen Israelis? Weiß ich nicht … Welche Zahlen kennen Sie? Laut Wikipedia sind es 6 Millionen in Israel …

Ok, wir sagen, das sind so wenige Menschen, wie können die eine so große Macht haben? Macht hat nicht mit der Anzahl zu tun, sonst würden die Chinesen die Welt regieren.

[2]: Wenn diese 6 Millionen Israelis wirklich es geschafft haben, die ganze Welt zu korrumpieren und zu organisieren und zu leiten, dann Respekt…! Ich glaube nicht, dass es so einfach ist.

[1]: Ich bin der Meinung, dass es seit den Kreuzzügen damals … es ist heute nichts Anderes … Es sieht man in den Nachrichten. Es sterben jeden Tag hunderte von Moslems …

[2]: Aber die werden von Moslems getötet!

[1]: Es sind Moslems! Es waren auch Moslems, die in Bosnien mitten in Europa ausradiert wurden, die ganze Welt hat zugeguckt. Wenn es Moslems sind, ist der Tod nicht so wichtig …

[2]: Aber bei den Juden hat man doch auch zugeguckt, sogar wie die ins KZ gekommen sind … das wusste doch die ganze Welt damals.

[1]: Das ist der Punkt, wo ich mir dann sage, ein Volk, das dieses Leid ertragen musste, warum gehen die dann so mit den Palästinensern um? …

Mir ist bekannt, dass sehr große wirtschaftliche Mächte in der ganzen Welt von den Juden beherrscht werden. Mir ist das so bekannt. Jüdisches Kapital, man redet von dem zionistischen Wirtschaftssystem, um das man nicht herumkommt. Es sind so große Mächte, dass für den, der sagt, ich möchte dem nichts finanziell beisteuern, eigentlich gar keine Möglichkeit gibt. Weil die wirklich überall dort sitzen, wo das Geld ist, und ihre Pumpen dort angebracht haben. Ich sehe das so!

Was gehört hier den Juden? Der Axel Springer Verlag … zum Beispiel … Bild … Die Welt … BZ. Die, die jetzt sogar mit der Dorn-Gruppe, die größte Verlagsgruppe in der Türkei, zusammenarbeiten … die haben da Aktien. Das stand in allen Zeitungen! Und die Dorn-Gruppe hat das nie abge-

stritten! Medien haben ja eine sehr große Auswirkung auf das Volk, und dessen Wahrnehmung – die Mücke wird sehr groß gemacht und der Elefant sehr klein. Es ist keine objektive Berichterstattung. Es wird ein verzerrtes, ein falsches Bild gegeben.

Ich glaube, dass nirgendwo auf der Welt eine so große Ungerechtigkeit begangen wird wie in Israel, aber man möchte es nicht ansprechen. Es ist tabu! ...

Bin ich da richtig informiert ... dass es im jüdischen Glauben darum geht, dass man auf den Messias wartet? Und dass bis zum Eintreffen des Messias bestimmte Voraussetzungen erfüllt werden müssen? Meines Wissens geht es um das Versammeln der Juden in Jerusalem, das Errichten eines Groß-Israelischen Reiches, und die Sicherheit des Groß-Israelischen Reiches zu gewährleisten. Das sind die Punkte meines Wissens nach ... deshalb habe ich Sie noch einmal gefragt.

Wenn ich das zu Ende führen kann, meinen Gedanken, dass die Juden, die streng gläubig sind, sich ein Ziel gesetzt haben. Das ist nicht erst seit heute so, das ist schon seit über fünftausend Jahre. Ich glaube, dass die Religion, der jüdische Glauben und die, die daran glauben, ein bestimmtes Ziel verfolgen. Dass sich die Juden in Jerusalem versammeln sollen, dass die Macht auf der Erde dem Messias bereitgestellt werden soll, so dass er die Weltherrschaft sofort übernehmen kann ... das ist das, was ich kenne. Und wenn ich diesen Plan sehe, und sie haben eben gesagt, 6 Millionen oder 30 Millionen Menschen sollen das alles machen, das ist ja ein Bruchteil der Weltbevölkerung, aber es geht ja um die Stellungen, wo habe ich meine Leute? Überall, wo die Entscheidungen getroffen werden, da sitzen dann meine Leute, und ich kann entscheiden, wo ich das alles haben will ...

[2]: Die Entscheider sind doch die USA, China und Russland. Ich glaube nicht, dass irgendwo in der chinesischen Führung ein Jude ist ... oder in der russischen Führung, da haben sie vielleicht eine Lobby, aber das ist auch alles.

[1]: Das ganze Kapital für den wirtschaftlichen Aufschwung der Chinesen, ist für mich jüdisches Kapital!

Wie ich darauf komme? Ganz einfach ... wenn Menschen seit über 5.700 Jahren auf dieses Ideal hinarbeiten, ok, der Messias, er wird kommen, und wir müssen, so wie es in der Thora steht, die vorgegebene Arbeit erstmal leisten ... und wenn ich die ganze Welt beherrschen will, kann ich da keine Ausnahme machen, ich kann die Chinesen und die USA nicht außen vor lassen, so geht das nicht. Wenn ich die wirtschaftliche Macht auf der ganzen Welt habe, kann ich die Welt beherrschen!

Man braucht dafür nicht Hunderttausende oder Millionen von Menschen, verstehen Sie? Mit genug Macht können Sie alle Menschen instrumentalisieren. Dann können Sie das Spiel in die Richtung lenken, in der sie die haben wollen.

[3]: *Das würde bedeuten, dass die Wirtschaftsmacht in den Händen von gläubigen Juden ist!*

[1]: *Genau!*

[3]: *Dann wäre die Axel-Springer-Familie eine gläubige ... das kann man nicht geheim halten, wenn man streng gläubig ist! Du weißt doch, wie orthodoxe Juden aussehen! Hüte, Locken ...*

[1]: *Wieso nicht? Es wäre doch fatal, wenn ich mich so zu erkennen gebe, und danach Einfluss auf Menschen haben zu wollen, die nicht des jüdischen Glaubens sind ...*

[4]: *Das ist alles sehr oberflächlich ... Es gibt doch jüdische Kommunisten! Aber du redest hier über ›die Juden‹!*

[1]: *Er hat mich doch gefragt ... Aber die, die das Sagen auf dieser Erde haben, wirklich die Macht, man kommt nicht darum herum ...*

[4]: *Ja, diese Menschen haben auch irgendwas entwickelt, die Juden in Deutschland haben die ganzen Erfindungen gemacht, Daimler Benz, Bosch ... Thyssen, keine Ahnung.*

[3]: *Das sind Juden?*

[4]: *Einige von denen sind auf jeden Fall Juden! Karl Marx ... große Denker, große Wissenschaftler, die haben es zu Kapital gebracht, die haben auch das ganze Banksystem gegründet durch das Kapital, ihre Erfindungen, das war ja eine Revolution, der Übergang vom Mittelalter zur Industrialisierung, der modernen Zeit. Während wir uns immer noch mit mittelalterlichen Thesen oder irgendwas uns beschäftigen, fliegen diese Menschen doch bereits auf den Mond oder was weiß ich ... Das ist ja metaphorisch gemeint ... das heißt, die Leute, die sich der modernen Zeit angepasst haben, haben auch mehr verdient und haben aus diesem Geld mehr geschafft. Es ist ja so, dass wir uns noch im Mittelalter bewegen! Wer ist wir? Wir Moslems! Also ...*

[3]: *Mich interessiert, woher Du das weißt? Du sagst nicht ›es könnte sein‹, sondern bist ja ganz überzeugt! Woher kommt das?*

[1]: *Es ist so, was Merkel sich denkt, was in ihrem Kopf vorgeht, können wir nicht sagen.*

[3]: *Frau Merkel?*

[1]: *Wir können ja nicht in den Kopf schauen, ob sie eventuell von anderen Menschen gesteuert wird, oder ob sie es mit ihrem freien Geist tut. Das können wir nicht sagen. Ich achte darauf, dass ich nicht nur einseitige Informationen einhole, sondern ich schaue deutsche, englische, tür-*

kische Nachrichten. Ich lese verschiedene Zeitungen, und denke, was Gott uns gegeben hat, Intelligenz und Gehirn, was uns von den Tieren unterscheidet, dass wir logische Zusammenhänge erklären können. Mir sagt keiner, das sind die Juden, und die haben diesen Plan. Das ist das, was ich mir an Informationen angeeignet habe, ...

Beispielsweise der IS. Ich bin der Meinung, der IS hat mit dem Islam nichts zu tun! Ich bin der Meinung, das ist eine Organisation, die von Null auf entstanden ist, mit einer Ausstattung, was die Kriegsführung angeht, Völker zu unterjochen, von Null auf einmal entstanden ist ... Warum hat man nie was von denen gehört? Warum sind die auf einmal so groß geworden? Ich kann doch nicht Hunderte von nagelneuen Jeeps auf einmal ... ›So, jetzt haben wir die!‹ Das ist nichts, was so eine Organisation auf die Beine stellen kann!

[4]: *Wer hat sie denn dahingestellt, wer hat sie denn bewaffnet?*

[1]: *Der IS ist erschaffen worden, um dafür zu sorgen, dass dort keine Stabilität herrscht. Die Nachbarländer von Israel - alle im Bürgerkrieg!*

[2]: *Ist das die Schuld Israels? Oder dieser Regierungen?*

[1]: *Wenn ich der Meinung bin, dass ich für die Ankunft des Messias das groß-israelische Reich erschaffen muss, alles vorbereiten muss, heißt das, ich muss meine Pläne machen. Die Sicherheit, zum Beispiel ... geht von Syrien eine Gefahr für Israel aus? Nicht mehr. Vom Irak? Nicht mehr. Hat der IS irgendwann mal in Richtung Israel geschossen? Man hört nichts!*

[4]: *Du mit deinen antijüdischen Gefühlen.*

[1]: *Nein. Sie sitzen jetzt mir gegenüber. Mit dem, was Sie mir sagen, habe ich jetzt ein Bild über Sie, und dass Sie Jude sind, ist für mich zweitrangig! Wenn wir jetzt auf die Straße gehen und wir fragen einen und der sagt ›ich bin Jude‹ ... ich denke nicht, dass er für diesen großen Plan verantwortlich ist ... Dagegen, gibt es auch Juden, die heißen Ali Öztürk ... So was gibt es auch! Wenn man Jude ist, hat man nicht gezwungenermaßen einen jüdischen Namen! Das ist der große Vorteil ...*

In dem Zusammenhang noch eine Frage. Ich bin jetzt 40 Jahre alt, ich habe mehrere Bundeskanzler kommen und gehen sehen, ich habe mehrere US-Präsidenten kommen und gehen sehen. Denen ist eigen, dass sie in ihrer Antrittsrede sagen, Priorität habe die Sicherheit Israels! Ich frage mich dann, ›du bist Präsident von den USA ... wieso musst du in deiner Antrittsrede darüber sprechen, dass die Sicherheit Israels oberste Priorität hat?‹; das muss mir jemand erklären!

[3]: *Und du gibst uns sicher auch deine Erklärung?*

[1]: *Meine Erklärung ist, dass dieser Plan umgesetzt wird und dass in diesem Plan auch die Christen zum Werkzeug gemacht werden, ohne es zu wissen ...*

[2]: *Für die deutsche Regierung ist es sehr selbstverständlich, wegen der Geschichte, einverstanden? Für die amerikanische Politik gibt es sehr einflussreiche jüdische Lobbyverbände, die Geld investieren ...*

[1]: *Aber Du bestätigst doch das, was ich doch zu Anfang gesagt habe. Mit Geld, mit Macht kann ich doch vieles auf der Welt. Wenn ich Geld habe, habe ich Macht. Wenn ich Macht habe, kann ich Sachen veranlassen ... normalerweise sage ich doch, was hat der amerikanische Präsident mit Israel zu tun? Wenn ich aber einen amerikanischen Präsidenten dazu bringe, in seiner Antrittsrede über mich zu sprechen, ist doch das ein Zeichen, dass ich vieles manipulieren kann!*

[2]: *Du reduzierst das wieder auf eine Sache ...!*

[1]: *Wer diese Rede hält, von dem kann ich auch nicht erwarten, dass er die Rechte Palästinas vertritt! Dass, wenn dort Ungerechtigkeit passiert, er objektiv ist!*

[2]: *Du machst es Dir aber zu einfach zu sagen, ›die Juden sind schuld‹, schuldig sind die Menschen, die dort leben!*

[1]: *Ich sage nur, wenn ich genug Macht habe, dann kann ich mir erlauben, was sich der Staat Israel erlaubt!*

Es ist ja hier in Deutschland ein Tabu ... man redet hier in Deutschland nicht so, wie man denkt über die Juden, denn man sagt, ›da muss ich aufpassen‹. Das hat mit der Vergangenheit Deutschlands zu tun, mit der Sensibilität hier in Deutschland. Sie sind jetzt hier und Sie haben uns gesagt, wir können alles, was wir denken, sagen. Aber in der Öffentlichkeit kann man so eine Diskussion nicht führen, da wird man nämlich gestempelt. Das interessiert hier den Staat nicht, ob Du Türke bist oder Deutscher, sobald Du Dich über Juden in einer Art und Weise äußerst, oh, das wäre antisemitisch ... dann wird das sofort ...

[2]: *Ja, aber wenn das wirklich antisemitisch ist, und wir haben ja groß umgangen, was das heißt...!*

[1]: *Ich kann garantieren, dass die Türken keine Antisemiten sind. Zurzeit provoziert Erdoğan gegen Israel, gegen Juden, aber seine Stimme geht zurück ...*

[2]: *Das werden wir sehen!* [Lachen]

[1]: *Wenn man sagt, Meinungsfreiheit - wo hört die denn auf?*

[2]: *Wenn Du sagst, der 11. September war ein CIA-Ding, bist Du doch auch außerhalb der Gesellschaft!*

[1]: *Aber das Individuum hat das Recht, die eigene Meinung kundzutun! Ohne Angst zu haben, dafür verfolgt oder bestraft zu werden.*

[2]: *Aber wenn Deine Meinung irgendwo hinführen kann, was nicht sehr angenehm ist, dann frage ich mich, warum darf ich es der PEGIDA nicht*

verbieten, Ihre Meinung zu sagen, wenn die so einen Scheiß von sich geben?
[1]: *Weil wir in Deutschland sind! Es wird nicht verboten! Die Karikaturen über Mohammed ... das wird auch im Rahmen der Meinungsfreiheit verteidigt ... Ja, ich weiß, dass man auch Karikaturen über Jesus macht, es kommt darauf an, wie es dargestellt wird. Im Grundgesetz ist verankert, dass man Völkergruppen, Religionsgemeinschaften nicht herablassend und erniedrigend darstellen darf!*
[2]: *Meinungsfreiheit geht aber darüber!*
[1]: *Das ist ja das Ding! Wenn es in Richtung Antisemitismus geht, hört es aber auf!*
[4]: *Du kannst doch Israel kritisieren, das machen doch einige! Die Linken sind doch die größten Israel-Kritiker! Hör Dir doch mal an, was die alles sagen.*
[1]: *Was ist denn mit Günter Grass passiert? Der wurde durch die Medien wegen des israelkritischen Gedichtes an den Pranger gestellt.*
[2]: *Aber das ist ja auch so ein ehemaliger ...*
[1]: *Er hat nichts Anderes gemacht, als das, was er gedacht hat, zu Wort zu bringen. Das Problem mit der Meinungsfreiheit ...!«*

Hier ist noch ein Beispiel zum Thema der jüdischen Macht, von einer jungen Ingenieurin, die in einer türkischen Familie in Deutschland geboren und aufgewachsen ist:

»*Was die Meinung betrifft, dass Juden die Welt beherrschen, ich weiß nicht wie genau richtig das ist, ich habe es auch sehr oft gehört, es spricht sich auch herum, dass die Welt irgendwelche Familien regieren, 120 Familien oder so ... Das sind halt Juden, und die haben die Regierung quasi. Diese ganzen Seuchen, Bakterien, die hier überall in der Welt verteilt werden, sollen auch von dort stammen, das heißt, das ganze System dieser Welt! Ich denke schon, dass Juden sehr, sehr, sehr viel die Welt manipulieren und sie auch beherrschen. Das glaube ich wirklich!*

Aber ich weiß nicht, wie weit das stimmen kann. Es gibt auch viele politische Serien, die darauf ausgerichtet sind, die erklären das auch. Ich weiß nicht, ob das richtig ist oder nicht ... aber man zeigt das System dieser Juden, wie sie die Welt regieren. Eigentlich ist es total schlau! Eigentlich! Ich habe auch einmal mitbekommen, dass die meisten Juden gar keine Cola trinken, weil es schädlich ist. Bringen das aber in den Markt rein und schützen sich aber selber davor! Ich finde, die Juden sind das schlaueste Volk dieser Welt. Meiner Meinung nach ist es wirklich so! Sonst könnten

die nicht so viel regieren. Die sind sehr schlau, die wissen, was sie ma-
chen, und sind immerhin bis heute immer noch überall. In der Türkei gibt
es auch immer noch viele Juden, die da leben, was ich komisch finde.

Wieso komisch? Weil, denen ist es ja gestattet, Muslime umzubringen –
das steht sogar bei denen! Wie heißt das nochmal ... Talmud? Ja ... das
steht sogar bei denen, dass, wenn man Muslime umbringt, dass die das
dürfen, das man das soll. Deswegen finde ich das auch irgendwo ... Woher
kommt diese Kenntnis? Von klein auf hat man mir das gesagt! Also, das
müsste aber auch eigentlich stimmen ... das haben mir viele Menschen
auch gesagt. Ich habe mich nicht darüber so sehr informiert, aber die
Quellen sind meist gute Quellen.

Ja, mein Onkel, mein Vater liest auch sehr viel. Ich kann leider nicht so
viel lesen wegen des Studiums ... von meiner Mutter, die ist auch ziemlich
aktiv, von der lerne ich auch viel. Also, wie gesagt, das habe ich von klein
auf immer so mitbekommen, die Juden und Muslime verstehen sich nor-
malerweise auch gar nicht, aber das Zusammenleben herrscht irgendwie,
ich weiß nicht, wie man das hinbekommt!

Die Juden sind, glaube ich, ziemlich schlaue Menschen ...

Wie kann man das glauben, dass Juden so schlau sind, wenn die Deut-
schen oder Hitler 6 Millionen Juden umgebracht haben? Ja gut, das ist ja,
wenn Sie sich vorstellen, es war ja Krieg ... das hat nichts mit Intelligenz
zu tun! Ein Volk kann schwach sein, in dem Sinne von Macht, also von
Kraft ... die Osmanen waren ja Barbaren, die hatten Kraft, die waren
ziemlich stark gebaut ... aber die Juden haben viel mehr im Kopf ... Sie
können ja schlau sein, aber wenn Sie draußen jemand fesselt und um-
bringt, hilft Ihnen die Schlauheit nicht viel. Das war auch früher so.«

Opferkonkurrenz und Neid

Neid spielt eine wichtige Rolle. Ein junger Mann beschreibt, dass die
Synagoge mehr Polizeischutz und Sicherheit genießt als die Moschee,
obwohl auch die Moschee gefährdet ist, und daran stört er sich:

»Man sollte eher über Rassismus reden und nicht nur über Antisemitis-
mus, nicht nur die Juden werden schlechtgemacht, auch zum Beispiel die

Sinti und Roma, und nur wegen der deutschen Vergangenheit wird so viel über Antisemitismus geredet. Zum Beispiel neben uns gibt es eine Synagoge, und da fährt jede Stunde ein Polizeistreifen vorbei, bei der Moschee oder bei der Kirche nicht.«

Ein anderer, der sich ebenfalls über die Bevorzugung der Juden beschwert, bemüht in seiner Erklärung die schon bekannten Illuminati:

»Ja, die sind ja viel geschützter. Es gibt eine jüdische Synagoge, es gibt auch das Wohlfahrtszentrum und Kindergarten, die haben überall Kameras in der Synagoge und in diesem Zentrum, das für Juden gedacht ist und die haben 24 Stunden Streifenwagen, sie werden die ganze Nacht weit überwacht, ein Streifenwagen fährt dauernd vorbei. Und wir haben hier eine Moschee, eine türkische Moschee, und da fährt nicht die Polizei vorbei. Keine Ahnung warum, also sie haben Angst wegen Anschlägen, Bombengefahr, aber letztens wurde in der Moschee auch gesprayt ›Ausländer raus‹, und ›Scheiß Türken‹, die Tür wurde vor einem Jahr angefackelt, die haben da Benzin hin und her geschüttet, also wieso passiert denn da die ganze Zeit Polizeischutz und nicht hier?

Weil da Geld dahintersteckt, Militär, Geld, Business, also zwischen Israel und Deutschland, ist ja schon merkwürdig, dass die so eng sind, obwohl ja Deutschland früher sehr viele Juden umgebracht hat, und Israel ist ja ein Land von den Juden, ist es ja sehr merkwürdig wieso sie auf einmal so befreundet sind. Das verstehe ich nicht. Wieso wird jetzt auf einmal die Synagoge geschützt mit einer 24 Stunden Wache und es ist halt als wären ... [lacht etwas verlegen] es halt Illuminati. Ist schon merkwürdig. Keine Ahnung was da hinter steckt, so eine Mafia, ob ich das wirklich glaube? Also ich glaube. Also ich glaube schon, dass dahinter sehr viele Sachen stecken, die die Gesellschaft nicht hören darf oder nicht wissen darf. So wie die amerikanischen Agenten, ok, Sie können sagen ich habe zu viele Filme geguckt, aber das ist auch schon, da kommen die ganze Zeit neue Sachen raus. Wie zum Beispiel WM 2006, war ja in Deutschland, ist ja vor kurzem rausgekommen, dass es abgekauft wurde. Der Fußballverband hat mit Geld die WM abgekauft, ich meine damit, dass sehr viele Sachen abgekauft sind, vorher verhandelt.«

Einige, wie dieser 35-jährige Syrer, wünschen sich, dass Araber ihren Reichtum auch so erfolgreich einsetzen, wie die Juden es angeblich tun. In diesem Text trifft das Thema jüdisches Geld auf die Behauptung, dass

Juden zusammenhalten, Macht besitzen und dadurch Einfluss ausüben würden. Den Sprecher stört der angebliche Reichtum der Juden dabei nicht, er findet es auch legitim, dass sie ihr Geld einsetzen, um der Welt ihren Standpunkt zu vermitteln. Was ihn betrübt, ist, dass die reichen Araber es nicht genauso tun.

»Die sind so erfolgreich, in allem; die Juden sind so reich und halten zu-einander, sprechen in einer Stimme, in eine Richtung. Wenn sie etwas er-reichen wollen, tun sie es. Ich rede nicht über vor 100 Jahren, über den Zweiten Weltkrieg, ich spreche von heute, sie sind mächtig. Es gibt so viel reiche Juden und sie lenken die Welt. Ich weiß, dass einige von Ihnen reich und mächtig sind und dass sie diese Macht benutzen um ihren Standpunkt der Welt klar zu machen, was ich auch legitim finde. Nur würde ich mir wünschen, dasselbe für die Araber zu haben. Wir sind zwar reich, nutzen unsere Macht aber nicht zu unsrem Vorteil...

Reiche Araber können nicht mal sich selber beeinflussen, sie können nicht ihre eigenen Frauen beeinflussen. Ich weiß es, weil 1,2 Milliarden Musli-men nicht in der Lage sind, die Welt davon zu überzeugen, dass sie keine Kriminellen sind. Sonst hätten wir ja die Welt davon überzeugt, dass die-se 1000 Terroristen uns nicht repräsentieren. Aber wir haben nicht die Macht, in den Medien, in den Straßen, nirgends. Und wenn man Karika-turen vom Propheten macht, haben wir als Muslime nicht die Macht und den Wirtschaftlichen Einfluss und die Stimme, um uns zu verteidigen, um zu sagen, das, was ihr uns antut, ist unrecht. Wenn gegen Muslime ge-handelt wird, ist es leider immer erlaubt.«

Dichtung oder Wahrheit?

Sind die hohen Zustimmungswerte zu den Items *jüdische Macht* und *jüdischer Einfluss* in Umfragen* sowie die Aussagen meiner muslimischen Interviewpartner Belege dafür, dass sie wirklich Antisemiten sind, oder haben sie vielleicht Recht, wenn sie an jüdisches Geld, jüdische Macht und jüdische Verschwörungen glauben und davon reden?

Vorurteile und Verschwörungstheorien mögen zwar aus der eigenen Not geboren sein und dem Bedürfnis entgegenkommen, in einer schwer zu erklärenden oder unbequemen Realität einen Sinn zu konstruieren, doch manchmal beruhen sie auch auf Tatsachen. Nicht immer, aber oft, ist es möglich, einen Faktencheck zu machen und die behauptete Geschichte auf ihren Wahrheitsgehalt zu prüfen. Was passiert, wenn man versucht, solche Meinungen über jüdische Macht in der Wirtschaft oder Politik zu verifizieren oder wenigstens zu verstehen, woher sie kommen? Eine solche Untersuchung ist in der Realität der nicht realen Fakten - heutzutage spricht man von »alternativen Fakten«** - nicht immer

---

* ADL, die regelmäßig Umfragen ausführt, die behaupten festzustellen, welcher Prozentsatz einer Bevölkerung antisemitische Einstellungen teilt, kam mit folgenden Zahlenangaben betreffend Antisemitismus in arabischen Ländern.
[The ADL Global 100 2014, http://global100.adl.org (abgerufen am 7.2.2017)]:

	PAL	TUR	ÄGY	JOR	IRQ	MAR	INDO	MALA
1	91%	75%	73%	79%	84%	79%	49%	63%
2	89%	67%	69%	76%	85%	81%	46%	58%
3	88%	61%	71%	78%	77%	72%	42%	58%
4	85%	69%	74%	73%	85%	78%	59%	64%

1. Juden haben zu viel Macht in der Geschäftswelt
2. Juden haben zu viel Macht in den internationalen Finanzmärkten
3. Juden haben zu viel Kontrolle über das Weltgeschehen
4. Juden haben zu viel Kontrolle über die US Regierung

Zum Vergleich hier die Ziffern für Großbritannien, Deutschland und Polen:

	GBR	DTL	POL
1	11%	33%	57%
2	12%	33%	55%
3	11%	25%	42%
4	19%	31%	30%

** Trumps Beraterin Kellyanne Conway sagte einem sprachlosen NBC-Moderator am Sonntag, dass es sich bei dem vom Sprecher des Weißen Hauses, Mr. Spicer, gemachten Angaben um »alternative Fakten« handele, nicht um Lüge. http://www.independent.co.uk/news/world/americas/donald-trump-lies-white-house-us-president-sean-spicer-kellyanne-conway-lives-at-risk-adam-schiff-a7541456.html (abgerufen am 14.2.2017).

leicht. Der Begriff »Lügenpresse« wurde schon Mitte des 19. Jahrhunderts verwendet und ist seitdem immer wieder in Gebrauch, um unbeliebten und unbequemen Journalismus abzuqualifizieren. Unter Muslimen bezieht sich das auf die Annahme, dass die Medien nicht die Wahrheit berichten, dass Berichte über Israel und den Nahen Osten manipuliert werden, um die israelische Sicht und israelische Interessen zu wahren.

Die neue Welt der sozialen Medien macht es einem sehr leicht, »Fakten« jeder Art in die Welt zu setzen, Gerüchte zu verbreiten und dabei anonym zu bleiben. Auch in der »alten« analogen Welt kamen natürlich schon Lügen zum Einsatz, manchmal auch anonym. Doch ist die mediale Reichweite dieser Zeit nicht mit der heutigen Verbreitungspotenz des Internets und der sozialen Medien in Wort und Bild vergleichbar.

Wenn die Quelle der Information bekannt ist, kann sich ein denkender Mensch – wenn er es denn möchte – selbst überlegen, ob und was für Interessen der Erzähler einer Geschichte haben könnte. Dies ist bei einem unbekannten Autor natürlich schwierig. Dabei spielt genau dieses *»Wenn-er-es-möchte«* eine zentrale Rolle: Wenn die Geschichte ins eigene Weltbild passt, wird sie geglaubt und weitererzählt. So freuten sich zum Beispiel britische EU-Gegner über den verlogenen Bericht des damaligen Korrespondenten der konservativen Tageszeitung *Daily Telegraph,* wonach die EU per Gesetz festgelegt hätte, wie stark die Krümmung von Bananen sein dürfe.*

Auch wenn die Quelle einer »Tatsache« unbekannt ist, ist es in vielen Fällen nicht zu schwer, den Faktencheck zu machen. Wenn man aber nicht will, dann helfen auch die Fakten nicht: So genügte den Gegnern von Barak Obama auch seine Geburtsurkunde aus Hawaii nicht – sie wollten lieber an die Lüge glauben, er sei in Kenia geboren.** Genauso glaubten viele Israelis ihrem Ministerpräsident Netanjahu und dessen Ministern, dass die über 200 Waldbrände, die Ende 2016 ausbrachen, antiisraelische Terroraktionen seien, von Palästinern getätigt, die eine *»Feuer-Intifada«* gestartet hätten. Die Beschuldigung war zwar gegenstandslos und konnte nicht bewiesen werden, diente aber der israelischen Regierung, antiarabische Gefühle zu schüren, und bot denjenigen, die es gerne glauben wollten, einen weiteren vermeintlichen Beweis für die Perfidie der Araber.

---

* Leser konnten in ihrer Zeitung genau das lesen, was sie gern über die Bürokratie der EU glaubten und gestärkt haben wollten. Dabei wäre ein Faktencheck in diesem Fall leicht durchzuführen. Das Verbreiten dieser unwahren Geschichte hat Boris Johnson – der seitdem Außenminister in der britischen Brexit-Regierung geworden ist – in seiner Karriere nicht gestört.

** Der Sinn war, Obama als Präsident zu de-legitimieren, da per US-Verfassung der Präsident gebürtiger Amerikaner sein muss. Von dieser Lüge bediente sich der ganze rechte Flügel der amerikanischen Politik bis zu Donald Trump.

Es gibt sicherlich bei vielen Palästinensern, bei vielen Arabern wie auch bei vielen der Muslime, die sich mit den Palästinensern und Arabern identifizieren und sich mit ihnen verbunden fühlen, das Bedürfnis, eine Erklärung für die Macht Israels zu finden. Es fing an mit dem Erfolg im Unabhängigkeitskrieg 1948, als es dem kleinen Land mit seiner kleinen Bevölkerung – die zum großen Teil kurz vorher aus Europa geflohen war – gelang, die Armeen Ägyptens, Syriens, Jordaniens, des Libanon und des Irak zu besiegen. Wie konnten die Juden, die in der muslimischen (und nicht-muslimischen) Welt als Schwächlinge galten, die Kaufleute waren und keine Kämpfer und in der muslimischen Welt als *dhimmis* geduldet wurden, auf einmal stärker sein als die Araber, die sich selber als Helden sehen?

Aldi, Starbucks, Coca-Cola, Nestlé und andere große Marken – so erzählten mir einige meiner Interviewpartner – gehörten Juden und würden deswegen von manchen Muslimen boykottiert. Nicht wegen des Judentums ihrer vermeintlichen Besitzer, sondern weil diese Firmen Israel oder sogar die israelischen Streitkräfte unterstützen würden. Auch solche Geschichten passen in das Weltbild vom reichen Juden und seiner Loyalität zu Israel – und weil sie so gut passen, macht man sich keine Mühe, sie zu verifizieren. Man erzählt, mailt oder postet sie über die sozialen Netzwerke einfach weiter. Selbst wenn man nicht wirklich daran glaubt, wärmt man sich gern an einer Geschichte, die zur generellen eigenen Einstellung passt. Ein typisches Beispiel dafür ist das oben zitierte Gespräch mit der jungen Ingenieurin, die bei der Frage, ob die Juden die Welt beherrschen, zwischen *»das glaube ich wirklich«* und *»aber ich weiß nicht, wie weit das stimmen kann«*, schwankt.

Der Fall »jüdische Macht« in den USA

Im Dezember 2017 verkündete US Präsident Donald Trump, dass die USA Jerusalem als Hauptstadt des Staates Israel anerkennen würden und dass er die US-amerikanische Botschaft, die wie alle anderen Botschaften in Tel-Aviv sitzt, nach Jerusalem verlegt.* Vor der Bekanntmachung versuchten verschiedene EU-Staatsoberhäupter, sogar der Papst und natür-

---

* Israel hat mit seiner Gründung, 1948, Jerusalem als seine Hauptstadt benannt und die meisten Ministerien wie auch alle Staatssymbole in Jerusalem platziert. Dieses wurde international nicht anerkannt. 1967 hat Israel Ost-Jerusalem, das davor unter jordanischer Herrschaft stand, erobert und auch annektiert, und damit als Teil Israels definiert. Auch die Palästinenser verlangen Jerusalem als Hauptstadt ihres noch nicht existierenden Staates.

lich verschiedene arabische Länder, Trump von dieser Entscheidung abzubringen. Trumps Ankündigung führte zu großem Jubel in der israelischen Politik und bewirkte - wie nicht anders zu erwarten - das Gegenteil bei den Palästinensern. War dies endlich mal ein Beweis dafür, dass Juden die USA dazu bringen können, das zu tun, was sie wollen?

Wie immer gibt es da zwei Seiten: diejenigen, die solche Geschichten glauben wollen, die eine solche »Erklärung« befriedigt, die sich freuen und kein Bedürfnis haben, die Aussagen zu prüfen. Und andere, die sich die Mühe machen, sich kritisch mit diesen Behauptungen auseinanderzusetzen.

Auch ohne viel Mühe finden sich in den Medien nicht wenige Berichte und Informationen über die Beteiligung reicher Juden an der amerikanischen Politik. Um dies richtig zu bewerten, sollte man sich das US-amerikanische politische System ansehen, da es sich von den europäischen Wahlsystemen stark unterscheidet - unter anderem bei der Finanzierung. So müssen die Kandidaten für alle durch Wahlen besetzte Posten - vor allem das Präsidentenamt, aber auch die Sitze in Senat und Repräsentantenhaus - sehr große Geldsummen in ihre Wahlkampagnen stecken. Dieses System vergibt Positionen in der amerikanischen Demokratie nur an Personen, die entweder von Haus aus reich sind oder von anderen finanziert werden. Nur so ist eine Wahl möglich. Was das für eine »Demokratie« bedeutet, dass die auserkorenen Repräsentanten und Führer der Nation ihren Geldgebern in einer Art verpflichtet sind, die keinen Zweifel zulässt, ist hier nicht das Thema. Im US System agieren nicht nur Lobbyorganisationen, wie man sie auch in europäischen Ländern kennt, sondern außerdem Finanzierungsapparate, deren Durchsetzungskraft nur schwer zu übertreiben ist.*

Wegen der »Geldnot« der Bewerber für öffentliche Posten sind die USA ein Land, in dem sich reiche Amerikaner den persönlichen Kontakt mit den Mächtigen, und damit häufig auch Einfluss, kaufen können. Manchmal ist die Gegenleistung politisch, manchmal wirtschaftlich und gelegentlich geht es nur ums Ego: So wird wichtigen Gönnern zuweilen auch

---

* Um eine Idee über die Größenordnung zu kriegen: die Wahlkämpfe mehrerer Senatoren haben für die Senatswahlen 2016 je mehr als 30 Millionen US-Dollar in Spendengelder eingesammelt und ausgegeben. Für den Trump-Clinton-Wahlkampf, wurden für Hillary Clinton ca. 1,2 Milliarden US-Dollar gesammelt und für Trump, der teilweise seine eigenen Gelder, Flugzeuge und Hotels benutzen konnte, ca. 650 Millionen US-Dollar. Nachdem vor einigen Jahren das Oberste Gericht in den USA es den Reichen noch leichter gemacht hat, Politikern große Beträge zu schenken, hat selbst die erfolgreiche Geldsammlerin Hillary Clinton diesen Gerichtsbeschluss mit den Worten »mit diesem Tempo des Gerichts gibt es in Zukunft nur drei oder vier Menschen in Amerika, die die Wahlkampagnen finanzieren werden«, kritisiert.

in einer Form gedankt, die jedem Nicht-Amerikaner unglaublich erscheint, zum Beispiel mit der Nominierung für einen Botschafterposten. Trump war nicht der erste und wird sicherlich nicht der letzte amerikanische Präsident sein, der diplomatische Posten auf dieser Basis vergibt.*

Wenn man nun liest, dass Haim Saban, der die doppelte Staatsbürgerschaft der USA und Israels hat und von sich selber sagte »Ich interessiere mich nur für ein Thema, und dieses Thema ist Israel« (»I am a one-issue guy and my issue is Israel«).[175] Hillary Clintons größter Spender war, und wenn man dann lernt, dass ein Netanjahu-Unterstützer und Casino-Mogul, der meint, dass sein Reichtum ihn zum Experten für Sicherheitspolitik macht und das Recht gibt, die Welt mitzugestalten, viele Millionen in die Trump-Kampagne gesteckt hat, dann ist es vielleicht nicht überraschend, dass viele meiner Befragten mit »ja« antworteten, als es um die Frage ging, ob Juden »zu viel Macht« oder »zu viel Kontrolle« besitzen würden.

Haben Juden in diesem System denn tatsächlich »zu viel Kontrolle über die US-Regierung«? Nach Pressemeldungen waren die größten Spender im vergangenen Präsidentschaftswahlkampf Clinton-Trump Juden. 50 Prozent der Spendengelder für die Demokraten kamen von Juden wie auch 25 Prozent der Gelder für die Republikaner. Dabei machen Juden nur 2 Prozent der US-Bevölkerung aus.[176]

Nicht nur Clinton, auch Trump wurde - wie oben erwähnt - von mindestens einem sehr reichen Juden, dem Casino-Milliardär Sheldon Adelson mitfinanziert. Über Adelson, der 2012 rund 100 Million Dollar ausgegeben hat, um einen Republikaner ins Weiße Haus zu bringen und Obama loszuwerden, sagte Trump:

»Sheldon und ich sind seit langer Zeit Freunde. Er ist ein toller Mann. Ich bin der einzige, der sein Geld nicht nötig hat. Aber ich würde mich über seine Unterstützung sehr freuen. ... Sheldon weiß, dass niemand loyaler sein wird zu Israel als Donald Trump.« [177]

Adelson bestätigte, dass Israel im Zentrum seiner politischen Interessen stehe und dass er darüber mit Trump gesprochen hat. Der 83-Jährige, der ein langjähriger Unterstützer des israelischen Ministerpräsidenten Netanjahu ist und 2013 von Obama verlangt hat, eine Atombombe über Iran

---

* Obama belohnte nach den 2012 Wahlen Matthew Barzon (2,3 Millionen US-Dollar) mit dem Posten des Botschafters in Großbritannien, John Emerson (1,5 Millionen US-Dollar) wurde Botschafter in Berlin und Jane Stetson (2,4 Millionen US-Dollar) Botschafterin in Paris. Auch Trump belohnte einige seiner Geldgeber mit Botschafterposten.

abzuwerfen,[178] soll 25 Millionen Dollar für Trumps Wahlkampagne gespendet haben.

Schon 2014 fragte eine israelische Zeitung: »Werden zwei reiche Juden die US-Präsidentschaftswahlen 2016 finanzieren?«[179] Eine Woche vor dem eigentlichen Wahltag schrieb ein bekannter israelischer Journalist und Publizist:[180]

> *»Ich habe mir die Liste der großen Spender für Hillary Clinton angeschaut und bekam dabei ein sehr ungutes Gefühl ... Es kann sehr gut sein, dass nur mich etwas in der Liste störte. Was mich störte? Dass acht von den neun größten Spendern von Hillarys Wahlkampagne Juden sind. ... Ich bin kein Rassist. Als Jude bin ich auf den Reichtum und den Einfluss amerikanischer Juden stolz. Und wenn mich wirklich unangenehme Vergleiche aus der jüdischen Geschichte plagen, dann ist es mein Problem. Meine Diaspora-Ängste. Es ist doch hoffentlich klar, ... dass kein denkender Amerikaner behaupten wird, Hillary Clinton als US Präsidentin würde nach der Pfeife des jüdischen Geldes tanzen, oder? Sagt ›Ja‹, und ich werde mich beruhigen.«*

Er ist nicht der einzige israelische Publizist, der sich Sorgen macht. Amotz Assael schrieb: »Das jüdische Kapital - der Mythos, die Saga und die Tragödie - kommen wieder, und zwar mächtig.« Er spricht von einer »Lebensgefahr« wegen der Überrepräsentation von Juden unter den Großspendern des US-Präsidentschaftswahlkampfes.

> *»Das amerikanische Judentum und Israel werden von einer Gruppe Wohlmeinender, die mit Sprengstoff spielt und nicht weniger gefährlich ist als die iranische Atombombe, nämlich die Bombe des jüdischen Kapitals, auf eine Reise ins Unbekannte mitgenommen. Es ist natürlich ein Mythos. Es gab noch nie Kapital, das von ›den Juden‹ als Kollektiv gemanaged wurde ... Aber die Saga vom ›jüdischen Kapital‹ hat Fantasien entzündet, Halluzinationen genährt und Juden getötet.«*

Assael warnt weiter:

> *»Wie früher Millionen daran glaubten, dass die Reichen des europäischen Judentums, von Rothschild an, sich untereinander abgestimmt haben, so werden andere bald glauben, dass die Reichen des amerikanischen Judentums den Weg zur Eroberung des Weißen Hauses untereinander abgestimmt hatten, auch wenn sie sich, um andere zu täuschen, über das ganze politische Spektrum verbreitet hatten.«*

Jede kleinste pro-israelische Maßnahme des Weißen Hauses wird im Verdacht stehen, gekauft worden zu sein, meint der Autor und beschreibt ein Szenario, in dem ein US-Kriegseinsatz im Iran, der sich schlecht entwickelt, zu brennenden Synagogen und anderen antijüdischen Ausschreitungen in den USA führt.

»Die, die beschlossen haben, für uns das Weiße Haus zu erobern, ohne dass wir sie drum baten«, schreibt der Israeli Assael, *»denken, dass für einen Juden das Sponsoring des Kandidaten für das höchste Amt der größten Macht das Gleiche ist, wie einen Hotel-Direktor zu ernennen, einen Senator zu sponsern oder ein Forschungsinstitut zu finanzieren ... Sie verstehen nicht, dass die Amerikaner sie letzten Endes als Leute betrachten werden, die einen US Präsidenten wegen eines fremden und weit entfernt liegenden Partikularinteresses gekrönt haben.«*[181]

Außer durch private Spenden werden Politiker auch von Lobbygruppen gesponsert. Berühmte Bespiele sind die Waffen- oder Tabaklobby. Aber auch das AIPAC, das American Israel Public Affairs Committee, ist eine sehr professionelle Lobbyorganisation, deren Ziel lautet, den US-amerikanischen Kongress in Israel-Angelegenheiten zu steuern. Da Israel »nur« Außenpolitik ist, die den Großteil der US-Bevölkerung in den meisten Bundesstaaten sowieso kaum interessiert, können deren Vertreter im Senat und im Repräsentantenhaus ihre Stimme abgeben, ohne auf eventuelle Wünsche oder Interessen ihrer Wähler Rücksicht nehmen zu müssen. Diese Tatsache macht es dem AIPAC leicht, Einfluss im Kongress auszuüben, was es mit großem Geschick tut. Ohne im Einzelnen Gerüchten über die Arbeitsmethoden der AIPAC nachgehen zu wollen, kann man diese Pro-Israel-Lobby an ihren Resultaten messen: In fast ritueller Art stimmt der amerikanische Kongress, Ober- wie Unterhaus, bei Fragen, die Israel betreffen, mit annähernd 100 Prozent so ab, wie die israelische Regierung es sich wünscht. Sowas kennt man sonst eigentlich nur von Diktaturen. Besonders deutlich wird das, wenn es darum geht, dem amerikanischen Präsidenten die Hände zu binden, weil Israel der Meinung ist, dass der aktuelle Amtsinhaber schwierig sei. Im März 2015 konnte der israelische Ministerpräsident Netanjahu sogar gegen den Willen der Obama-Administration vor dem Kongress auftreten. »Wir können nicht Israel bestimmen lassen, wann und wo die Vereinigten Staaten in den Krieg ziehen«, sagte im Januar 2014 die jüdische Senatorin aus Kalifornien, Dianne Feinstein, als Antwort auf eine aggressive AIPAC-Kampagne, die Präsident Obama in seiner Iran-Politik Fesseln anlegen sollte.[182]

Gelegentlich werden ausländische Staatsoberhäupter und Regierungschefs auf Staatsbesuch damit geehrt, dass sie vor einer gemeinsamen
Versammlung von Repräsentantenhaus und Senat reden dürfen. Dies
war in den letzten 30 Jahren (1987-2016) nur 55 Mal der Fall: Deutschland, Frankreich und Italien je zwei Mal, Japan einmal, aber Israel sieben
Mal. Allein Netanjahu durfte drei Mal vor dem amerikanischen Kongress
sprechen.[183] Sogar als er gar nicht im Amt war, nämlich 2002, wurde er
eingeladen, um vor dem Kongress als Experte zu erscheinen. Es war sicherlich nicht Netanjahus Drängen, dass George W. Bush veranlasst hat,
in den Irak einzumarschieren. Doch ist interessant, was Netanjahu sechs
Monate vor der Bombardierung Bagdads durch die Bush-Administration
sagte - sowohl wegen der horrenden Fehlprognose und »Versprechen«
als auch wegen der Tatsache, dass damit ein Beweis für die Macht Israels
geliefert wird, dessen Repräsentant die USA auffordert, ein arabisches
Land anzugreifen und sein Staatoberhaupt zu beseitigen - was einige
Monate später dann tatsächlich geschieht.

Mit folgenden Worten erklärte und ermutigte Netanjahu zu einem
Krieg:[184]

*»Ich denke, die Entscheidung zu Irak ist eine gute Entscheidung, es ist die
richtige Entscheidung. ... Die Frage lautet nicht, ob das irakische Regime
beseitigt werden sollte, sondern wann es beseitigt werden sollte; die Frage
lautet nicht, ob eine Regimeänderung in Iran wünschenswert wäre, sondern wie sie herbeigeführt werden kann. ... Ich garantiere, dass die Besei-
tigung von Saddam und seinem Regime gewaltige positive Auswirkungen
auf die Region haben wird.«*

Auch Irans Regime, so Netanjahu, würde in der Folge in sich zusammen-
brechen:

*»Ich glaube, dass die Menschen nebenan im Iran, die jungen Menschen
und auch viele andere sagen werden, dass die Zeit für derartige Regimes,
für derartige Despoten abgelaufen ist.«*

Nur wenige derjenigen, die gefragt wurden, ob Juden zu viel Kontrolle
über die US-Regierung haben, werden sich in den Feinheiten des politischen Systems der USA oder in den operationellen Details der Pro-Israel-
Lobby auskennen. Auch werden nur wenige Netanjahus Auftritt im Kongress auf YouTube gesehen haben. Doch sind manche ihrer Aussagen, die
sie selber in den meisten Fällen nicht fundieren können, nicht immer

ganz ohne Fundament, wie wir sehen. In diesem Fall liegt die Ursache dafür zwar nicht bei den Juden, sondern im amerikanischen System, in der amerikanischen Demokratie selbst. Bei dem Item »Juden verfügen über zu viel Macht in den internationalen Finanzmärkten« oder »Juden haben zu viel Kontrolle über die US-Regierung« ist »zu« das problematische Wort. Damit sollen sich die Befragten nicht nur dazu äußern, wie groß diese Macht in ihren Augen ist, sondern auch, ob sie diese Macht und Kontrolle für angemessen halten oder für übertrieben. Kritisch ist in diesem Zusammenhang auch der Begriff »Kontrolle«. Wäre es anders, wenn das Item lauten würde: »Juden haben viel Macht in der US Politik«?

Aber auch wenn Juden ihren Einfluss nicht in unlauterer Weise, sondern legal, gemäß gültiger Gesetze und Normen ausüben, kann es trotzdem sein, dass man zu dem Schluss kommt, Juden hätten hier zu viel Einfluss.

Dass Muslime, und besonders Araber, die amerikanische Unterstützung Israels als antipalästinensisch, antiarabisch oder gar antimuslimisch verstehen und aus der Warte eines allgemeinen »Kulturkriegs« betrachten, der aus ihrer Sicht gegen den Islam geführt wird, ist nicht überraschend. Wenn klar wird, wie viel Geld reiche Juden ausgeben, deren Hauptinteresse es ist, Israel und seine Politik zu unterstützen und für die amerikanische Unterstützung Israels zu sorgen, können sie in den Augen der muslimischen Seite als Mitkämpfer Israels und deswegen auch als Feinde gesehen werden.

Wirklich gute Kenntnisse über die US-amerikanische Politik hatte fast keiner meiner Interviewpartner. Nichtsdestotrotz sprachen sie mit großer Überzeugung von der jüdischen Macht über die amerikanische Politik und die Weltpolitik. Auch die vielen, die ach so genau ungenaue »Fakten« berichten konnten, bemühten sich in den meisten Fällen nicht, sie zu überprüfen. Oft war es ihnen am Ende auch nicht wichtig genug. Aber selbst dann, wenn sie nicht daran glaubten, waren die Fabeln und Mythen Teil ihrer mentalen Einstellung gegenüber Juden - sie existierten im Hintergrund und halfen, sich ein Bild der Welt zu machen. Und sowohl im Hintergrund als auch im Vordergrund standen stets Israel und Palästina.

Der Soziologe und Antisemitismusforscher Klaus Holz sagte in einem schon erwähnten Zitat, »nur wenn ›die Juden‹ über große Macht verfügen, können sie als die große Bedrohung imaginiert werden«.[185] Genau da liegt ein wichtiger Unterschied zwischen den europäischen Phantasmen über jüdische Macht und dem sachlich sogar nachvollziehbaren Gefühl vieler Muslime, besonders arabischer, dass nur eine überwältigende Macht es dem kleinen Israel ermöglichen konnte, sich mit solchem Erfolg Palästina einzuverleiben. Auch wenn Formen, Sprache und Idiomatik einen sehr oft an die Vorurteilswelt des abendländischen Antisemitismus erinnern, ist den zitierten Interviews eine ganz klare Beziehung zu realen Umständen zu entnehmen. Daher wäre es falsch zu versuchen, solche Aussagen einfach mit dem Antisemitismusvorwurf zu belegen.

Kapitel 6

Nahost-Konflikt

In einer Studie, die 2016 erschien, stimmten zusammengefasst rund 40 Prozent der deutschen Bevölkerung Aussagen zu, die dem israelbezogenen Antisemitismus zugeordnet werden können. Die Theorie der Verfasser lautete, ob falsch oder richtig, dass sich Judenhass, der als politisch nicht korrekt gilt, in der Kritik an Israel, die politisch gestattet ist, tarnt. Daher werden einige Kategorien der Israelkritik von darauf spezialisierten Demoskopen als antisemitisch eingestuft. Bei Muslimen, und besonders bei arabischen Muslimen, stellt sich die Frage, ob wir es nicht mit einem entgegengesetzten Phänomen zu tun haben: Inwiefern reflektieren ihre Meinungen über Juden eigentlich ihre Meinungen über Israel? Dabei würde politische Korrektheit wohl eher eine geringe Rolle spielen. Wie schon im vorigen Kapitel erwähnt, spielte das Palästina-Thema eine zentrale Rolle in den Einstellungen meiner Interviewpartner zu Juden. In diesem Kapitel wird die Frage der Begriffsverwechslung, aber auch die Frage, wie und ob sich der Hass von Israel auf Juden überträgt, behandelt.

Um zu verstehen, welche Rolle Palästina im Judenhass, in antisemitischen Äußerungen und antisemitischen Handlungen von Muslimen spielt, ist es nötig, die Sachverhalte und Entwicklung des Konflikts zu kennen. Mein Anfangspunkt in dieser kurzen Abhandlung, die nur ein paar Eckdaten nennen kann, ist die Gründung der Zionistischen Bewegung.

Als Reaktion auf den nicht endenden Antisemitismus in einem angeblich »aufgeklärten« Europa und vom Schock der Affäre um den jüdischen Offiziers Dreyfus in Frankreich angefeuert, entwickelte sich Ende des 19. Jahrhunderts, in einer Zeit, da die Nationalbewegungen in Europa aufblühten, auch eine jüdische Nationalbewegung, die sich Zionismus nannte. Der erste Zionistenkongress, dessen treibende Kraft ein Wiener Journalist namens Theodor Herzl war, fand 1897 in Basel statt. Auf diesem Kongress wurde Herzl zum Präsidenten der Zionistischen Weltorganisation gewählt, deren Ziel es sein sollte, eine Heimstätte für das jüdische

Volk in Palästina zu schaffen. In der sich entwickelnden zionistischen Bewegung gab es diverse Strömungen, die die verschiedensten Ideen hatten und Ideologien entwickelten, die alle dazu führen sollten, eine politische Lösung der »Judenfrage« zu finden. Die politische Arbeit Herzls konzentrierte sich auf den Anspruch am Land Israel als Heimatland der Juden und als legitimer Fokus für die jüdische Selbstbestimmung in einem nationalen Rahmen. Nach vielen vergeblichen Versuchen, internationale Anerkennung und Unterstützung zu erhalten, gelang es der zionistischen Bewegung im Jahre 1917, die britische Regierung zur Abfassung der *Balfour-Erklärung** zu bewegen. Als das Osmanische Reich während des Ersten Weltkriegs zusammenbrach, verlor es auch das »Land Israel«. In der Folge verlieh der Völkerbund Großbritannien im Jahr 1922 das Mandat, Palästina zu verwalten. Dieses Mandat bekräftigt die *Balfour-Erklärung* und stellt fest, dass »der Mandatsträger verantwortlich für die Inkraftsetzung der ursprünglich am 2. November 1917 abgegebenen Erklärung ist ...«.

Damit das zionistische Programm verwirklicht werden konnte, mussten Juden nach Palästina ziehen. Land musste beschafft werden, auf dem die Einwanderer leben konnten. Das Land Israel war zwar nicht dicht besiedelt, aber auch nicht leer. Es war weitgehend im Besitz abwesender feudaler Grundherren. Von der zionistischen Bewegung wurden Finanzstrukturen aufgebaut, um solches Land zu erwerben. Wo immer möglich, wurden nach und nach Teile gekauft. Junge Idealisten, von denen viele sozialistisch-zionistischen Ideen anhingen, kamen nach Palästina, ließen sich auf diesem Land nieder und begannen, es zu bewirtschaften. Die äußeren Umstände waren hart, und die meisten Neuankömmlinge hatten keine Erfahrung mit landwirtschaftlicher Tätigkeit. Hinzu kam, dass die ansässige arabische Bevölkerung die jüdischen Einwanderer nicht gerade mit offenen Armen empfing.

Die Repräsentanten der zionistischen Organisationen erhöhten ihren Druck auf Großbritannien, das gegebene »Versprechen« einzuhalten. Dagegen setzte sich massiv die arabische Seite zur Wehr, die genau dies verhindern wollte. Die Araber wollten schlicht keine jüdische Heimstätte in einem Gebiet, das ansonsten völlig arabisch und mehrheitlich muslimisch war. Der arabische Widerstand gegen die jüdischen Siedlungen in

---

* »... die Regierung Seiner Majestät betrachtet die Gründung einer nationalen Heimstätte für das jüdische Volk in Palästina mit Wohlwollen und wird jegliche Anstrengung unternehmen, die Durchsetzung dieses Zieles zu fördern, wobei Klarheit darüber besteht, dass nichts unternommen wird, was die bürgerlichen und religiösen Rechte der existierenden nicht jüdischen Gemeinschaften in Palästina beeinträchtigen könnte ...«

Palästina wurde gewalttätiger, als immer mehr Juden dort ankamen. Zu Wellen extremer Gewalt kam es 1920 und 1921, 1929 sowie in den Jahren 1936 bis 1939. Diese wurde eingedämmt, hinterließ jedoch ihre Spuren, und Großbritannien leitete Schritte ein, um die Einwanderung von Juden nach Palästina zu beenden, ohne allerdings die *Balfour-Erklärung* aufzuheben. Unter dem Druck der Araber schränkten die Briten die Zahl der Einreisegenehmigungen, der sogenannten Zertifikate, für Juden, die sich in Palästina niederlassen wollten, erheblich ein. 1939 veröffentlichte die britische Regierung ihr vom Unterhaus genehmigtes Weißbuch, in dem für die nachfolgenden fünf Jahre die Zahl jüdischer Einwanderer auf 75.000 limitiert wurde; danach sollten keine weiteren Zertifikate ausgestellt werden. Dieser numerus clausus hatte verheerende Auswirkungen: Viele Menschen hätten vor der Vernichtung durch Nazi-Deutschland bewahrt werden können, wenn man sie nur ins Land gelassen hätte. Unglücklicherweise begrenzte Großbritannien nicht nur die Zahl der Juden, die nach Palästina, sondern auch die Zahl derer, die nach Großbritannien einreisen durften.

Der organisierte arabische Aufstand von 1936 bis 1939 und das rigorose Vorgehen der britischen Mandatsbehörden gegen die Gründung neuer jüdischer Siedlungen in Palästina führten zur »Turm-und-Palisaden«-Siedlungsmethode. Ziel war es, eine zusammenhängende Kette jüdischer Siedlungen in Gebieten aufzubauen, die von der jüdischen Führung und den vorstaatlichen Organen als strategisch wichtig erachtet wurden. In geheimen Operationen rückten jüdische Siedler an, bauten über Nacht eine Mauer um den ausgewählten Außenposten, errichteten einen Wachturm und »schufen« damit eine neue Siedlung. Unter dem geltenden Mandatsrecht war es nicht möglich, eine bereits bestehende Siedlung aufzulösen. Zwischen 1936 und 1939 wurden mit dieser *Turm-und-Palisaden-Methode* 52 Siedlungen gegründet. Aus den meisten entstanden später *Kibbuzim*, von denen viele zu wichtigen Bausteinen bei der Gründung Israels und dem Aufbau seines Wohlstands wurden. Nach dem Zweiten Weltkrieg waren mehr als 250.000 Überlebende des Holocaust heimatlos und saßen in Lagern für sogenannte *displaced persons* in Deutschland, Österreich und Italien fest. Doch Großbritannien ließ sie noch immer nicht nach Palästina einreisen.

Im November 1947 billigte die Generalversammlung der UNO – als Reaktion auf Großbritanniens Wunsch, sich des Mandats zu entledigen – den Plan, Palästina aufzuteilen und zwei verschiedene Staaten zu schaffen: einen jüdischen und einen arabischen. Die Araber lehnten den Plan ab, und die Arabische Liga fasste den Beschluss, gegen die Gründung eines jüdischen Staats militärisch vorzugehen. Obwohl sich rechte Gruppen innerhalb der jüdischen Führung gegen den Plan aussprachen, da er den Juden nicht das gesamte Land Israel zusprach, begrüßte ihn die Jewish Agency, die Quasi-Regierung der jüdischen Bevölkerung in Palästina. Das Gleiche galt für die Mehrheit der jüdischen Bevölkerung, die sich nach einem Zufluchtsort für Überlebende des Holocaust sehnte. Es war keine Überraschung, dass einen Tag nachdem Israel im Mai 1948 seine Unabhängigkeit erklärt hatte, das Land von den Armeen Ägyptens, Jordaniens, Syriens, des Libanon und des Irak angegriffen wurde. Ihr Versuch, die Gründung eines jüdischen Staats zu verhindern, scheiterte. In den vereinbarten Waffenstillstandslinien spiegelte sich das Ergebnis des Krieges wider, bei dem Israel Land hinzugewann, das nun größer war als jenes, das ihm durch den Teilungsplan zugewiesen worden war.

Die arabischen Staaten weigerten sich weiterhin, die Existenz Israels anzuerkennen, und Friedensabkommen wurden nicht geschlossen. Die Palästinenser bezeichnen diesen Krieg, den Israel seinen Unabhängigkeitskrieg nennt, als naqba, die Katastrophe. Im ursprünglichen zionistischen Traum war mehr oder weniger deutlich die naive Hoffnung enthalten, dass die Araber auf irgendeine Weise verschwinden würden. Viele Juden hegten, mit unterschiedlich starken moralischen Bedenken, die Erwartung, dass sich die eine oder andere Lösung hinsichtlich der Existenz einer arabischen Bevölkerung im jüdischen Heimatland finden ließe. Das sollte aber nicht geschehen: Rund 700.000 Menschen, das ist die Mehrheit der arabischen Bevölkerung, die in den Gebieten lebte, aus denen das Territorium Israels gebildet wurde, flohen oder wurden dazu gedrängt wegzuziehen. Sie und ihre Nachkommen sind mittlerweile auf über 5 Millionen Menschen angewachsen, die beim Hilfswerk der Vereinten Nationen für Palästina-Flüchtlinge als »registrierte Flüchtlinge« geführt werden.

Nach dem Ende des Kriegs von 1948 belief sich die Zahl der palästinensischen Araber in Israel auf rund 160.000, womit sie circa 14 Prozent der Bevölkerung Israels ausmachten.* Sie hatten das Wahlrecht und waren formal vollwertige israelische Bürger. Doch diese israelischen Araber befanden sich in einer wenig beneidenswerten Lage. Sie waren ihrem Land, Israel, gegenüber zur Loyalität verpflichtet, während sie verständlicher-

---

* Allen demografischen Angaben, gleich ob sie von israelischer oder palästinensischer Seite stammen, ist grundsätzlich mit Skepsis zu begegnen. Sie sind schwer zu überprüfen und werden stets für politische und ideologische Zwecke eingesetzt.

weise mit dem Herzen bei ihren palästinensischen Brüdern waren, die während des Kriegs von 1948 entweder geflohen oder vertrieben worden waren. Israel auf der anderen Seite war verständlicherweise beunruhigt über einen Bevölkerungsteil, der alle Voraussetzungen besaß, zu einer Fünften Kolonne zu werden. Daher zog Israel seine moslemische Bevölkerung nicht zum Militär ein. Darüber hinaus unterstand die arabische Bevölkerung Israels bis 1966 einer Militärverwaltung. Aber auch nach der Aufhebung des Kriegsrechts wurde den arabischen Bürgern Israels das Leben dort unattraktiv gemacht. Auch wenn es keine erklärte Position Israels ist, dass ihre eigenen arabischen Bürger auswandern sollen, war und ist dies sicherlich ein unausgesprochener Wunsch der israelischen Regierungen.

Das Ägypten Nassers tat weiterhin regelmäßig seine Absicht kund, Israel zu vernichten. Ähnliche Tiraden kamen aus Syrien und anderen arabischen Ländern. Sie alle führten, unter der Ägide der *Arab League* - der Liga der arabischen Staaten - einen wirtschaftlichen und diplomatischen Krieg gegen Israel. Mit diesem Ziel hielten es die arabischen Regime für opportun, ein Feindbild aufzubauen, mit dem sie von jedem eigenen Problem, jedem Makel und jeder internen Kritik ablenken und auf Israel verweisen konnten.

1967, 19 Jahre nach Israels Gründung, endete der *Sechs-Tage-Krieg* mit einem spektakulären Sieg Israels, der unter anderem das Westjordanland und den Gaza Streifen - beide mit sehr großer palästinensischer Bevölkerung, die zu einem erheblichen Teil Flüchtlinge aus dem 1948-er Krieg waren - unter israelische Kontrolle brachte. Gegen internationales Recht hat Israel die arabischen besetzten Gebiete mit mehreren Hunderttausend seiner Bürger besiedelt. Hin und wieder sprechen einige extrem rechtsgerichtete israelische Politiker das T-Wort aus - und reden von der Transferierung israelischer Araber in arabische Länder. Einige hoffen, mit Hilfe eines Bevölkerungsaustausches ein ähnliches Ergebnis zu erreichen - dabei würden Teile des israelischen Territoriums mit moslemischer Bevölkerung gegen zurzeit besetzte Gebiete des Westjordanlands eingetauscht, in denen jüdische Siedler leben.

Zionismus

Das jüdische Volk, das kein eigenes Land hatte, brauchte und suchte eine Lösung. Sie wurde nach den damaligen »Spielregeln« und den damaligen

Machtverhältnissen in der Welt konstruiert. Und mit dieser Lösung wurde ein neues Problem kreiert: das der arabischen Bevölkerung Palästinas. Es ist noch heute ungelöst. Aber das Ziel des Zionismus wurde damit erfüllt - und eigentlich gehört er damit in den Ruhestand. Er hat seine Arbeit vollendet und hätte sich stolz emeritieren lassen können. Warum wird eigentlich noch immer über Zionismus und Zionisten gesprochen, wenn die Existenz des jüdischen Staates - außer vom Ayatollah-Staat Iran und einigen Palästinensern - gar nicht in Frage gestellt wird? Was wollen die, die heutzutage von sich behaupten, sie wären Zionisten? Oder Antizionisten?

Die israelische Regierung wollte schon 1948 jene Aufgaben, die von zionistischen Organisationen übernommen wurden, unter ihrer eigenen Ägide zusammenführen. Es gab aber bereits eine *World Zionist Organisation* (WZO) mit Jobs und Budgets, Präsidenten, Kongressen, internationalen Reisen und großem Ego. Die wollten und sollten alle weiterleben, und daher existiert die WZO auch heute noch.

In Israel ruhte der Ausdruck Zionismus bis zum Sechs-Tage-Krieg. Dieser weckte die Begierde seitens vieler Israelis, die neuen, frisch eroberten Gebieten, die Israel 1967 besetzte, zu behalten. Man erinnerte sich daran, dass das Westjordanland ein Teil des von Gott versprochenen Landes sei, und eine fundamentalistische, von Rabbinern gesteuerte Gruppe namens Gusch Emunim, agitierte und agierte hierfür mit großem Erfolg. Aber nicht nur das Orthodoxe spielt dabei eine Rolle - es gibt auch eine emotionale Verbindung vieler säkularer Israelis zum Konzept der Eroberung eines Landes durch Besiedlung; es ist ein tief verwurzeltes Konzept, das zurückreicht bis zu dem erfolgreichen Versuch der Zionisten, eine jüdische Heimstätte in Israel zu gründen. Mit dieser »neuen Aufgabe«, das Westjordanland zu besiedeln, behaupteten die Siedler, dass das nun Zionismus sei und dass die zionistische Arbeit jetzt weiterginge. Der Zionismus sollte sich also nicht mit der Gründung und Existenz eines jüdischen Staats begnügen, sondern auch die Vergrößerung des Staates Israel und die Besiedlung neuer Gebiete als seine Aufgabe ansehen.

Es gibt in Israel auch Siedlungsgegner, und in ihrem Kampf gegen diese Anti-Siedlungs-Stimmen dämonisieren die israelischen Parteien, die die Siedlungspolitik befürworten und betreiben (die Parteien des rechten Flügels, Netanjahu und seine Partner), ihre Gegner mit großem Erfolg. So wurde der Ausdruck »Linker« in dem Land, das von sozialistischen Idealisten gegründet und aufgebaut wurde, mittlerweile zu einem Schimpfwort, da die Linken über die Problematik der Okkupation reden. Den Ausdruck »Zionismus« dagegen haben die Rechten für sich beschlagnahmt und behaupten, dass jede Bereitschaft, die besetzten Gebiete abzugeben und die Siedlungen abzubauen, nicht nur unpatriotisch sei, sondern auch »unzionistisch«. Aus dieser defensiven Lage heraus handelte die Opposition, als sie sich einen neuen Namen gab und Das zionistische Lager nannte. Seit einigen Jahren vermarktet sich die israelische Arbeitspartei als Das zionistische Lager - *Hamachane Hazijoni*. Damit hoffen sie, die Behauptung zu kontern, dass sie - als Oppositionelle gegen Netanjahu und seine Partner - keine wahren Zionisten seien, unpatriotisch, vielleicht sogar Verräter. Zionist - was bei Israel-Gegnern als Schimpfwort gilt - soll nun in Israel als Prüfsiegel dienen.

Genau wie die israelische Politik den Begriff Zionismus missbraucht - ein Begriff, der mit der Entstehung Israels und der Verwirklichung des Traums, endlich ein eignes Land zu haben, verbunden ist und allgemein unter der jüdischen Bevölkerung Israels positiv gesehen wird -, um die Besetzung und Besiedlung des Westjordanlands positiv zu färben, so wird der Begriff Zionismus auch von Israel-Gegnern missbraucht. Arabische und andere muslimische Gegner Israels sprechen oft über das »zionistische Gebilde« - um den Namen des Staates Israel zu vermeiden. Noch immer wird von einigen arabischen wie auch nichtarabischen muslimischen Gegnern Israels vermieden, Israel beim Namen zu nennen. Stattdessen sprechen sie vom »zionistischem Regime«. Aus dem Iran sind diese Stimmen immer besonders laut, da werden die USA als der große Satan und Israel als der kleine Satan bezeichnet. Regelmäßig wird vom obersten Ayatollah proklamiert, dass der »künstliche zionistische Auswuchs« ausgemerzt werden und verschwinden müsse. 1975 haben sie es mit Hilfe der UdSSR geschafft, einen UN-Beschluss zu Wege zu bringen, der Zionismus als eine Form von Rassismus definierte. Diese Resolution wurde 1991 wieder aufgehoben. Die Gegner Israels hofften, durch eine Gleichstellung von Zionismus und Rassismus jene Bewegung, die erfolgreich zur Errichtung eines jüdischen Staates führte, zu delegitimieren - und ebenso den Staat Israel.

Auch in der jüdischen Diaspora lebt der Ausdruck Zionismus fort. So beschimpft das von amerikanischen, neokonservativen Juden geliebte Magazin *Commentary* die »Zionisten unter Vorbehalt«, die Israel nur unterstützen würden, wenn es sich so benähme, wie es sich die Zionisten unter Vorbehalt wünschten. Laut diesem Denken muss ein wahrer Zionist Israel unterstützen - was immer das beinhaltet, was immer Israel unternimmt. Auf der anderen Seite wünscht sich der jüdisch-amerikanische Politologie-Professor und Journalist Peter Beinart die Entstehung eines

»unkomfortablen Zionismus«, der verärgert und besorgt ist über die Richtung, in die Israel geht. Es gibt zwar die Meinung, dass ein liberaler Zionismus nicht tot sein kann, da es ihn nie gab. Gleichwohl schreibt der britische *Guardian*-Journalist Jonathan Freedland über den Tod des liberalen Zionismus oder zumindest über das Existenzdilemma der liberalen Zionisten, die - wenn es keine realistische Chance für eine Zwei-Staaten-Lösung mehr gibt - sich für eine politische Identität entscheiden müssten: Sind sie zuerst Liberale oder Zionisten?

Mit dieser Geschichte ist es kaum überraschend, dass der Zionismus - wie immer man ihn definiert - nicht besonders beliebt ist in der arabischen Welt. Es ist nicht mal überraschend, dass selbst von gebildeten Muslimen und solchen, die sich für den Nahost-Konflikt interessieren, der Begriff »Zionist« beinah immer falsch benutzt wird.

Warum aber sollen die Juden gehasst werden?

1948 wurde der Staat Israel gegründet, und ab diesem Tag war Israel der Feind. Aber bis zur Staatsgründung waren es die yahud, die Juden. Der zionistische Plan sah nicht nur eine Einwanderung kleiner Gruppen von Juden nach Palästina vor, sondern wollte auch die jüdische Souveränität über das Land erlangen - und je klarer der einheimischen, arabischen Bevölkerung dieser Plan wurde, desto nervöser und aggressiver klangen die arabischen Stimmen, die sich gegen den Plan erhoben. Nichts kann das deutlicher machen, als der mythologisierte arabische Kampfschrei *idbach-e'll yahud* - schlachtet die Juden, der in den von Arabern angezettelten Unruhen zu hören war. Durch den jüdischen Plan, die Souveränität in Palästina zu erlangen und damit Herrscher des Landes zu werden, würden die Araber ipso facto zur Minderheit in dem Land, in dem sie lebten und das sie als ihr Land ansahen. Der israelische Autor und Journalist Daniel Rubinstein berichtete über ein Gespräch, in dem er einen palästinensischen Bekannten fragte, wer von den verschiedenen Eroberern, die es gab - Kreuzfahrer, Mameluken, Türken - die besten waren und wer die schlimmsten. Der Palästinenser antwortete: »Wer die besten waren, weiß ich nicht, aber die schlimmsten seid ihr.« Wieso?, wollte Rubinstein wissen. Der Bekannte hätte in Israel an der Universität einen Masterstudiengang absolviert, ist mittlerweile mit einer Rente im Ruhestand und hätte doch ein gutes Leben. »Ja, das ist wahr, nur kamen alle anderen in unser Land, um uns zu unterjochen, und ihr kamt her, um uns zu ersetzen«, war seine Erklärung.[186]

In den gegnerischen Lagern befanden sich also Araber und Juden: So bezeichneten sie sich selbst, so nannten sie einander, und so wurden sie auch von anderen, wie den Briten, die das Land regierten, genannt: Arabs and Jews. Dementsprechend war das Führungsorgan der Juden in Palästina die *Jewish Agency*. Mit der Gründung Israels 1948 definierte sich die dort lebende jüdische Bevölkerung, die endlich ihren langersehnten eigenen Staat hatte, als israelisch. Israelis waren zwar auch die nicht-jüdischen Bürger des neuen Staates, die Araber, darunter Muslime wie Christen. Doch sie waren eine Minderheit, der ein jüdischer Staat aufgezwungen worden war.

Die arabischen Nachbarländer waren nicht bereit, Frieden mit Israel zu schließen, und der 1948er-Krieg endete mit einem Waffenstillstand. Israel wurde von seinen Nachbarn nicht akzeptiert, nicht anerkannt. Die arabische Politik und die arabischen Medien sprachen weiter von Juden und nicht von Israelis, sie sprachen von einer zionistischen Entität oder einem zionistischen Gebilde und nicht von Israel. Juden und Zionisten waren der Feind, gegen den weiter Propaganda gemacht und Hass geschürt wurde.

Israel, der neue Staat, definierte sich von seiner Gründung an als jüdischer Staat. Zur Staatsgründung Israels wird in der Unabhängigkeitserklärung die »Errichtung eines jüdischen Staates in Lande Israel - des Staates Israel« verkündet. Das erste Gesetz, das vom israelischen Parlament beschlossen wurde, war das Rückkehrgesetz, das jedem Juden das Recht gibt, sich in Israel niederzulassen und die israelische Staatsbürgerschaft zu bekommen. Das war schließlich seine *raison d'être,* Israel sollte eine Heimstätte für das jüdische Volk sein.

Um präzise zu sein, waren die Feinde diejenigen Juden, die nach Palästina emigrierten, aber auch diejenigen, die sie dabei unterstützten, ob ideologisch, politisch oder finanziell. Tatsächlich war und ist die Beziehung zwischen »den Juden«, also den Diaspora-Juden und Israel, für den jüdischen Staat immer noch essentiell. Israel hat verstanden, dass nicht alle Juden der Welt ihre Heimatsländer verlassen würden, um in die altneue Heimat zu emigrieren. Auch hätte Israel viele Millionen von Einwanderern nur schwer absorbieren können. Nichtdestotrotz war es offizielle israelische Regierungspolitik, Juden überall auf der Welt aufzurufen, nach Israel zu kommen. Aus dem Kommentar von Schimon Peres nach der Beerdigung von Ignatz Bubis* zur Entscheidung des damaligen

---

* Der Präsident des Zentralrats der Juden in Deutschland (1992-1999), Ignaz Bubis, der 1999 starb, wurde auf seinem Wunsch in Israel begraben.

Präsidenten des Zentralrats der Juden in Deutschland, posthum nach Israel »einzuwandern«, wird einem klar, wie zentral diese Einstellung im Denken der israelischen Politik ist. Peres sagte: »Israel ist kein Haus der Toten. Es ist ein Haus der Lebenden. Als Israeli ziehe ich es vor, wenn Juden in Israel leben.«[187] Dazu wurden Diaspora-Juden aufgefordert, und wenn sie schon nicht ihre Einwanderungspflicht erfüllten, sollten sie Israel wenigstens finanziell unterstützen. Eine große Anzahl von Organisationen sammelt bei Diaspora-Juden Gelder für Israel, direkt für den Staat und für verschiedenste andere Zwecke wie Kindergärten und Universitäten, Museen, Krankenhäuser, Krebskranke und sogar für israelische Soldaten. So hat man auf der Webseite der *Friends of the Israel Defense Forces* unter dem Slogan »Ihre Aufgabe ist es, sich um Israel zu kümmern. Unsere ist es, uns um sie zu kümmern.« (Their job is to look after Israel. Ours is to look after them) die Wahl, einen einzelnen Soldaten zu adoptieren oder gleich eine ganze Brigade.[188]

Es sind keineswegs alle Diaspora-Juden Unterstützer Israels, doch kann man verallgemeinern, dass jüdische Gemeinden weltweit sich mit Israel identifizieren, und es ist nicht ungewöhnlich, in einer Synagoge außerhalb Israels israelische Staatssymbole zu sehen, wie zum Beispiel ein Foto des israelischen Staatspräsidenten oder die israelische Flagge. Auch meinen die Gemeinden oft, dass es zu ihren Aufgaben gehöre, sich für israelische Interessen einzusetzen. So hört sich der Zentralrat der Juden in Deutschland manchmal beinah wie der israelische Regierungssprecher an. Das war zum Beispiel der Fall, als der Zentralrat versuchte, Kritik an Israel abzuwehren, die in Deutschland während einer größeren israelischen Aktion im Gazastreifen laut wurde. Israel wäre, erklärte der Zentralrat der Juden in Deutschland, tagtäglichem Terror ausgesetzt, »ausgeführt durch die diktatorische, brutale Terrorfiliale des Irans im Gaza«. Und: »Wir unterstützen daher ausdrücklich Israels Recht und Pflicht, die eigenen Menschen vor den böswilligen, fortgesetzten Angriffen der Terroristen zu schützen.«[189] Es gibt mehrere Beispiele, wo jüdische Organisationen das Wohlergehen und die Sicherheit Israels und ihre eigenen Interessen als gemeinsame Ziele definieren. Auf den Webseiten des *American Jewish Committee* (AJC) kann man lesen, der AJC »arbeitet rund um die Uhr und rund um die Welt, um das Wohlergehen der jüdischen Menschen und Israels zu verbessern.«[190] »Israel wird niemals allein dastehen, solange wir an seiner Seite sind.«[191] Auch das *Board of Deputies of British Jews,* das Organ der britischen Juden, tritt für Israel ein:[192]

»Die britische jüdische Gemeinde hat eine sehr enge Bindung zum Staat Israel ... Als Vertretungsorgan der jüdischen Gemeinde vertritt das Board of Deputies die Belange und Positionen unserer Gemeinde in Bezug auf Israel vor Parlamentariern, dem Amt für Auswärtige Angelegenheiten und des Commonwealth, vor den Medien und vor anderen Glaubensgruppen.«

So ist es in gewisser Weise nachvollziehbar, wenn die Araber, die eigentlich den Zionismus und dann Israel als Feinde hätten sehen sollen, auch Juden als Feinde sahen.

Verschwörungstheorien in der arabischen Welt

Die bereits erwähnten Protokolle der Weisen von Zion genießen noch immer Aufmerksamkeit in der arabischen Welt. Eine erste arabische Übersetzung, die aus dem Französischen gemacht wurde, ist 1926 in einer Zeitschrift der *Katholischen Gemeinde* in Jerusalem erschienen. Auch die nächste Übersetzung, die ein Jahr später in Kairo erschien, war das Produkt eines arabischen Christen. In arabischen Polemiken zum Thema Zionismus wurden die *Protokolle* zwar gelegentlich erwähnt, doch erst die Erstehung Israels führte zu einer politischen Aufladung der *Protokolle* in der arabischen Welt.[193] Es war der Schock der arabischen Niederlage, der stolzen Araber vor dem schwachen und feigen Juden – wie er bis damals gesehen wurde – im 1948er-Krieg, der es dringend notwendig machte, eine Erklärung zu finden. Und eine Verschwörungstheorie ist in so einem Fall genau das Richtige.

Die *Protokolle* werden in der arabischen Welt nach Bedarf weiterverarbeitet. Um ein Beispiel zu nennen: Man muss sich nur die *Charta der Hamas* anschauen – des palästinensischen Zweigs der Muslimbruderschaft, dessen Ziel es ist, den Staat Israel mit militärischen Mitteln zu beseitigen.* In diesem Gründungsdokument der *Hamas* aus dem Jahr 1988 sind einige Motive aus den Protokollen zu finden: [194]

»Das zionistische Vorhaben ist grenzenlos, und nach Palästina streben sie ... vom Nil bis zum Euphrat. Wenn sie das Gebiet, zu dem sie vorgedrungen sind, völlig verschlungen haben, trachten sie nach einer weiteren Expansion und so fort. Ihr Vorhaben steht in den ›Protokollen der Weisen

---

* Seit Mai 2017 will Hamas sich nicht mehr als Zweig der Muslimischen Bruderschaft definieren.

von Zion‹, und ihr gegenwärtiges Handeln ist der beste Beleg für das, was wir sagen.«

Auch wenn in einer 2017 erschienenen neuen Version der Hamas-Charta, der folgende Fantasieflug nicht enthalten zu sein scheint, lohnt es sich, das Dokument zu kennen, um zu verstehen, aus welcher Gedankenwelt die Propaganda der Muslimbruderschaft stammt und wohin sie strebt.[195]

»Die Feinde haben alles, was sie bisher erreicht haben, durch langfristige, minutiöse Planung vorbereitet. Dabei machten sie sich Faktoren zunutze, die den Lauf der Dinge tatsächlich beeinflussen. Sie haben gewaltige materielle Reichtümer angehäuft, die ihnen Einfluss verschafften und die sie verwendeten, um ihren Traum zu verwirklichen. Mit ihrem Vermögen brachten sie weltweit die Medien unter ihre Kontrolle, von Nachrichtenagenturen über die Presse und Verlage bis hin zu Rundfunkanstalten und anderem mehr. Mit ihrem Vermögen zettelten sie in verschiedensten Teilen der Welt Revolutionen an, um ihre Interessen durchzusetzen und Gewinn zu erzielen. Sie stecken ebenso hinter der Französischen Revolution wie hinter der Kommunistischen Revolution und den allermeisten Revolutionen, von denen man aus den verschiedensten Teilen der Welt immer wieder hört.

Mit ihren Vermögen errichteten sie geheime Organisationen, die sich in die verschiedensten Teile der Welt ausgebreitet haben, um Gesellschaften zu unterhöhlen und die Interessen des Zionismus durchzusetzen, Organisationen wie die Freimaurer, die Rotary-Clubs, die Lions-Clubs, die Organisation Bnei Brith und andere, allesamt subversive Spionageorganisationen. Mit ihrem Vermögen brachten sie auch die Kolonialstaaten unter ihre Kontrolle und stifteten diese zur Kolonialisierung zahlreicher Länder an, um deren Ressourcen auszupressen und dort ihre Verderbtheit zu verbreiten.

Zu lokalen Kriegen und Weltkriegen lässt sich ganz unverblümt Folgendes sagen: Sie stecken hinter dem Ersten Weltkrieg, durch den es ihnen gelang, dem islamischen Kalifatsstaat den Garaus zu machen, materielle Gewinne einzustreichen und zahlreiche Ressourcen unter ihre Kontrolle zu bringen. Sie erhielten die Balfour-Erklärung und gründeten den Völkerbund, um mittels dieser Organisation die Welt zu beherrschen. Und sie stecken auch hinter dem Zweiten Weltkrieg, in dessen Verlauf sie aus ihrem Handel mit Kriegsmaterial wiederum gewaltige Gewinne erwirt-

schafteten. Sie bereiteten den Weg für die Gründung ihres Staates und regten die Gründung der Vereinten Nationen und des Sicherheitsrates anstelle des Völkerbundes an, um so die Welt zu beherrschen.

Es gibt keinen Krieg, bei dem sie nicht hinter den Kulissen ihre Finger im Spiel hätten. ›So oft sie Feuer zum Krieg gegen den Gesandten und die Gläubigen entfachen, löscht es Gott. Sie sind eifrig dabei, Unheil auf Erden zu stiften. Gott liebt nicht diejenigen, die Unheil stiften.‹ (5:64)

Die imperialistischen Mächte, sowohl die des kapitalistischen Westens als auch des kommunistischen Ostens, unterstützen den Feind nach Kräften mit Menschen und Mitteln, wobei sie sich in verschiedenen Rollen untereinander abwechseln. Wenn der Islam in Erscheinung tritt, vereinen sich die Kräfte der Gottlosen gegen ihn, denn sie sind alle vom gleichen Schlage.«

Auch von der Ritualmord-Beschuldigung haben arabische Politiker opportunistischen Gebrauch gemacht. Dabei lassen sie sich nicht davon stören, dass direkt nachdem die Damaskus-Affäre aufgeklärt wurde, der osmanische Sultan Abdul Mejid ein königliches Dekret veröffentlichte, in dem er die Blutbeschuldigung widerlegte und verurteilte und die Juden von jeglicher Schuld freisprach. Der saudische König Feisal (1964-1975) soll gern auf die Damaskus-Geschichte Bezug genommen haben und sie für wahr erklärt haben. Der langjährige syrische Verteidigungsminister Mustafa Tlass (1972-2004) hat 1983 sogar ein Buch »Die Matzen von Zion« veröffentlicht, in dem er festhielt, dass Juden das Blut arabischer Kinder benutzten, um Matzen zu backen.[196] Was wahrscheinlich noch mehr Menschen erreichte als das mehrfach aufgelegte Buch von Tlass, war eine Fernsehserie, die 2003 im libanesischen Sender al Manar ausgestrahlt wurde und in der gezeigt wurde, wie ein kleiner christlicher Junge von seinen Nachbarn in einen Keller gelockt wurde, die ihm die Kehle durchschnitten und das ausströmende Blut in einem Kelch auffingen, um es in Matzen einzubacken.[197]

Auch neue Theorien werden entwickelt, wenn deren Erfinder es für opportun halten. So zum Beispiel die Leugnung oder Relativierung des Holocausts, also die Behauptung, dass der Mord an sechs Millionen Juden überhaupt nicht stattgefunden habe oder eine geringere Zahl von Juden umgebracht worden wäre. Dieser Mythos fand freudige Akzeptanz bei Deutschen, die die Schuld an diesem Genozid von sich weisen wollten, aber auch bei denjenigen Muslimen, die davon überzeugt sind, dass Juden mit dem Holocaust eine unwahre oder übertriebene Geschichte erfunden haben, um Schuldgefühl und Mitleid bei der Weltgemeinde zu erzeugen, damit sie das Recht erhalten, Palästina zu besiedeln. Der Iran ist besonders aktiv bei der Verbreitung dieses Mythos. Zu dem Zweck organisierte die iranische Regierung eine »International Conference on Review of the Holocaust Global Vision«, die im Dezember 2006 in Teheran stattfand. Der iranische Außenminister, der zwar erklärte, dass die Infragestellung des Holocausts ein weiterer Weg sei, die USA anzugreifen, erklärte:

> *»Wenn die offizielle Version des Holocausts angezweifelt wird, wird auch die Identität und das Wesen Israels in Frage gestellt. Und wenn sich bei dieser Überprüfung herausstellt, dass der Holocaust eine historische Realität ist, stellt sich die Frage, warum die Muslime der Region und die Palästinenser für die Naziverbrechen bezahlen müssen?«*[198]

In Deutschland, dem Land, das sich seit 1945 mit dem Holocaust, mit seiner Schuld und mit seiner daraus resultierenden Verantwortung gegenüber dem jüdischen Volk beschäftigt, kann solch eine Relativierung auch als Provokation zwecks Provokation dienen. Der aus einer türkischen Familie stammende, in Deutschland geborene deutsche Politiker Cem Özdemir beantworte die von ihm gestellte Frage »Was geht mich das an?« zur Erinnerungskultur in der Einwanderungsgesellschaft, mit dem Verlangen,

> *»dass sich MigrantInnen und ihre Nachkommen so akzeptiert und angekommen fühlen, dass sie die deutsche Geschichte und die damit einhergehende Verantwortung für sich übernehmen. ... Die Erinnerung an den Holocaust ist ein gemeinschaftliches Projekt, an dem wir alle beteiligt sind.«*[199]

Anderer Meinung schien man wohl in Bayern zu sein:

> *»Gerade an Mittelschulen haben wir Flüchtlingskinder und Kinder von Asylbewerbern. Darunter sind sehr viele Kinder aus muslimischen Familien, die keinen Zugang zu unserer Vergangenheit haben.«**

---

* Rövekamp, Marie, Sollten muslimische Schüler ein KZ besuchen?, Der Tagesspiegel, 2.6.2015, www.google.co.uk/amp/amp.tagesspiegel.de/politik/debatte-um-erinnerungskultur-sollten-muslimische-schueler-ein-kz-besuchen/11857314.html?client=safari (abgerufen am 18.2.2017) Holocaust-Leugnung wurde vom jüdischen Simon Wiesenthal Center in Paris in einem offenem Brief der deutschen Bundeserziehungsministerin gegenüber behauptet.

Der 2015 gefällte Beschluss, weiterhin nur Gymnasialklassen zum KZ-Gedenkstätten-Besuchsprogramm zu verpflichten, entwickelte sich zu einem internationalen Debakel bis hin zu der Unterstellung des Simon-Wiesenthal-Centers, den Holocaust leugnen zu wollen. So wurden Holocaust, Gedenkkultur, Flüchtlinge und Muslime zu einem Spielball der innerbayerischen Politik wie des Simon-Wiesenthal-Centers.

Anderswo herrscht in dieser Hinsicht oft pure Ignoranz, besonders in Ländern und Gesellschaften, deren Schullehrpläne das Thema Holocaust nicht vorsehen, außer vielleicht im Zusammenhang mit der *naqba,* der Vertreibung und der Flucht der Palästinenser aus ihrer Heimat als Folge des Holocausts. Der palästinensische Professor Mohammed Dajani-Daoudi von der Al-Quds Universität in Ostjerusalem hat versucht, gegen diese Unwissenheit oder dieses Desinteresse anzugehen. Mit 27 seiner Studenten machte er einen Auschwitz-Besuch, dieser sollte dazu dienen, »das Wissen um die Geschichte der Anderen« zu erhöhen - ein Wissen, das nach Dajani für Toleranz und Dialog notwendig ist. Tatsächlich schrieb nach dem Besuch eine der Studentinnen »die Mauer der Ignoranz hat einen Riss bekommen«. Für Dajani endete es weniger gut, und er wurde aus seinem Job an der Universität gemobbt.[200] Die Hardliner sahen ihn als »Kollaborateur der Juden«, und da half auch Dajanis Aussage nichts:

> *»Über den Holocaust zu lernen, bedeutet ja nicht, dass wir nicht auf unseren Rechten bestehen oder unsere nationale Identität verlieren.«*[201]

Bemerkenswerter als die Ignoranz gegenüber dem Holocaust unter Muslimen ist die Tatsache, dass auch wenn und obwohl sich viele Muslime mit dem Schicksal ihrer palästinensischen Brüder identifizieren, selbst gebildete Muslime viel Unwissen erkennen lassen, wenn es um diese Geschichte geht. Und auch das Wissen um die Geschichte der Entstehung des Konflikts ist sehr oft höchst ungenau, so zum Beispiel bei diesem 22-jährigen, in Deutschland geborenen Studenten, dessen Familie palästinensisch ist:

> *»Britannien meinte, die Juden brauchen einen Staat, und da hat Britannien einen Krieg gegen Palästina - ja es gab einen palästinensischen Staat mit Regierung - geführt und Juden wurden mit Schiffen dahin geführt ... dann entstand eine zionistische Regierung, die meinten, dass der Staat Israel sich ausweiten muss, und dann wurde Stück für Stück von Palästina erobert. Die haben Waffen bekommen, die haben Panzer bekommen, die haben alles geschenkt bekommen, wegen dem Zweiten Weltkrieg, immer*

mehr, immer mehr, bis sie genug hatten um Palästina zu erobern. Es gibt genug Bilder, die zeigen, dass vor 1945 Palästina ein ganzer Staat war, es war ein Staat komplett wie Deutschland und Italien, der Stück für Stück von den Zionisten erobert worden ist. Das habe ich so gelernt; ne, in der Schule lernt man gar nichts drüber.«

Oder ein 18-jähriger Abiturient, dessen Eltern aus Marokko stammen, und der erklärte:

»Ich habe kein Feindbild bei den Juden, nein, es sind die Medien, da wird zu viel rausgelassen, zum Beispiel über den Israel-Palästina-Krieg. Mitten in Israel beziehungsweise Palästina ist die Heilige Stadt wo schon viele Kriege geführt wurden, zwischen Juden und Christen, zwischen Muslims und Christen, alle. Früher haben auch Juden mit Muslims zusammengelebt. Irgendwann wurde dann Unruhe gestiftet und dann kam es zu Kriegen ...

Heutzutage werden Kriege aus wirtschaftlichen Gründen geführt. Es geht um Macht, meiner Ansicht nach will Israel die komplette Macht übernehmen, global, also in dem Fall in Palästina, warum? Es gibt viele Gründe, wie soll ich sagen, sie könnten ja alle zusammenleben, ist ja kein Problem, ... aber beide Seiten ziehen an demselben Land. Das hat eigentlich nichts mit dem Judentum zu tun, eher mit der Macht zu tun. Wenn man mal zurückdenkt, zu dem Weltkrieg, da hat Hitler viele Juden vergast, die Alliierten haben die Juden beschützt, haben den Krieg beendet und danach hat es angefangen, die Juden sind nach England geflüchtet - die hatten Angst das so was nochmal passiert, es haben ja noch viele Nazis gelebt - und die Engländer haben die Juden nach Israel geschickt. Da hat die Unruhe angefangen ...«

Einige geben zu, sich nicht auszukennen, obwohl sie es gern würden, wie diese 22-jährige Studentin, deren Eltern aus der Türkei stammen:

»Ja, ich habe politisch in der Richtung nicht so viel Ahnung. Ich habe immer das Gefühl, ich bin immer als Muslimin dazu verpflichtet, eine Stellung dazu zu nehmen, ... Ich weiß mit Israel und Palästina - das ist ja auch so ein großes Thema ... und wie gesagt, ich habe immer ein bisschen Bange, so eine Aussage zu machen, weil ich habe das Gefühl, sogar wenn ich zehn Nachrichtensender schaue, die darüber berichten, habe ich zehn Sichtweisen darauf und weiß selber nicht: »Okay, was passiert da eigent-

lich?... Weil ich mal mehr darüber erfahren wollte, habe ich auf YouTube ein Video angeguckt, was versucht hat, einfach diesen Konflikt zu erklären, worum es eigentlich geht. Und es war so komplex, dass ich am Ende des Videos gar nicht mehr verstanden habe, worum es eigentlich geht.«

Oder diese 22-jährige Studentin:

»Also ich glaube nicht, dass die Tat damals, was in Deutschland passiert ist, begründet, dass Menschen in ein anderes Land einmarschieren und behaupten, das Land gehört ihnen. Dann muss ich offen dazu sagen, dass Menschen dann damals nach Palästina gegangen sind und gesagt haben: ›Das Land gehört uns!‹ Und genau eigentlich das, was in Deutschland passiert ist, mit den Palästinensern gemacht haben ... also, das kann ich irgendwie nicht so ganz nachvollziehen, warum man das macht!

Ich habe mich ehrlich gesagt, mit dem Konflikt in Palästina und Israel nicht so oft beschäftigt ... ich weiß nicht warum, ich habe mich auch letztens gefragt, warum es mich nie gereizt hat, wirklich mal zu gucken, was damals passiert ist und warum es passiert ist ... Ich weiß nur, dass es halt einen Mega-Konflikt gibt, einen sehr großen Konflikt gibt ... ich habe es immer so herausgelesen, dass die Palästinenser schon damals da waren, und die Israelis dann später hinzugekommen sind, und sozusagen peu à peu die Palästinenser verdrängt haben. Und seitdem eine sehr große Unruhe und auch Gewalt im Land herrscht. Bürgerkriegsähnliche Zustände, vielleicht kann man auch von einem Bürgerkrieg sprechen ... falls es so sein sollte, falls man von diesem Wissen ausgeht, dann finde ich es natürlich nicht gut, dass Deutschland das auch noch stärkt! Dass Deutschland sagt: ›Wir haben damals den Juden viel Leid angetan, und nun werden wir sie unterstützen in dem ›Kampf‹, dass sie ihr eigenes Land aufbauen‹, obwohl das Land ihnen nicht gehört! Und sie es einem anderen Volk wegnehmen, sozusagen ... so wären meine Gedanken dazu - aber wie gesagt, ich bin dazu keine Expertin, mir fehlt das Wissen, darüber wirklich zu urteilen.«

Interessant ist auch die Aussage eines 34-jährigen Flüchtlings aus Syrien, der viele der Tatsachen kennt, aber argumentiert, dass Palästina das Land der Palästinenser war, bevor 1948 Juden aus der ganzen Welt hinkamen:

»Wenn man die Geschichte des Zionismus liest, lernt man, dass einige Länder damals für die Juden in Frage kamen, Nord-Kanada war das eine

und Äthiopien ein anderes und Palästina, das Land der Palästinenser. Und dann kamen Menschen aus verschiedensten Ländern, diverser Gesichter, Hautfarben und Sprachen und nahmen Palästina als ihre Heimat. Sie kamen aus der Ukraine, aus Russland, aus Marokko und so weiter in das Land, das aber kein leeres Land war...

Die Großeltern von Fatah und Hamas lebten da, sie kamen 1948 aus Palästina. Sie waren schon da, einige wurden umgebracht, andere abgeschoben, und das Land wurde ihnen genommen und Israel genannt. Es war ein Staat, der Palästina hieß und ein Volk hatte.«

Dieser 40-jährige, aus der Türkei stammende Germanist kannte sich mit dem Konflikt gut aus, war aber bemüht, Antisemitismus unter Muslimen abzustreiten:

»Ich glaube nicht, dass ein hoher Prozentsatz der Muslime antisemitisch ist. Man muss da unterscheiden zwischen der arabischen und der türkischen Welt. In der türkischen Welt gab es null Antisemitismus, oder nur ganz geringen. Weil die Türkei traditionell gute Beziehungen zu Israel gepflegt hat. Bis zu Erdoğans Rede in Davos - da ist die Sache geplatzt. Es gab aber auch ein Davor wie Scharons Besuch auf dem Tempelberg. Nun ist Erdoğans Partei die Partei der Muslim-Brüder; spielt genauso mit der Religion.

Bei Arabern wird viel pauschalisiert, und wenn muslimische Jungens Hakenkreuze an Synagogen malen, ist es politisch bedingt und hat nichts mit Religion zu tun...

Vorurteile gibt es in der Tat, da ist das jüdische nur eine Nebensache, da geht es eher um das zionistische, der Zionismus ist eine politische Sache, es gibt Leute die das verbinden mit dem religiösen Aspekt. Unter dem Deckmantel Jude zu sein, wird Kapitalismus betrieben und unter dem Deckmantel Muslim zu sein, Jihad. Die einen treiben Kapitalismus ohne Ethik, die anderen treiben Jihad für die Macht, letztendlich auch für Geld. Das hat nichts damit zu tun, dass sie Juden sind.«

Zionisten und Zionismus

Kennen Sie den Ausdruck »Zionisten«?
- *Hab' ich irgendwo gehört*
- *Habe ich auch irgendwo gelesen, aber nicht nachgeschlagen... irgendwas Schlechtes...*
- *Was Schlechtes...?*
- *Hört sich auch irgendwie nicht so toll an...*
- *Ne?*
- *Zionist... keine Ahnung!*
- *Ich weiß es nicht... ich habe das Wort selber so oft gesagt ... aber nö, ich weiß es nicht...*

Das waren die kurzen Antworten in einem Gruppengespräch von 18-jährigen in der obersten Schulklasse. Im Gespräch wurde klar, dass die Jugendlichen nicht in der Lage waren, den Begriff Zionist zu definieren oder zu erklären.

In anderen Interviews, die ich im Rahmen dieser Studie führte, kam es zu folgenden Versuchen, Zionist zu definieren. Manchmal, wie bei diesem 37-jährigen, der aus einer pakistanischen Familie stammt und pessimistisch über die Friedenschancen denkt, gibt es bereits ein Wissen über Zionismus:

>*»Ich bin der Meinung, dass die zionistischen Juden dort nichts verloren haben. ... Wer ist ein Zionist? Das ist ganz einfach. Ich vergleiche den Zionismus mit Rechtsradikalismus. Zionisten sind für mich Menschen, die andersgläubige Menschen nicht akzeptieren. Ohne die zionistische Bewegung würde es keinen Staat Israel geben. Und dieser Staat hat sich zu einem rechtsradikalen hin entwickelt. Ohne diesen Zionismus hätte es 1948 keine naqba gegeben.«*

Ähnlich erklärt dieser junge Palästinenser, der zum Studium nach Deutschland gekommen ist, worum es ihm geht:

>*»Die haben mein Land weggenommen ... Sie sind Zionisten, ich benutze nie das Wort Juden. Ich hab' Freunde, die Juden sind, und ich bin nicht gegen Juden, und ich bin immer dagegen, dass man sagt, die Juden machen da und da und so ... Zionisten sind mein Problem, das sind die extremistischen Juden, deren Ansichten sie dazu gebracht haben, mein Land zu erobern und mein Volk zu vertreiben.«*

Dagegen scheint das Geschichtsbild bei diesem 20-jährigen, in Deutschland geborenen libanesischen Studenten, der seine Kenntnisse über den Israel-Palästina-Konflikt beinah ausschließlich von Erzählungen innerhalb seiner Familie hat, problematisch zu sein. Zudem verwechselt er manchmal Israelis und Zionisten und beantwortet die Frage, was Zionismus sei, mit:

»Zionismus ist eine eigne Partei, ich vergleiche Zionismus sowie Nazis und Juden. Nazis wollten die Juden komplett auslöschen, die Zionisten wollen die Palästinenser komplett auslöschen; das glaube ich auf jeden Fall. Sie machen es nicht unbedingt im Gasofen, aber im Krieg hat man gesehen, dass sie mit Phosphorbomben geschossen haben. Die Opfer verbrennen. Der Gazastreifen ist ja hinter einer enormen Mauer, es ist zwar nicht wie im Konzentrationslager, aber diese Bedingungen sind auch grauenhaft. Ja, die Ägypter haben auch die Grenze geschlossen; die Regierung von Ägypten finde ich auch sehr schlimm...

Ich persönlich habe gar nichts gegen Juden. Der beste Freund von meinem Onkel ist Jude. Es sind die Zionisten, das sind die Leute, die Ärger machen. Juden ist eine Religion, keine Partei, die Krieg führt. Die Juden, die zu Israel stehen, die bevorzugen auch den Krieg, aber es tun nicht alle. Die Israelis wollen die Palästinenser nicht haben... umbringen, hört sich hart an und ist auch schwer zu glauben, wenn ich aber sehe wie die zionistische Bevölkerung auf die Straße geht und einfach irgendwelche Leute umbringt, dann nenne ich das töten. Das ist eine strikte Säuberung Palästinas. Genauso wie die Soldaten auf dem Dach, die schießen auch so wahllos auf die Kinder oder die Erwachsenen, die auf den Straßen gehen. Das ist eine strikte Säuberung, die nicht in den Medien gezeigt wird...

Warum ich die Zionisten mehr hasse als die Araber? Erstens weil sie mein Land angreifen und zweitens, weil sie auf eine Art töten, die brutal ist. Sie töten so, dass die Menschen leiden, das hat man in den Nachrichten gehört, dass zwei Israelis einen Menschen lebendig vergraben haben. Die haben ihn Benzin schlucken lassen und dann Feuer angemacht, so dass er innerlich verbrennt. Ja, ich weiß, dass Assad seine eigne Bevölkerung mit Gas umgebracht hat, aber ich hasse Zionisten mehr als den Assad. Warum ... ja, ich ... diese Fragen stellt mir keiner ... ah ... weil, ... ich beschäftige mich mehr mit den Palästinensern, um ehrlich zu sein, und ich weiß was in Palästina passiert, ich kenne viele Details, und das macht mich halt noch wütender, ... warum ich sie mehr hasse? Ich weiß es nicht.

In Syrien gibt es zwei Seiten und es gibt die Meinung, dass Assad sein Land vor den Rebellen schützt. Im Konflikt zwischen Palästina und den Zionisten gibt es eine Sache, und das ist die brutale Ermordung und Folterung der Palästinenser – da weiß ich genau was los ist, dass Unschuldige getötet werden, ja, Unschuldige werden auch von der ISIS getötet und die hasse ich genauso wie die Zionisten. Genauso. ISIS wünsche ich mir auch, dass alle getötet werden. Die müssten komplett ausgelöscht werden. Zionisten töten auch, weil die lernen schon im Kindergarten, wie schlecht Palästina ist. Wenn ich jetzt einen Zionisten auf der Straße sehe, mach ich natürlich nichts, greife ich ihn nicht an, auf keinen Fall.«

Differenzierte Kenntnisse, wie bei diesem 38-jährigen türkischstämmigen deutschen Politologen, gibt es nicht so oft:

»Zionisten sind ja nicht nur Juden, man kann ja auch Christ sein und dann sich für Interessen von Israel, uneingeschränkte Solidarität für Israel einsetzen und für die Interessen Israels einsetzen und dadurch dieses Projekt unterstützen.«

Interessant ist die Vorsicht, mit der dieser 38-jährige Ägypter, dem sehr bewusst ist, dass das Thema Juden – Israelis – Zionisten ein Minenfeld sein kann, die Frage zur Definition des Zionismus angeht:

»Also, für mich sind Juden einfach Menschen, die der Religion des Judentums angehören, Israelis sind einfach Bürger des Staats Israels und Zionismus ist, na ja, ok, das wird jetzt bisschen schwierig, ob ich das wirklich hier sauber definieren kann. Also, Zionismus, wie ich das sauber definieren, also richtig definieren kann, dass es stimmt. Also, ich verstehe Zionisten so, aber ob das stimmt, weiß ich jetzt auch wieder nicht sicher, dass sie ... dass es Menschen sind, die jüdisch von ihrem Glauben sind, die nicht nur sozusagen dort leben als normale Bürger, sondern die wollen, dass der Staat Israel sich vergrößert und sozusagen die Vormacht hat über andere Völker oder andere auch Religionsgruppen. Das wäre jetzt so spontan meine Definition von Zionismus, ob das, wie gesagt, richtig ist ...«

Dieser aus Palästina stammende Student erklärte:

»Ein sayuni, ein Zionist, ist ein Mensch, der kommt und Leute aus ihren Wohnungen rausschmeißen will im Namen von Gott und sagt, Gott hat mir dein Haus versprochen. Das ist für mich ein sayuni, insbesondere bei

uns halt, also in Jerusalem, weil das ist halt, dass Gott denen dieses Land versprochen hat, das heißt ich und meine Familie sollen verschwinden aus unserer Wohnung, sodass eine jüdische Familie da als israelische Familie sich siedeln kann. Und das find ich eine sehr große Scheiße, aber gegen einen Juden hab' ich nichts. Gegen Juden hab' ich nichts, aber gegen jemanden, der Gott ausnutzt, um mir zu sagen, Gott hat mir dieses Land versprochen, also verschwinden Sie aus Ihrer Wohnung, das würde keiner wollen, oder? Jemandem, der daran glaubt, dass Israel das Recht hat, alles umzubauen und noch mehr Juden dahinzubringen und noch mehr Land wegzunehmen und alles. Ich spreche nicht von einem Juden, der hier lebt und sagt, keiner hat das Recht, jemanden aus seiner Wohnung rauszuschmeißen.«

Dieser 20-jährige Student, dessen Eltern als Gastarbeiter aus der Türkei kamen, zieht Parallelen zwischen der NS-Zeit und der israelischen Politik, die er folgendermaßen erklärt:

»Was die Zionisten machen, da sehe ich ein paar Parallelen zur NS-Zeit. Zionisten? Das sind die Siedler, die sagen, das ursprünglich palästinensische Gebiet ist nun jüdisches Gebiet. Die wollen alles besiedeln, denn jedes Gramm Land ist heilig für sie. Sie wollen, sie wollen, sie wollen. Niemand darf das Land betreten außer den Juden.«

Ein 20-jähriger Student, dessen Eltern aus der Türkei kamen, meinte, Zionisten wären

»radikale Juden, die so wie radikale Muslime, Nicht-Muslime als Ungläubige sehen, so sehen die Zionisten die Nichtjuden als Feinde.«

Eine interessante Aussage zu dem Thema kommt von einer 22-jährigen Studentin mit türkischem Migrationshintergrund, die zwar Zionismus als Ideologie bezeichnet, sich aber im Unklaren ist, ob es nicht sein kann, dass es:

»Leute sind, die gar keine Ideologie haben per se ... die sagen, okay, wir sind Zionisten - wir möchten jetzt die ganze Weltherrschaft an uns reißen! ... Zionismus selber ... ich kann das jetzt nicht definieren, da gibt es sozusagen eine Gruppe, das sind die Zionisten, das sind Juden, angeblich, die aber nicht durch ihren Glauben handeln, sondern so ... keine Ahnung, aus kapitalistischer Motivation heraus ...«

Diese 22-jährige Studentin, deren Eltern aus der Türkei kamen, meint auch, dass Zionisten Juden sind, deren Glauben sie dazu führt, den Palästinensern das Land wegnehmen:

»Ich würde auch zwischen Juden und Zionisten nochmal unterscheiden ... Ein Jude ist einfach jemand, der den jüdischen Glauben hat, so wie ein Moslem auch. Ich weiß nicht, ob ich damit falsch liege, aber ein Zionist wäre meines Erachtens jemand, der dieses Extrem noch drin hat ... das heißt, der den Glauben einfach für etwas Extremeres missbraucht, sei es wie jetzt zwischen Israel und Palästina, dass man den Leuten den Boden wegnimmt ...«

Ein 35-jähriger syrischer Asylbewerber behauptete, dass das Antijüdische bei vielen Muslimen nur mit dem politischen Zionismus zu tun hat:

»Was Zionismus ist? Die Bewegung, die 1897 von Theodor Herzl gegründet wurde, und die dann beschlossen hat, Israel zur Heimat für die ganzen Juden zu machen, in dem Land, dass anderen gehörte, und zwar den Palästinensern. Das ist Zionismus, und Judaismus ist die Religion von Moses. Deswegen hassen wir Zionismus und respektieren wir Judaismus.«

In seiner Antwort auf meine Frage, was er mir wohl vor 5 Jahren, im Café in Damaskus, geantwortet hätte, was er über Juden weiß, gab er Einblick in ein Thema, das ihm viel wichtiger war:

»Ich weiß, dass einige von ihnen reich und mächtig sind ... Einige von ihnen haben den Zionismus gegründet und das ist unser Feind. Sowohl des Islams wie auch Syriens: des Islams, weil sie die muslimischen heiligen Stätten besetzen und Syriens, weil sie den Golan genommen haben. Mein Problem ist mit denjenigen Juden, die Palästina und den Golan genommen haben, nicht mit Juden anderswo in der Welt. Das hätte ich Dir auch vor 5 Jahren im Café in Damaskus gesagt.«

Es gibt auch totales Unwissen, wie zum Beispiel bei diesem 18-jährigen, dessen Eltern aus Marokko stammen und der der Meinung ist:

»[E]s gibt arabische Zionisten, es gibt jüdische Zionisten, es gibt jeder Sorte Zionisten. Was sind Zionisten, Unruhestifter, das ist meine Definition von Zionisten ... also im Fall Israel und so alles, ist das die Regierung. Ich

kann so direkt Zionisten nicht definieren. Was sind arabische Zionisten? Die, die abgesehen von Gesetzen selber bestimmen, was vorgeht und was nicht. So was gibt es überall. Zionisten gibt es überall; nicht nur bei den Juden.«

In der Problematik, die aus dem Erfolg der zionistischen Bewegung und der Staatsgründung Israels für die betroffene arabische Bevölkerung resultiert, spielen Juden also die zentrale Rolle. Und trotz politischer Korrektheit ist es nicht schwer, antijüdische Gefühle und Meinungen unter Muslimen zu finden. Eine 20-jährige Studentin, deren Eltern aus der Türkei stammen, spricht von Juden als Sündenböcken. Dazu verbindet sie Verallgemeinerungen gegenüber Juden und Islamophobie:

»Man merkt natürlich sehr, dass aus muslimischer Sicht für Palästina noch mal sehr stark getrauert wird, was ich sagen kann, ist, dass natürlich sich die Muslime Palästina sehr verbunden fühlen und da natürlich auch schnell versucht wird, einen Sündenbock zu finden. Da kann ich nicht abstreiten, dass sich viele Leute als Sündenbock die Juden aussuchen. Das stimmt auf jeden Fall. Dann wird gesagt: ›Ah, Juden! Alle Juden sind so! Das ist nur, weil die Juden an die Weltmacht wollen!‹ und so weiter. Auf sowas wird schnell zurückgegriffen. Wobei, ich finde das echt nicht cool ... das hat wieder damit zu tun ... also, es gibt ein Sprichwort, das ich aus dem Türkischen kenne, das bedeutet: ›Der Mensch ist der Feind dessen, was er nicht kennt.‹ Und ich finde, weil uns diese Begegnung mit Juden, mit dem Judentum fehlt, kennen wir das Judentum auch nicht, und der Mensch tendiert dann sehr schnell dazu, das in eine Schublade zu packen. Dann zu sagen: ›Okay, alle Juden sind gleich!‹

Wenn es dann auch noch darum geht, dass unschuldige Menschen sterben in Palästina, dass direkt gesagt wird: ›Ach, die Juden! Das waren die Juden!‹ - darauf wird schnell zurückgegriffen. Ich denke, das ist aber etwas, was allgemein eine Tendenz des Menschen ist. Das hat etwas damit zu tun, dass der Mensch allgemein das Schubladendenken hat. Dass er dazu tendiert, Sachen als negativ abzustempeln, als angsteinflößend abzustempeln, die er nicht kennt! Genauso ist es mit dieser Islamophobie! Warum haben die Menschen eine Islamophobie hier in Deutschland?«

Israel versus Juden

Ein 24-jähriger, aus einer türkischen Familie stammender Student erklärt:

»Ich kenne Juden, aber ich kann nichts über Juden erzählen. In meiner Klasse hatte ich gar keine Juden. In meiner Schule, also in meinem Jahrgang, gab es einige Juden. Es war eine Riesenschule. Ich hab' nichts gegen die Juden, aber was gegen die israelische Politik. Das können die Leute, glaube ich nicht auseinanderhalten. Also, die Gesellschaft, sagen wir bei den Moslems, bei denen es ja viel sensibler ist wegen dem Palästina-Konflikt, dem Gazastreifen, und wenn man da sagt Juden, sagen sie neeeh, keine Juden. Wem? Zu irgendeinen Mehmet draußen, da würde er – denke ich mal – sagen, neeh, ich hab' mit Juden nichts zu tun, möchte ich auch nicht, Israel, Bombe. Aber die können Israel und Judentum nicht unterscheiden. Das ist glaube ich das Problem. Ob das Thema älter ist als das Israel-Palästina-Problem? Glaube ich nicht, also, wenn man nicht über Isaak und Ismael redet.«

Oder dieser 19-jährige Student:

»Was ich über Juden weiß? Die meisten leben im Nahen Osten, in Amerika leben glaube ich auch sehr viele Juden. In Deutschland leben auch welche, ich habe keinen je gesehen. Ja, die haben viel Macht, ... wie viele in Deutschland leben? Eh, 2 Millionen vielleicht. Nein weniger, halbe Million. ... Meine Mutter sagte, die Juden sind die älteste Religion und wurden von Gott verbannt, und seitdem sind sie unser Feind. ...

Ich habe Freunde, die Juden nicht mögen. Israel und Palästina sind der Grund dafür. Wir treffen uns, reden halt so, und dann sagt jemand etwas aus den Nachrichten, sagen wir eine Bombe ist geplatzt in Gaza, und dann kommt es zu den Meinungen und es wird jemanden geben der sagt »die Scheißjuden provozieren uns wieder, und wenn wir uns wehren, sind wir die Schuldigen« ... Ja, wenn man Juden sagt, versteht man sofort Israel darunter. Manche sagen, die Juden wollen Rache wegen, was damals in Deutschland passiert ist, manche sagen, die wollen das komplette Land im Nahen Osten für sich haben, deswegen machen sie das. Ja, natürlich ist das nicht schön was damals hier passiert ist, über 6 Millionen Juden wurden damals vergast, verbrannt, das ist nicht schön. Man sagt da, Israel will da Rache nehmen, ich kenne viele, die das sagen, ob ich das auch glaube? Wenn sie wirklich Rache nehmen wollten, dann würden sie es vielleicht nicht an den Muslimen rauslassen, ... ich glaube, dass in diesem Konflikt, viele Themen drin sind.

Ich kann was gegen Juden haben, aber ich beleidige niemanden. Was ich gegen sie habe? Was sie in Palästina antun. Man sagt jüdisches Volk, und dann sagt man Israeli. Also ich habe etwas gegen das Volk, nicht gegen die Religion; das jüdische Volk oder Israel? Das jüdische Volk ist halt Israel. Also, das jüdische Volk, was in Israel lebt. Ist echt kompliziert.

Ich habe auch Geschichten im Kopf, die Israel als stark schuldig darstellen. Meine Tante kam mit ihrem Mann aus Istanbul, um Israel zu besuchen, sie wurden streng kontrolliert, misshandelt, sie wurden komplett ausgezogen, man hat ihnen gesagt, sie wollen keine Muslime. Wurden nicht reingelassen. Dabei weiß ich, dass in der Türkei viele Juden leben. Es gibt aber Juden die dagegen sind, was da passiert, aber es gibt rechtsradikale Juden.«

Dieser 22-jährige, der im Kontext des Palästina-Konflikts über Judenhass spricht, erklärt, dass er gern Juden kennenlernen würde, jüdische Freunde hätte:

»Wenn Anschläge sind, kommen immer diese Bilder auf ... und irgendwie habe ich immer das Gefühl, es wird bewusst Hass geschürt! Das heißt, die Moslems haben dann einen bewussten Hass auf die Juden, aber ich weiß nicht, ob es auf der Seite der Juden auch so ist, ob sie auch den bewussten Hass auf die Moslems haben – weil ich den Blick leider nicht habe.

Ich hätte wirklich sehr gerne jüdische Freunde, weil ich mich gerne mit denen zusammensetzen würde und austauschen möchte, wie das so ist, und wie die die Lage sehen ... und mich interessiert das wirklich sehr! Deshalb habe ich mich immer so distanziert von diesem Konflikt, weil ich gedacht habe: Wenn ich jetzt da reingehe, dann führt das nur dazu, dass Menschen extreme Gefühle haben! Entweder, sie lieben etwas sehr oder sie hassen etwas sehr – und dass man sich da irgendwie nicht einigen kann! Irgendwie hatte ich das Gefühl ... weil, wenn Sie dann auf Facebook gehen und diese ganzen Postings sehen, die da veröffentlicht wurden, und so stark emotionalen Texte wie: ›Möge Gott Euch in der Hölle schmoren lassen!‹ Das schreiben zum Beispiel Freunde aus meinem Freundeskreis, die einen muslimischen Glauben haben. Wenn es zum Beispiel von der israelischen Seite ein Bombardement gibt, wird auch geflucht ... also ... und wird auch der Hass deutlich.

Ich verstehe die Verallgemeinerung nicht! Also, warum man dann sagt: ›Alle sind so!‹ Weil ich glaube nicht, dass alle Juden wollen, dass alle Moslems sterben! Das kann ich mir nicht ... also, das kann ich mir nicht vorstellen!

Ich glaube, es ist ein unfaires Verhältnis, also ... es sterben mehr palästinensische Menschen als israelische ... so an der Zahl, würde ich behaupten.«

Klarer differenziert dieser 18-jährige, in Deutschland geborene Abiturient, dessen Eltern aus Marokko kamen. Er erklärt mit Beschuldigungen gegen Muslime aufgrund der Machenschaften des IS, wieso eine ähnliche Verallgemeinerung gegenüber Juden falsch ist:

»Warum hat man Juden nicht gern? Ich sage ganz klar, ich bin nicht antisemitisch, aber ich bin gegen die Regierung von Israel. Es gibt halt überall Antisemiten, die denken halt die Regierung sind Juden, Juden sind Scheiße. Die Menschen denken, dass Juden die Muslims vernichten wollen, und deswegen sind die meisten antisemitisch. Oder viele auf jeden Fall.

Es ist immer israelbezogen, in Verbindung mit Amerika, weil Amerika hat überall seine Hände drin. Die meisten haben ein Feindbild von Juden, ich denke anders, ich denke, die Regierung von Israel ist halt böse, aber auch wenn sie Juden sind, hat es doch nichts mit der Religion zu tun. So wie bei uns, nur, weil viele Muslims schlecht sind, sind wir nicht Alle schlecht. Ich will ja nicht, dass man sagt: ISIS ist schlecht, alle Muslims sind schlecht, das tue ich auch nicht den Juden an.«

Derselbe Interviewpartner war dabei überzeugt von einem Video auf Facebook zum Thema Misshandlungen muslimischer Frauen in Israel:

»[I]ch habe Videos gesehen, auf Facebook, wo Leute den Frauen in Israel die Kopftücher abziehen, da leben viele Muslims, aber es ist ja nicht so, dass die Muslims den Juden die Hüte, die tragen ja Hüte, abnehmen, ... ob ich das auch glaube, ich habe ein Gefühl, wenn ein Video fake ist, ich habe auch so ein Programm, da kann man erkennen, ob ein Video geschnitten ist, geschnittenen Videos glaube ich nie. Ja, sie haben einfach die Kopftücher abgezogen, in der Nähe der Hauptstadt glaube ich.«

Auch aus den Worten dieses Abiturienten kann man den Einfluss der sozialen Medien erkennen:

»Was ich über Israel weiß? Israel sagt ja, dass jeder Jude, auch der in Europa lebt, hat das Recht auf einen israelischen Pass, auch dort zu leben, hab' ich gehört. Es gibt solche, die radikaler sind, die denken, dass Juden minderwertiger sind als Muslime, die denken halt so, ich nicht. Sonst, ja ...man sieht Videos, wie Soldaten von Israel Kinder auf den Straßen aufsammeln und dann umbringen ... ich gucke so spontan, sagen wir mal ich bin im Bett, dann gehe ich hoch, dann scroll ich, dann sehe ich, dass jemand was geteilt hat, dann gucke ich mir das an, danach sieht man, wie die Palästinenser bombardiert werden oder erschossen werden, einfach auf der Straße, oder wie Soldaten kommen und kleinen Kindern den Ball wegnehmen, das wird auf Facebook geteilt, wird aber nach paar Tagen wieder auf Facebook gelöscht. Dann denkt man halt, wenn das falsch ist, wieso löscht ihr das. Politisch ist Deutschland mit Israel gut, und da wird man hier nie was Schlechtes über Israel berichten. Ich glaube, dass hier gezögert wird, bevor man Israel kritisiert. Man sagt erst, nee, das geht nicht, wegen unsrer Vergangenheit. Was man aber sagen kann ist, dass Israel in ein Land gekommen ist und sich vergrößert hat, obwohl dass sie das gar nicht durften. Auch alles, was sie mit den Palästinensern machen.

An ein Video kann ich mich erinnern - wie Soldaten kleinen Kindern den Ball wegnehmen, und die lachen das Kind aus und sagen etwas auf deren Sprache, die man gar nicht versteht. Wer das filmt? Der israelische Soldat selber ...

Keiner kann sagen, dass diese Videos fake sind. Aber viele der Videos sind fake, sie dienen als Unterhaltung, Menschen wollen solches Zeug sehen. Was würden Sie den eher schauen einen Barby-Film oder eher einen Actionfilm? Warum ich mir es anschaue? Weil es mich interessiert.«

Es wurde und wird in Deutschland mit Muslimen über das Thema des Antisemitismus geredet - sowohl mit solchen, die schon seit längerer Zeit da sind, mit solchen, die in Deutschland geboren sind wie auch mittlerweile mit neuangekommenen muslimischen Asylbewerbern. Das hört man in den Worten dieses 30-jährigen Syrers, der als Asylbewerber 2015 in Deutschland ankam:

»Ich denke, heutzutage gibt es keine Antisemiten. Sie benutzen es, die Politiker, benutzen Religionen für Kriege. So zum Beispiel im Krieg in Syrien benutzt Iran die Schiiten und Saudi-Arabien die Sunniten. In Syrien, Libanon, Palästina ist niemand Antisemit. Was Antisemit bedeutet? ... also, Es gibt ein Verhältnis zwischen dem Wort und Juden. Ich habe nicht viel darüber

gelesen, aber ich verstehe, was es bedeutet. Aber in arabischen Ländern be-
nutzen wir dieses Wort nicht. Wir haben kein Problem mit den Juden, un-
ser Problem ist mit der israelischen Regierung, Zionismus, weil sie wollten
das Land ohne Islam, und das ist Rassismus, genau wie man nicht sagen
kann, es soll in Deutschland keine Muslime oder keine Juden geben, und die
israelische Regierung will in diesem Land nur Juden, nur eine Sprache.«

Und was immer er in Syrien über Juden bereit war zu sagen, er weiß jetzt,
dass dies in Deutschland nicht geht:

>»Wenn die Syrer schlecht über Juden sprechen, meinen sie Israeli, sie sa-*
gen Juden, aber im Kopf denken sie Israeli. Es geht nicht um Religion.
Und die Leute dort sind nicht gut gebildet und machen nicht den Unter-
schied. Ich als Araber versteh', dass wenn sie Juden sagen, sie Israeli
meinen, aber ein Deutscher versteht das nicht. Ja, ich war auf der Demo,
wo man gesagt hat ›Juden ins Gas‹, aber wir sind in Deutschland, und wir
müssen die Regel respektieren. Ich hab' das gesehen, und viele Muslime
haben gesagt, nein, man darf das nicht sagen, wir sind nicht gegen die
Juden, nur gegen die Israelis. Wir leben hier zusammen. Wir können hier
zusammenleben. ... Sie haben schon Recht, weil sie gegen den Krieg in
Gaza demonstriert haben, und das finde ich richtig, aber am Ende haben
die Leute das über Juden gesagt, es gab auch solche, die dagegen waren
und die ihnen sagten, man soll nicht über Juden sprechen, das wollte ich
auch, aber mein Deutsch war zu schlecht. Wir sind in Deutschland, und
das geht nicht, in Syrien geht es, weil man nicht differenziert zwischen
Juden und Israeli. Ja ich weiß, warum sie Gas sagen, es ist wie Holocaust.
In Syrien ist es egal, aber in Deutschland geht es nicht.

Auch wenn man Juden nicht mag, muss man sie respektieren. Ich mag
auch nicht alle Palästinenser, aber ich muss sie respektieren.«

Ein 28-jähriger, in Deutschland studierender ägyptischer Student beantwortete die Frage, was wohl seine in Ägypten lebende Schwester über
Juden sagen würde, folgendermaßen:

>»Sie würde sagen, die sind böse und wollen uns etwas Böses antun. Ich*
denke, dass sie das sagen wird. Warum, das weiß ich nicht. Sie ist nicht
so sophisticated. Sie wiederholt, was andere sagen, sie hat sich damit
nicht auseinandergesetzt.«

Und er erklärt die terminologische Verwechslung zwischen Jude und Israeli so:

»In Ägypten zum Beispiel, wie auch in vielen anderen Gesellschaften, differenziert man nicht zwischen Juden und Israelis. Man schafft eine Identität. Man vermischt Antisemitismus mit Antizionismus und Israelkritik. Man weiß nicht, wo man sich bewegt. In Ägypten ist das Bildungssystem nicht gut, und wenn man alles vereinheitlich, dann ist es einfacher für die Menschen. Es werden auch Ressentiments aus dem religiösen Erbe aufgegriffen. Zum Beispiel war in der Zweiten Intifada das Buch Die Protokolle der Weisen von Zion in Ägypten ein Bestseller. Es gab Intellektuelle, die sich damit auseinandergesetzt haben. Sie sagten, das hat nichts mit unserer Solidarität mit den Palästinensern zu tun. Es handelt sich um eine Fälschung! Das hat aber keinen interessiert.

Ja, es gibt Antisemitismus in der arabischen Welt, aber, wenn man darüber redet, dann darf man nicht ahistorisch werden. Und man muss differenzieren. Und man muss sich bewusst sein, welche Quellen da benutzt werden. In vielen Fällen sind es Importe aus antisemitischen Quellen des 19. Jahrhunderts. Es sind auch Zitate aus dem Koran über die Juden im Umlauf, aber das ist dann immer eine Auslegungssache, wie man damit umgeht. Ich selbst bin ein gläubiger Mensch, aber auch den Koran sehe ich in seinem historischen Rahmen. Ein Buch seiner Zeit.«

Auch die Erklärung dieses jungen Palästinensers ist, dass man zwar differenzieren muss, aber auch verstehen kann, wieso man anstatt über Zionisten zu schimpfen über Juden schimpft:

»Unter gebildeten Muslimen findet man keinen Antisemitismus. Nicht Judenhass, aber jüdischer Staat-Hass gibt es jede Menge. Das findest du auch bei mir, jede Menge. Das muss man sehr scharf definieren. Ob es die Existenz des Staats ist, die ich hasse? Ja, wenn diese Existenz auf Kosten meiner Nichtexistenz beruht, bin ich dagegen. Fair. Sie können überall existieren - Wenn der jüdische Staat in Argentinien jetzt doch wäre, dann wären die Palästinenser, glaube ich, nicht dagegen. Aber die Argentinier schon. Ganz, ganz einfach ... Aber die Juden sind nicht meine Feinde, ich hab' mit den Israelis nicht primär einen religiösen Kampf oder Konflikt. Auch wenn Hamas es anders sieht. Ich bin nicht Hamas...

Die Israelis sagen, wir sind ein jüdischer Staat, und wenn man die Aktionen von Israel - Sachen, womit viele nicht klarkommen, sage ich so ganz neutral - im Namen eines jüdischen Staats macht, dann muss man so was erwarten. Dann ist es nicht verwunderlich, dass die Leute Antigefühle gegen alles, was mit jüdisch zu tun hat, entwickeln. Finde ich ganz, ganz einfach.«

Auch diese Palästinenserin, die zurzeit in Deutschland studiert und unter israelischer Herrschaft gelebt hat, differenziert und erklärt, wie unbedeutend die Verwechslung der Begriffe Jude und Israeli in der arabischen Gesellschaft ist:

»Ich bin prinzipiell, ich hab' kein Problem mit Israelis. Also, ich hab' ganz viele israelische Freunde. Also, ich hab' kein Problem, wenn wir nebeneinander wohnen würden, aber ich find scheiße, die Häuser von bestimmten Leuten wegzunehmen, um für andere was zu bauen. Ich weiß, für Netanjahu wurde wiedergewählt und ich war sehr disappointed, muss ich ehrlich sein, aber es passiert halt so, und ich denk mir so, es gibt trotzdem gute Leute, es gibt trotzdem Leute, die, wenn Gaza angegriffen wird, Israelis, die auf die Straße gehen und protestieren dagegen und deswegen bin ich dagegen, wenn ein Palästinenser mir sagt, ja, diese Scheißisraelis, sie sollen alle sterben, oder so, das finde ich auch super scheiße.

Seit dem letzten Gaza-Krieg ist die Situation sehr schwer, beide, auf beiden Seiten ... ist es sehr rassistisch auf beiden Seiten. Na ja, wenn man in einen Supermarkt geht als Araber und da steht so ein großes Schild auf Hebräisch: ›Hier sind Araber nicht erwünscht‹, dann weißt du direkt ... ja. Also, ich habe das selber gesehen, hab's fotografiert. Oder, ein Kumpel von mir, er hat in einem Supermarkt gearbeitet und als diese ganzen Geschichten angefangen haben, haben sie allen Arabern, die dort gearbeitet haben, gekündigt. Also, nicht mal Mitarbeiter sind erwünscht dort. Es ist schon sehr schwierig geworden, aber ich hoffe, es wird auch einfach sich beruhigen und wieder irgendwie miteinander leben normaler. Ich hoffe, ich glaub nicht daran. Ich glaub, es wird nur schlimmer, also das ist auch einer von den Gründen, warum ich dort nicht leben will. Ich glaub nicht, dass ich zurückgehe. Egal, was, ich will nicht, dass meine Kinder in so einer Atmosphäre groß werden ...

Viel Antisemitismus bei Muslimen, also so gegen Juden? Ja, würd' ich sagen, das stimmt. Ja. Also, nicht unbedingt bei mir, aber ich weiß, dass es stimmt ... Also, ich finde, Araber sind im Allgemeinen nicht gegen Juden, das ist eher eine israelische Sache. Ein Israeli zu sein und ein Jude, sind zwei unterschiedliche Sachen, also für mich auf jeden Fall. Also, ich find es ... ich habe viele jüdische Freunde hier, deutsche Juden, die schon mal in Israel waren im Rahmen dieser jüdischen Gruppen, wo man denen ihre ›Heimat‹ zeigt. Ja, und dann so tut, als würden da keine Menschen {Araber} schon leben. Man kann nicht sagen, dass man Antisemit ist, nur weil man gegen Israel ist.

Mein Opa hat immer gesagt: Mit den Menschen haben wir kein Problem, wir haben eher mit der Regierung ein Problem. Und ich find, ja, es gibt auch ganz viele, die halt am liebsten keinen Araber mehr dahaben wollen, gehen auch auf Demos, wo sie sagen, Tot für Araber, oder so. Gibt's auch, aber ... Es gibt auch Juden, die mit uns auf Demos gehen, die wissen ganz genau, dass das, was da gemacht wird, ist falsch, gegen jede Religion ... Nein, ich rede nicht mit Hass, wenn jemand zum Beispiel sagt, so, die Juden, oder so was, ich finde, das darf man nicht so sagen. Weil das sind Menschen, also was soll das, also ich find, im Allgemeinen, wenn man sagt, am liebsten würde ich jetzt alle Israelis, die Jerusalem, also in Israel, wohnen, ins Meer werfen und dann unsere eigene Heimat wiederhaben. Ich find, jetzt funktioniert das nicht mehr, wir können die nicht mehr ins Meer werfen, sie uns auch nicht. Wir sind zu viele, sie sind auch zu viele, und wenn wir nicht lernen, zusammen zu leben, das wird auch nicht funktionieren.

Ein Antizionist ist gegen Israel, ist gegen, wenn man halt gegen dieses Regierungssystem ist. Ich bin dagegen, dass man jetzt sagt, in dem Krieg zum Beispiel damals wurden ganz viele palästinensischen Familien weggeschickt, die im Libanon wohnen, die in Amerika wohnen, die hier in Deutschland wohnen. Es gibt ganz viele Palästinenser überall auf der Erde, die können niemals nach Jerusalem zurückkommen und leben, aber jeder Jude, sagen wir, wenn man jetzt eine jüdische Mutter hat, in der Ukraine geboren ist oder anderswo, er hat das Recht, jetzt zu sagen, ich geh jetzt nach Israel und will dort leben, das finde ich unfair.

Also, im Sommer, als hier ... im letzten Gazakrieg, da gab's hier solche Demonstrationen. Mhm, ja. Ich hab' dagegen demonstriert, dass man das aufhört, diese kleinen Kinder umzubringen in Gaza. Weil ich habe schreckliche Bilder jeden Morgen gesehen und das wollte ich nicht mehr sehen. Ein Muslim mit einem Schild ›Juden ins Gas‹ habe ich nicht gesehen. Das ist respektlos ... also, ich glaub Sie wissen, wie ich denke...

Man sagt, die Juden haben das und das gemacht, man sagt nicht, die Israelis haben das und das gemacht. Ich glaube, das ist viel einfacher Jude zu sagen, als Israeli. Weil bei uns ist es auch fast immer klar, dass die die Israelis und das sind die Juden. Verstehen Sie, was ich meine? Zum Beispiel der Soldat, der dastand, sagt man nicht, der israelische Soldat; der Jude hat das und das gemacht. Ja. Das sagen Leute so, weil es einfach vom Wort her so ist. Yahud hat das und das gerade gemacht, man sagt nicht, der Zionist hat das und das gemacht. Weil ist halt in der Sprache schon viel einfacher, Jude zu sagen. Das ist wirklich nur im Hocharabisch, aber so umgangssprachlich sagt man immer yahudi, immer. Und ich glaube wirklich nicht, dass man gegen alle Juden auf der ganzen Erde ist, und ich glaub, wenn man wirklich mit Leuten darüber redet und fragt, was ist Israeli für dich oder Zionist für dich und was ist ein Jude für dich, würden ganz viele sagen, der Jude, der hier in Deutschland wohnt, stört mich nicht.

Auch ich verwechsele yahudi und Israeli, ohne dabei viel zu denken, unbewusst und meine damit nicht alle Juden der Welt. Und selbst im Koran gibt's bani israil und es gibt yahudi, zwei Begriffe, und die sind nicht gleich. Aber man benutzt sie.«

In einem Gespräch mit zwei Brüdern - einem 24-jährigen und einem 22-jährigen in Deutschland geborenen Palästinenser - sagte der ältere:

»Das israelische und das jüdische Thema würde ich auf jeden Fall trennen. ... Was Israel angeht, bin ich in jeder Hinsicht kritisch ... Meine Eltern hatten zwar den Hass gegenüber Israel, aber sie haben immer gesagt, das hat nichts mit Juden zu tun. Wenn es zum Beispiel in Deutschland so viele Muslime gibt, die antisemitisch sind, dann sehe ich da Unwissenheit. In unserer Familie wird das getrennt.«

Die Meinung, die Behauptung, nichts gegen Juden zu haben und nur anti-Israel zu sein, sei scheinheilig, erklärte dagegen der jüngere Bruder, der seine eigene Entwicklung schildert, von dem Hass erzählt, zu dem er erzogen wurde und von dem er sich distanziert hat. Auch ist seine Beschreibung des Elternhauses anders:

»Ich sage es immer so: Schlaue Muslime separieren Juden und Israelis auf scheinheilige Art. Meinem Vater ist es egal, wen er hasst: Juden oder Israelis. Der sagt, ich hasse Juden, der sagt auch, ich bin Antisemit. Er wurde

durch den Krieg usw. traumatisiert. Aber wie ist es bei den Menschen, die in Deutschland aufwachsen? Es ist Antisemitismus, was sie fühlen. Aber was sagen sie in der Schule? Ich habe nur was gegen Israelis, gegen Juden habe ich nichts. Wenn meine Eltern hassen, hat es eine Berechtigung, ich habe Verständnis dafür. Aber mir geht es um die Generation von heute. Wie kann ein Mensch hassen, der nicht direkt betroffen ist? Wirklich erlebt habe ich nicht, also kann ich auch nicht wirklich hassen. Meinen Eltern zuliebe habe ich das mitgemacht. Mir war es ein Dorn im Auge, dass ich das nie mit jüdischen Menschen thematisieren konnte, dass ich nie die Möglichkeit bekommen habe, mit ihnen in Austausch zu gehen.«

»Meine Eltern sind Palästinenser ... Sie haben im Libanon, im Flüchtlingslager, gelebt, als der Krieg zwischen Libanon und Israel war. Haben das voll miterlebt. Mein Opa kam in Palästina aus Haifa und ist ausgewandert, geflüchtet in den Libanon.

Erzogen wurden wir, würde ich sagen, mit einer sehr antisemitischen Haltung. Bei uns ist der Punkt entscheidend, dass wir auch Grundbesitz in Palästina haben, den wir bis heute nicht verkauft haben, wir besitzen noch die Papiere. Die Schlüssel zu den Häusern. Mein Großvater war im Besitz von allem. Meinem Vater war es sehr wichtig, dass wir in dem Sinne erzogen werden: ›Ich habe ein Land! Ihr habt ein Land.‹ Beides wurde kommuniziert, ein Land und Grundbesitz. Wir haben eine sehr ausgeprägte palästinensische Identität gehabt, eine sehr nationalistische. Die ganze Familie. Vor allem väterlicherseits. Wegen des Status, den wir in Deutschland hatten, war das die einzige Identität, mit der ich mich identifizieren konnte. Und Juden wurden stark thematisiert. Ich hatte einen sehr starken Judenhass, das war richtig ausgeprägt, vor allem bei mir. Aber ich habe immer viele Fragen gestellt, im Gegensatz zu meinen Brüdern. Ich habe nie Antworten auf meine Fragen von meinen Eltern bekommen. Darum habe ich die Fragezeichen immer in meinem Kopf behalten. Ich habe das alles nicht verstanden. Ich hatte immer diesen Hass in mir, vor allem, wenn ich Nachrichten, Al Jazeera, generell nur arabische Fernsehsender, gesehen habe. Kinder beobachten auch immer sehr genau, was die Eltern machen. Sie haben sich immer sehr stark über die Politik aufgeregt. Vor allem darüber, was in dem Nahostkonflikt passierte. Meine Mutter versucht heute, eine liberalere Haltung einzunehmen unterdessen, aber nach ein paar Fragen merkt man, dass da viel Hass ist. Ich konfrontiere meine Mutter oft mit meiner jetzigen Haltung, meinen Vater auch ab und an, ich wohne noch bei meinen Eltern. Ich frage dann beispielsweise, wie das ist, wenn ich Freunde habe, die Juden sind oder Israelis. Da reagieren sie sehr, sehr empfindlich. Dann kommen sofort Verschwörungstheorien, denen kannst du nicht trauen, du weißt nicht, was die mit dir machen. Was weiß ich …

Ich kann dir tolle Geschichten erzählen. Ich habe mir meinen Kopf richtig kaputt gemacht, wenn es darum ging. Früher habe ich gedacht, wenn ich einen Israeli kennen lerne, dann reiße ich ihm den Kopf ab. So einen Hass hatte ich in mir, mit vierzehn, fünfzehn Jahren. Daran sieht man, was das für eine Erziehung war. Im arabischen Raum werden alle Kinder antisemitisch erzogen. Der Jude ist eine Ratte, sie sind von Gott verflucht, sie sind unberechenbar. Das sind meine Erfahrungen, wen auch immer ich aus dem arabischen Raum kennenlerne, ist ein Antisemit. Wenn ich mich früher als deutsch-Palästinenser vorgestellt habe, war das erste, was die Leute, Türken oder Syrer, wer auch immer, gesagt haben, war ›Scheißjuden!‹ Als Kommentar auf meine Aussage, dass ich Deutsch-Palästinenser bin.

Früher habe ich gehasst, das war für mich normal, eine solche Haltung zu haben. Wie meine Brüder, Cousins, Verwandte und Bekannte. Das war ganz normal. Ich habe alles von einer Seite gesehen. Ich habe miterlebt, wie Cousins und Onkel von mir in Palästina gestorben sind. In Gaza, ich habe heute noch Familie, die in Gaza lebt. Jedes Mal, wenn etwas passiert fragt man sich, geht es denen gut, geht es denen schlecht? Natürlich hasst man.

Aber jetzt kommt der nächste Punkt. Meine Haltung jetzt: Kinder, die in Europa, in Deutschland groß werden, auch sie werden damit erzogen, aber es sind Kinder, die so etwas überhaupt nicht erlebt haben. Deswegen ist dieser Hass ein anderer. Alle zweifeln tief in ihrem Inneren an dieser Sphäre, daran, ob das wirklich richtig ist. Man kennt diese Menschen ja nicht. Ich kenne ja keine Israelis, ich kannte nie welche. Und deswegen habe ich alles, was meine Eltern über diese Menschen erzählt haben, habe ich natürlich geglaubt. Aber meine Eltern kannten die. Früher habe ich geglaubt, deswegen habe ich ja gehasst. Ich habe genau das gesehen, dass sie Mörder sind, dass sie Araber hassen, dass sie kein Herz haben diese Menschen. Und egal, was die Palästinenser machen, die sind erst mal unschuldig. Heute ist Deutschland mein Land, aber auch das, was mein Vater mit seinen Papieren besitzt. Das hat mein Urgroßvater damals gekauft und weitervererbt. Das ist etwas, was mir wichtig ist. Das gehört zu meiner Familienbiographie.

Womit ich mich auseinandergesetzt habe, ist dieser Hass. Ich habe viele heftige Sachen gesagt, ich habe es richtig auf die Spitze getrieben. Zum Beispiel in der Schule, wenn wir über das Thema Zweiter Weltkrieg und Judenvernichtung gesprochen haben, ich habe letzteres nicht nur begrüßt, sage ich mal, sondern ich habe gesagt, warum hat Hitler nicht alle getötet? Das habe ich offen gesagt, ich habe nie ein Blatt vor den Mund genommen.

Mit dreizehn, vierzehn habe ich angefangen zu reflektieren. Es war eine Unruhe in mir, desto reflektierter ich war, umso schwerer war der Hass zu halten. Das schwere Leben meiner Familie hat sich bis zu mir in der vierten Generation fortgesetzt, auch ich hatte diese Steine im Weg, das stimmt. Obwohl ich eigentlich freie Fahrt haben müsste. Das ist sehr schwer! Aber was bringt mir dieser Hass, inwiefern habe ich recht mit diesem Hass?«

Oft beruhen Vorurteile, Misstrauen und Hass auf der mangelhaften und inkorrekten Kenntnis einer Sachlage. Dies kam auch bei vielen meiner Gesprächspartner zum Vorschein. All diese Stimmen sind nicht repräsentativ, und daher sollte man sich aus denen, die sagten, dass sie gern Juden kennenlernen möchten, kein utopisches Lösungsmodel erdichten. Nichtsdestotrotz wäre es falsch, solche Wünsche zu überhören und zu glauben, dass es nur unabänderlichen Judenhass unter Muslimen gäbe.

Zusammenfassung und Ausblick

Der Ausgangspunkt für die Frage dieses Buchs »Muslimischer Antisemitismus: Eine Gefahr für den gesellschaftlichen Frieden in Deutschland?« war die weitverbreitete Wahrnehmung von Muslimen als antisemitisch, die besonders in der jüdischen Gemeinde für Ängste, gar an Panik grenzende Ängste sorgt. Um das Thema anzugehen, müssen drei Fragen beantwortet werden: Worum geht es? Wie schlimm ist es? Was kann man dagegen machen?

Worum geht es?

Die ersten Bilder, die einem bei diesem Thema in den Sinn kommen, sind Muslime auf Demonstrationen, wo »Juden ins Gas«, »Kindermörder Israel« oder »Jude, Jude, feiges Schwein, Komm heraus und kämpf allein!« skandiert wurde, oder auch Anti-Israel-Demonstrationen, auf denen die israelische Nationalflagge mit dem - als jüdisches Symbol bekannten - Davidstern verbrannt wurden. Diejenigen, die sich für das Thema interessieren, wissen, dass muslimischer Antisemitismus regelmäßig Schlagzeilen macht, besonders dann, wenn Muslime gegen Israel demonstrieren. Einige kennen die Berichte über jenen jüdischen Berliner Schüler, der in seiner Schule so lang von muslimischen Mitschülern gemobbt wurde, bis seine Eltern ihn die Schule wechseln ließen. Auch werden sich nicht wenige an die öffentlich geäußerten Sorgen des Zentralrats der Juden in Deutschland und seine damit verbundene Forderung einer »Obergrenze« für muslimische Asylbewerber erinnern.

Die von mir geführten Interviews mit über 70 in Deutschland (teilweise auch England) lebenden Muslimen, zeigten

a. ein Repertoire von Stereotypen, Vorurteilen und Verschwörungstheorien;
b. dass bei den Interviewpartnern, auch wenn sie gläubig waren, der Koran keine Rolle für die Meinung über Juden spielte;

c. wie zentral der Nahost-Konflikt für die Meinungen über und die Einstellungen zu Juden ist;
d. wie verbreitet die Verwechslung der Begriffe Jude, Zionist und Israeli ist.

Haben diejenigen, die sich mit ihren Ansichten irgendwo zwischen Besorgnis und Panik befinden, Recht? Viele der Aussagen in den von mir geführten Interviews scheinen dies zu bestätigen - könnte man meinen. Und dabei handelt es sich nicht um die Stimmen aufgeregter Halbwüchsiger oder von Menschen, die durch aktuelle Kriegsberichte aufgewühlt und emotional geladen sind und oft nicht einmal verstehen, was die Slogans, die sie mitschreien, bedeuten. Hier wurden Gespräche in ruhiger Atmosphäre geführt, mit genügend Zeit zur Reflektion, und die Interviewpartner waren zum großen Teil Universitätsstudenten oder Graduierte. Obwohl man bei dieser gebildeteren Bevölkerungsgruppe eine gewisse Sensibilität für politische Korrektheit erwarten dürfte, wurden viele Vorurteile über jüdischen Reichtum, jüdisches Geld und jüdische Macht geäußert und detailliert beschrieben. Die Zustimmung zu der Meinung, dass Juden sehr reich seien und über zu viel Einfluss verfügten, ob in Politik oder Wirtschaft, war von vielen zu hören. Sie gilt bei Demoskopen gemeinhin als Indikator für die Vermessung von Antisemitismus.

Interessant ist, wie weit solche Geschichten verbreitet sind, und auch wenn jemand bei dem Glauben an die jüdische Omnipotenz zögert, scheinen diese Geschichten oft Teil des kulturellen Milieus zu sein und sind meinen Gesprächspartnern vertraut - wie zum Beispiel der jungen Ingenieurin, deren Meinung beim Thema jüdische Weltherrschaft wechselte von »das glaube ich wirklich« zu »aber ich weiß nicht, wie weit das stimmen kann«. Ob sie sich der Sache tatschlich nicht sicher war, als sie zuerst und ohne viel Nachdenken »aus dem Bauch heraus« erklärte, sie glaube daran, und dann, als sie sich mehr mit dem Thema beschäftigte, doch beschloss, »vom Kopf aus« ein Fragezeichen zu setzen? Oder setzte bei ihr im weiteren Gespräch die politische Korrektheit ein, nachdem sie zuerst ihre wahre Meinung geäußert hatte?

Bemerkenswert dabei ist, dass diese vermeintliche Potenz der Juden beinah nie im Zusammenhang mit dem eigenen Leben, den eigenen Verhältnissen oder eventuellen Nachteilen für Muslime in Deutschland angeführt wird. Und doch sprachen einige Interviewpartner über den komparativen Vorteil, den jüdische Einrichtungen in Deutschland genießen im Vergleich zu muslimischen. Hier spielt Konkurrenzdenken mit, indem eine große Minorität eine andere sehr kleine um ihren Erfolg und Status in der Mehrheitsgesellschaft beneidet. Einige Interviewpartner beklagten die Tatsache, dass jüdische Einrichtungen viel Polizeischutz erhalten, während Moscheen alleingelassen werden, auch wenn sie Gefahren ausgesetzt sind. In einer Bevölkerung, in der oft die Meinung anzutreffen ist, dass die Polizei sowieso gegen sie eingestellt ist, dient der Polizeischutz für die Synagoge als weiterer Beweis dafür, dass die Juden auf der Seite ihrer Gegner stehen. Zumindest liefert dies einen vermeintlichen Beweis für die Macht der Juden. In solchen Fällen wird manchmal über »Opferkonkurrenz« gesprochen: Da der Holocaust die Erklärung für die erhöhte Empfindlichkeit der deutschen Politik gegenüber Juden und deren Sicherheitsbedürfnis ist - ob in Deutschland oder Israel -, gibt es auch Stimmen, die versuchen, den Holocaust zu leugnen oder auf jeden Fall zu relativieren. In diesem Zusammenhang werden manchmal Vergleiche gezogen mit der Behandlung der Palästinenser durch Israel.

Tatsächlich wurde die Macht, die Juden angeblich haben, beinah von allen als Erklärung dafür genannt, dass Israel freie Hand gegenüber den Palästinensern habe. Das Israel-Palästina-Thema war in den Interviews das Hauptmotiv, um negative Einstellungen zu Israel, aber auch zu Juden zu begründen.

Eine angeblich jüdische Eigenschaft, nämlich eng vernetzt und den eigenen Leuten und Israel treuer zu sein als dem Land, in dem sie leben, wird oft negativ beurteilt, und die Zustimmung zu dieser Meinung wird in einigen Umfragen als Indikator für antisemitischen Einstellungen verwendet. Einige meiner Interviewpartner, die den Zusammenhalt der Juden miteinander wie auch deren Treue zu Israel erwähnten, taten das oft mit Respekt und sogar Neid. Letzten Endes ist das Konzept der Bindung und Treue einer Diaspora Community zu ihrer Heimat - was immer dieser Begriff beinhaltet - einer anderen »fremden« Gruppe nicht fremd.

Dafür, dass das Israel-Palästina-Thema so zentral in den Aussagen meiner Interviewpartner war, kannten sie sich in der Geschichte und Entwicklung dieses Konflikts nicht besonders gut aus. Für das Ergreifen einer Seite genügt die Identifikation mit ihr, es ist keine seriöse Auseinandersetzung mit den historischen Tatsachen erforderlich, die einen sowieso schnell in das Dilemma führen würde, welchem Historiker und welcher Quelle man glauben kann und soll. Ein für dieses Thema relevantes Phänomen ist die weit verbreitete und fast allgemeine Begriffsverwechslung zwischen Juden, Zionisten und Israelis. Beinah keiner der Interviewpartner war in der Lage, den Begriff Zionist oder Zionismus richtig zu erklären. Nicht nur das Verständnis des Begriffs Zionist ist unklar, sondern auch die Benutzung des Begriffs Jude. Im letzten Kapitel wurde diese Begriffsverwirrung ausführlich beschrieben und erklärt. Evident war, dass, wann immer negative Einstellungen zu Juden geäußert wurden, diese mit israelischer Politik, mit der Situation der Palästinenser oder, bei ganz wenigen, mit der Tatsache erklärt wurden, dass ein nichtmuslimischer Staat auf einem Territorium, das ihrer Ansicht nach muslimisch ist, existiert. Direkte religiöse Begründungen, der Koran, andere heilige Schriften oder Äußerungen des Propheten Mohammed wurden auch von offensichtlich gläubigen Gesprächspartnern nicht für ihre Meinung über Juden ins Feld geführt.

Wie die Zitate aus den Interviews zeigen, äußern Muslime reichlich Parolen und Einstellungen, die als antisemitisch gelten. Sie sprechen über Israelis, sie sprechen über Zionisten und sie sprechen über Juden. Anders als bei einigen Nichtmuslimen, die ihre antijüdischen Gefühle aus politischer Korrektheit oder wegen der allgemeinen Tabuisierung des Antisemitismus in anti-israelische Aussagen umleiten, kann man davon ausgehen, dass es sich bei den meisten Muslimen, die negativ über Israelis oder Zionisten sprechen, nicht um getarnten Antisemitismus handelt. Bei ihnen existiert ein direkter Bezug auf den ungelösten Territorialkonflikt, weil sie entweder persönlich von ihm betroffen sind oder weil sie sich mit den Betroffenen aus panarabischen Gründen oder solchen, die die »muslimische Weltgemeinschaft« betreffen, identifizieren.

Was aber, wenn Muslime sich gegen Juden äußern? Was ist mit den vielen Vorurteilen, die von meinen Interviewpartnern über jüdisches Geld und jüdische Macht geäußert wurden, Vorurteile, die sich auf Juden beziehen, nicht auf Israelis, oder die Hassparolen, die auf Anti-Israel-Demonstrationen von Muslimen gegen Juden gebrüllt werden?

Die deutsche Schriftstellerin Angelika Schrobsdorff, die über zwanzig Jahre in Jerusalem lebte, beschreibt drei kurze Episoden, die genau dieses Thema illustrieren.[202] Es war in den Jahren der ersten Intifada, und Schrobsdorff berichtet über ein Gespräch, das sie mit einem gut befreundeten Palästinenser führte:

»»Was sagst du?«

›Schlecht, sehr, sehr schlecht. Jeden Tag ist einer, zwei, drei tot und zehn zwanzig, dreißig verwundet. Jungens, keine Männer. Warum schießen die Juden auf Kinder?‹

Juden? Warum hatte er Juden und nicht Israelis gesagt? ... Nein, er ge-
hörte nicht zu den Palästinensern, die das Wort nicht in den Mund nah-
men. Ich hatte ihn schon oft Israeli oder Israel sagen hören, auch wenn es
immer so klang, als hätte er Schwierigkeiten, es auszusprechen.«

Über einen Besuch in einem Spital im Gazastreifen schrieb sie:

»Er war ein alter, robuster Mann mit gebrochenem Arm und Bein und
krähender Stimme. ›Die Juden sind in mein Haus gestürzt und haben erst
meine Sachen und dann auch mich kaputt geschlagen‹.«

In einem Spital in Ostjerusalem sprach sie mit einem 14-jährigen Jungen,
dem israelische Soldaten ins Knie geschossen hatten. Der Junge gibt zu,
Steine geschmissen zu haben, und erklärt: »Ich tue es, weil ich mein Land
gegen die Juden verteidigen muss.« Auf die Frage, ob er den Unterschied
zwischen Juden und Israelis kennt, sagt er: »Es gibt nur Juden. Nein es gibt
keinen Staat Israel.« Auf die Frage, ob er sich vorstellen könne, dass es
auch gute Juden gibt, Juden die man gerne hat, antwortet er: »Kein
Mensch hat die Juden gern.«

Sind dieser Hass, diese Parolen, diese Vorurteile antisemitisch? Sind die
Personen, die sie äußern, Antisemiten? Der erste Gedanke wäre, ja. Judenhass ist halt Antisemitismus. So einfach ist es aber nicht. Wer sich
dazu eine Meinung bilden will, kommt nicht daran vorbei, die Problematik der Definition von Antisemitismus zu verstehen. Auf die Definitions-
frage gibt es - wie ich im ersten Kapitel beschrieben habe - keine klare
Antwort. Die Experten konnten sich bislang nicht auf eine Definition einigen. Die von mehreren politischen Gremien autorisierten Definitionen,
deren Zweck es ist, die Polizei- und Präventionsarbeit zu steuern, sind
das Resultat langwieriger Verhandlungen und aggressiver Lobbyarbeit
mehrerer Interessengruppen. Ob man überhaupt eine akzeptierte und
akzeptable Definition finden kann, ist fraglich. Eine meines Erachtens
treffende Definition ist die des britischen Philosophen Brian Klug: »Antisemitismus ist eine Art Feindseligkeit gegen Juden als ›Juden‹«. Klugs
»Juden« sind fantastische Figuren mit angedichteten Eigenschaften und
Kräften. Daher ist Antisemitismus eine auf falschen Tatsachen beruhende Feindseligkeit gegen Juden.
    Die drei Stimmen in Schrobsdorffs Buch sprechen über Juden und mei-
nen damit Israelis oder diejenigen Juden, gegen die sich die Sprecher
verteidigen müssen oder wollen, weil sie ihr Land besetzen. Sie meinen

damit nicht Juden als »Juden«. Sie denken dabei nicht an ihnen ange-dichtete Eigenschaften, sondern an die Waffen, die sie benutzen. Dies ist auch der Fall bei anderen Muslimen, besonders häufig dann, wenn sie aus arabischen Ländern stammen. Sie sagen »Jude« und meinen damit »Israeli«. Das kann nicht oft genug gesagt werden. Wenn zum Beispiel in Reaktion auf ein israelisches Bombardement von Gaza auf einer De-monstration »Jude, Jude, feiges Schwein« oder »Juden ins Gas« skandiert wird, sind damit weder die Londoner noch die New-Yorker Juden ge-meint, sondern die Israelis. Das macht es einem Zuschauer nicht ange-nehmer und ist besonders für Juden schwer zu ertragen. Doch sei klar gesagt: Auch hier wird »Juden« gerufen, und »Israelis« sind gemeint. Es gibt aber auch Muslime, die Juden meinen, wenn sie von Juden spre-chen, und zwar Diaspora-Juden, und nicht - oder nicht nur - Israelis. Und was ist, wenn diese Menschen im Zusammenhang mit dem Israel-Paläs-tina-Konflikt Juden hassen? Hier muss man differenzieren, je nach Be-gründung: Wenn Diaspora-Juden gehasst werden, weil sie Israel unter-stützen, dann werden sie wegen spezifischer feststellbarer Handlungen beurteilt. Diejenigen Muslime, die Ideen über jüdisches Geld, jüdische Macht und Machenschaften zustimmen, die es Israel angeblich ermög-lichen, Palästinenser zu demütigen, fallen unter Klugs Definition: Mit der Idee, dass Juden besondere Eigenschaften haben, aus denen eine Feind-seligkeit gegen Juden als »Juden« entsteht, verhalten oder äußern sich die Sprecher antisemitisch.

Selbstverständlich ist die Behauptung oder Meinung antisemitisch, dass Israel Kinder tötet, weil Juden schon immer Kindermörder waren. Doch wie soll der Ruf »Kindermörder Israel«, der manchmal auf Anti-Israel-Demonstrationen zu hören ist, bewertet werden? Der Konflikt zwischen Israel und seinen palästinensischen Gegnern hat unter anderem die Fol-ge, dass Israel auf Zivilisten zielt, unter denen sich, nach Israels Ansicht, Terroristen befinden. Dadurch entsteht, was in euphemistischer Sprache ein Kollateralschaden genannt wird. Das heißt: Es sterben unschuldige Menschen, und darunter auch Kinder. Und auch wenn man schon von vielen Kriegsberichten abgehärtet ist, lassen die Bilder von getöteten Kindern wohl keinen kalt. Was kann böser und niederträchtiger sein, was kann mehr gegen jedes Verständnis von Kriegsrecht und (wenn es so was überhaupt gibt) Kriegsethik verstoßen, als Kinder des Feindes umzu-bringen? Die Bilder der toten Kinder werden gezeigt und werden von der palästinensischen Seite instrumentalisiert, um mit ihnen Empathie für die Palästinenser und deren Causa zu wecken sowie Antipathie gegen und Kritik an Israel. Für Juden ist der Slogan »Kindermörder Israel« aber was ganz Anderes. Für sie ist diese Devise direkt verbunden mit jenen alten antisemitischen Verleumdungen, die in Europa kursierten und so viele Juden das Leben gekostet haben - nämlich jenen, dass Juden christliche Kinder entführen und umbringen würden. Viele Juden werden kein Verständnis dafür haben, dass man »Kindermörder Israel« ruft, obwohl in so vielen Kriegsregionen der Welt Kinder sterben. Sicherlich wird so ein Schild oder Slogan bei bestimmten Menschen antisemitische Saiten zum Schwingen bringen und sie daran erinnern, dass die bösen Juden, die früher für ihre Zwecke christliche Kinder ermordet haben, nun als Israelis auch keine Hemmungen haben, muslimische Kinder umzubringen. Doch lautet unsere Frage, ob dieser Slogan ein Beweis dafür ist, dass die, die ihn äußern, Antisemiten sind. Die Antwort darauf lautet: Nein. Oder: Nicht unbedingt. Jemand mag einen guten Grund haben, Kindermörder Israel zu rufen, nachdem er einen Bericht über Gaza gesehen hat. Dass Juden dadurch gekränkt und verängstigt sind und dass einige Nicht-Juden sich in ihrem Antisemitismus bestätigt fühlen, wird den Gestalter des Schilds nicht stören.

Doch gibt es auch Muslime, deren Einstellung zu Juden zweifellos antisemitisch ist: Eine Feindseligkeit gegen Juden als »Juden«. Wie zum Beispiel ein Zitat aus der türkisch-islamistischen *Millî Gazete* zeigt:

>*In unserem Land gibt es zwei Sorten Menschen. Auf der sichtbaren Seite sehen sie aus wie Muslime und Türken. Auf der Rückseite der Medaille sind es Juden. Sie bringen ihre eigenen inkompetenten Personen in die wichtigsten Ämter und Stellen und vergreifen sich an den Einkünften der Türkei ... Verdammt seien sie.*«[203]

Hinterhältig, als Nicht-Juden getarnt, würden sie, so der Autor, die Türkei plündern. Millî Görüş soll sich in letzten Jahren angeblich von solch extremen Äußerungen distanziert haben. Nichtsdestotrotz existieren und zirkulieren sie.

Wie schlimm ist es?

Anders als beim abendländischen Judenhass, der auf dem Vorwurf des Gottesmordes basiert, von Kirche und Staat geschürt wurde und sich nach Jahrhunderten in eine säkulare Judenfeindschaft, auch Antisemitismus genannt, umformte, ist Judenfeindschaft unter Muslimen ein spätes Phänomen. In den Moscheen wurde nicht wöchentlich über Juden als Gottesmörder gehetzt. In muslimischen Ländern waren Juden, wie andere Nicht-Muslime, zwar eingeschränkt in ihren Rechten und galten als Menschen zweiter Klasse. Sie waren auch sporadisch physischer Gewalt ausgesetzt. Doch haben die Einstellungen und Handlungen in muslimischen Ländern nie die Tiefen und Barbarei der christlichen Judenverfolgung erreicht.

Und doch gibt es, wie Kapitel 4 beschreibt, in der Tat einen virulenten und gefährlichen islamistischen Judenhass. Dieser für Juden gefährliche Antisemitismus ist Teil des radikalen Islams, dem zurzeit nur eine kleine Minderheit der 1,6 Milliarden Muslime auf der Welt angehört. Der radikale Islam, der die Muslime als Feinde sieht und bekämpft, die ihm nicht folgen wollen und seine Vorstellung über einen islamischen Staat nicht teilen, ist daher vor allem eine Gefahr für die Mehrheit der Muslime, die nicht in einer theokratischen Diktatur leben möchten. Wie die Radikalen ihre »Glaubensbrüder« behandeln und welche Gewalt sie bereit sind einzusetzen, um ihr Weltbild zu fördern, konnte man in der jüngeren Vergangenheit feststellen.

Wenn diese extremistische Bewegung ihren Weg unter Muslimen machen und irgendwann zur dominanten Macht in der muslimischen Welt werden sollte, werden zuerst Millionen Muslime ihre Freiheit verlieren und religiös-diktatorischen Regimen unterworfen. Doch möchte der radikale Islam die ganze Welt erobern, und damit wäre natürlich auch die nicht-muslimische Welt gefährdet. Daher liegt es im gemeinsamen Interesse sowohl der westlichen Demokratien wie auch nicht-muslimischer Diktaturen und autokratischer Regime, der Verbreitung des radikalen Islams ein Ende zu bereiten. Und natürlich ist das auch ein Kernanliegen des jüdischen Volks.

Über den Zusammenhang zwischen der Gewaltbereitschaft von Radikalen und aus dem Nahost-Konflikt stammenden antijüdischen Einstellungen, die unter Muslimen verbreitet sind, herrscht Verwirrung. Diese fördert auch Fehleinschätzungen über die Größe der Gefahr, was besonders in den jüdischen Gemeinden verbreitet ist. Medienberichte über spektakuläre, von Extremisten begangene antisemitische Gewalttaten tragen mit zu dieser Verwirrung bei.

Wie es wenig Sinn macht, zu behaupten, dass es keinen Antisemitismus unter Muslimen gäbe, ist es unehrlich, alle 1,6 Milliarden Muslime weltweit in einen Topf zu schmeißen. Wie in diesem Buch gezeigt, spielen bei den antijüdischen Einstellungen und Einschätzungen der meisten Muslime mehrere Faktoren eine Rolle: Dazu gehören die Frage, was Antisemitismus überhaupt ist und der Kampf um seine Definition, ferner die Problematik der Vermessung des Antisemitismus, der Konflikt um Israel-Palästina, das Ignorieren der terminologischen Vermischung zwischen Jude und Israeli, das Einreißen der Differenzierungsmauer zwischen Israel und Judentum, und, last but not least, die Interessengruppen und Lobbys mit ihren Aktivitäten. Sie alle dominieren den Diskurs und die Wahrnehmung des Themas muslimischer Antisemitismus.

Beinah jeder, dem ich über mein Forschungsprojekt, aus dem dieser Band entstanden ist, erzählte, schaute mich mit fragender Miene an: »Ja, das ist doch klar, was ist da überhaupt zu recherchieren? So ist es halt.« Diese Meinung - die genaugenommen ein auf Muslime bezogenes Vorurteil ist - kriegt man regelmäßig serviert.

Der Antisemitismusvorwurf wird sowohl von Israel als auch von einigen jüdischen Organisationen instrumentalisiert, und er spielt damit, besonders was den Nahost Konflikt betrifft, eine ähnliche Rolle wie die Rassismus- und Kolonialismus-Vorwürfe, die als antiisraelische Waffe von Israels Gegner gebraucht werden. Diese negativ konnotierten Begriffe probiert man, der Gegenseite anzuheften, um den Gegner in der öffentlichen Meinung zu diskreditieren. In der Folge werden Ergebnisse demoskopischer Untersuchungen zum Thema Antisemitismus, deren Problematik und Schwächen ich in einem separaten Kapitel dargelegt habe, öfters skandalfreudig, auch manchmal kalkuliert und manipulativ eingesetzt. Diese Politisierung, die letzten Endes einer Art Hetze gegen Muslime gleichkommt, ist unehrlich und, wie so oft in der Politik, kurzsichtig. Die unattraktiven und wohl auch ungewollten Bettgenossen dieser Bemühungen sind die rechtpopulistischen Parteien, wie zum Beispiel die AfD, die im letzten Wahlkampf erklärte, dass sie »eine der wenigen politischen Garanten jüdischen Lebens auch in Zeiten illegaler antisemitischer Migration nach Deutschland« sei.[204]

Was kann man dagegen machen?

Mit Blick auf die vom radikalen Islam ausgehende Gefahr ist die logischste Strategie, sein Wachstumspotenzial, den Boden, auf dem er agiert und gedeiht, auszutrocknen. Bei Muslimen, die in westlichen Ländern leben, ist die Antwort: Integration. Dazu gehört aber eine positive Einstellung und Offenheit dem Islam gegenüber und eine Bereitschaft zum Zusammenleben statt der weitverbreiteten Islamophobie, der Muslime durch die nichtmuslimische Welt ausgesetzt sind.

Auch was die verbreiteten antijüdischen Einstellungen und Handlungen unter Muslimen, die nicht radikal sind, betrifft, ist noch viel Arbeit zu leisten. Jüdische zionistische Politik war erfolgreich in ihren Bemühungen, eine Heimstätte für die Juden zu etablieren. Die palästinensische Seite hat ihr daraus entstandenes Problem bisher nicht lösen können. Verständlicherweise identifizieren sich viele der Diaspora-Juden mit Israel, dem Land der Juden, dem Land ihres Volkes. Parallel dazu muss man aber verstehen, dass nicht nur Palästinenser in der Diaspora, sondern auch viele Araber und nicht-arabische Muslime sich mit ihren Glaubensbrüdern identifizieren, wenn es um einen externen, nichtmuslimischen Gegner geht. Mit dem israelisch-palästinensischen Territorialstreit verbreiten sich Angst und Hass, auch außerhalb des Streitobjekts.

Das Thema Palästina hat seinen Weg nach Europa gefunden. Das sollte es nicht, und auf keinen Fall darf man diesen Konflikt um ein Territorium zu einem Konflikt werden lassen, in den Gott mit einbezogen wird. Er muss entschärft werden. Das ist natürlich leichter gesagt als getan. Für das Zusammenleben, für den gesellschaftlichen Frieden müssen die Wogen geglättet werden. Bei der Entschärfung spielen Organisationen, die mit Jugendlichen arbeiten, um rassistische, antisemitische und andere Vorurteile sowie falsche Ideen über Ausländer abzubauen, eine wichtige Rolle.

Verständlich und berechtigt ist die Forderung des *Zentralrats der Juden,* in Schulungen für Asylbewerber zur deutschen Sprache, zu Normen und Sitten und den im Grundgesetz vertretenen Werten auch über falsche Ideen zu Juden und Israel aufzuklären. Dabei wäre ein nicht unwichtiger Aspekt der Aufklärung, die Begriffsverwechslung zwischen Juden, Zionisten und Israelis zu verdeutlichen, die besonders unter arabischstämmigen Muslimen weit verbreitet ist.

Doch Aufklärung sollte es nicht nur in eine Richtung geben. Genau diese Begriffsverwechslung muss auch von der jüdischen Seite verstanden und eingesehen werden. Je mehr Israel die Diaspora-Juden miteinbezieht und behauptet, sie zu repräsentieren, und je mehr Israel verlangt, als jüdischer Staat anerkannt zu werden, je mehr sich Diaspora-Juden als Repräsentanten Israels aufführen und automatisch die israelische Politik in Schutz nehmen, desto mehr Unklarheit wird in der Differenzierung zwischen Jude und Israeli herrschen.

Der israelische Islamwissenschaftler Emmanuel Sivan spricht davon, wie wichtig es ist, dass der Kampf gegen muslimischen Antisemitismus mit sauberen Händen angegangen werden muss: Nicht nur aus ethischen, sondern auch aus pragmatischen Erwägungen ist es wichtig, jegliche Stereotype und Vorurteile, die Juden gegen Muslime pflegen, zu beseitigen. Auch ist es essentiell - um die Gefahr dieses Antisemitismus richtig und mit rechtem Maß zu bewerten -, die sozio-ökonomische Lage, welcher der muslimische Antisemitismus oft entstammt, zu verstehen. Sivan plädiert für eine Art positive Diskriminierung gegenüber den muslimischen Minoritäten im Westen, mit der Begründung, dass damit deren Feindseligkeit gegenüber Juden nachlassen würde. Zuletzt empfiehlt er, vorsichtiger, ohne Übertreibung und nur fundiert über antisemitische Vorfälle zu berichten.[205] Das bedeutet zum Beispiel, sich abzugewöhnen, jeden Mobbingfall zur Antisemitismusschlagzeile zu machen.

Ist also muslimischer Antisemitismus eine Gefahr für den gesellschaftlichen Frieden in Deutschland? Unangenehm ist er immer, manchmal sogar bedrohlich, aber eine Gefahr für den gesellschaftlichen Frieden ist er nicht. Doch könnte die Art, in der man den Nahost-Konflikt wie auch sporadische antijüdische Eruptionen manipuliert, dazu führen, dass daraus tatsächlich eine Gefahr entsteht.

Beim Antisemitismus messen wir Meinungen und Einstellungen. Dabei sind nicht Vorurteile, sondern Taten, Gewalttaten, das wirklich Gefährliche. Wenn per Zauberstab über Nacht allen Muslimen ihre antijüdischen Vorurteile genommen wären, würden sich diejenigen, die dazu neigen, ihre Meinungen gewalttätig zu äußern, eben andere Objekte suchen. Eine vorurteilsfreie Gesellschaft und Welt mag vielleicht wünschenswert sein, ist aber wohl unrealistisch. Sicherlich sollte man Menschen gegen Hassgefühle jeder Art erziehen. Wichtiger ist es aber, sich mit den Faktoren, die Frust, Ärger, Zorn und Hass zu Gewalt werden lassen, zu beschäftigen. Hier spielen die Frage der Integration und Problemlösungsstrategien für die Bevölkerung eine große Rolle. Das sollte in unser aller Interesse sein.

Auch wenn man meine Meinung nicht teilt, sollte man die intellektuelle Ehrlichkeit besitzen und anerkennen können, dass es Menschen gibt, die in ihrem Kampf um Palästina die Existenz Israels nicht zu akzeptieren bereit sind. Solang der territoriale Konflikt ungelöst ist, ist dieser Kampf nicht beendet. Solang der Konflikt offenbleibt, bleibt auch die Wunde offen, und mit ihr Vorurteile und Hass, die wahrscheinlich selbst lange nach einer Lösung des Konflikts noch weiterleben werden.

Kriminelle Handlungen dürfen wir nicht dulden. Aber die Behauptung, dass antiisraelische Äußerungen, deren Quelle offensichtlich der territoriale Streit um Palästina ist, antijüdisch und damit antisemitisch sind, ist unehrlich. Verständlich ist dabei die historisch bedingte Sensibilität der deutschen Politik gegenüber allem, was mit Juden und Judentum verbunden ist. Doch darf auch diese nicht – vor lauter Vorsicht – die Auswirkungen und Spiegelung des Nahost-Konflikts durch in Deutschland lebende Muslime falsch einstufen und Antisemitismus behaupten, wo es keinen gibt. Die intellektuelle Attraktivität des Konzepts eines beweglichen Antisemitismus darf keine Lizenz sein, da, wo kein Antisemitismus ist, Antisemitismus als Schreckgespenst an die Wand zu malen. Nur ehrlich, differenziert und exakt kann der wahre Antisemitismus vermessen und bekämpft werden.

Anmerkungen

1 Bensoussan, Georges, Eine unvergleichbare Geschichte?, in: Umstrittene Geschichte: Ansichten zum Holocaust unter Muslimen im internationalen Vergleich, Günter Jikeli / Kim Robin Stoller / Joëlle Allouche-Benayoun (Hrsg.), S. 45, Frankfurt a. M. 2013.

2 Hildebrandt, Tina / Ulrich, Bernd, *Im Auge des Orkans*, Die Zeit Nr. 38/2015, 17.9.2015, http://www.zeit.de/2015/38/angela-merkel-fluechtlinge-krisenkanzle rin/komplettansicht

3 Zitiert in Die Welt, 3.10.2015, http://www.welt.de/politik/deutschland/article1 47173550/Zentralrat-der-Juden-warnt-vor-arabischem-Antisemitismus.html

4 Zitiert in FAZ, 8.10.2015, http://www.faz.net/aktuell/politik/fluechtlingskrise/ zentralrat-der-juden-schuster-warnt-vor-mehr-antisemitismus-durch-muslimis che-fluechtlinge-13846554.html

5 Zitiert in der ARD-Tagesschau, 23.11.2015, https://www.tagesschau.de/inland/ zentralrat-juden-fluechtlinge-101.html

6 http://www.dw.com/de/merkel-antisemitismus-kompromisslos-bekämpfen/ a-19 000206

7 Bauer, Yehuda, Sorry Obama: Radical Islam Is the Correct Label, Haaretz, 27.6. 2016, https://www.haaretz.com/opinion/.premium-1.727217?=&ts=_1507970834 083 (abgerufen am 14.10.2017).

8 Pew Research Center, 5 Facts about the Muslim population in Europe, 19.7. 2016, http://www.pewresearch.org/fact-tank/2016/07/19/5-facts-about-the-m uslim-population-in-europe/ (abgerufen am 14.10.2017).

9 Deutscher Bundestag, 18. Wahlperiode, Bericht des Unabhängigen Expertenkreises Antisemitismus, Drucksache 18/11970, 7.4.2017, http://dip21.bundestag. de/dip21/btd/18/119/1811970.pdf (abgerufen am 9.4.2017).

10 Expertenbericht, S. 109, 116.

11 Expertenbericht, S. 117.

12 Expertenbericht, S. 107 f.

13 Das waren 13 »Schlüsselpersonen, die die jüdische Community in Deutschland möglichst in ihrer Vielfältigkeit abbilden«, S. 103.

14 Expertenbericht, S. 109.

15 Expertenbericht, S. 119.

16 Universität Bielefeld, IKG, Jüdische Perspektiven auf Antisemitismus in Deutschland: Ein Studienbericht für den Expertenrat Antisemitismus, April 2017, S. 33.

17 Expertenbericht, S. 119-120.

18 Expertenbericht, S. 108.

19   Süddeutsche Zeitung, 500.000 Mobbing-Opfer an Deutschlands Schulen, 17.5. 2010, www.sueddeutsche.de/karriere/studie-mobbing-opfer-an-deutschlands-schulen-1.547615 (abgerufen am 14.10.2017).

20   www.bundestag.de/blob/503232/e551c26a4eb8bb46f2de1721a7f417e6/antisem itismusbericht_press_release-data.pdf (abgerufen am 19.7.2017).

21   Bild-Zeitung, Alarmierende Erkenntnisse für Berlin: Lehrer warnen vor mehr Judenhass an Schulen, 19.7.2017, http://www.bild.de/regional/berlin/antisemit ismus/lehrer-warnen-vor-mehr-judenhass-an-berlins-schulen-52599778.bild.html (abgerufen am 14.10.2017).
Tagesspiegel, Umfrage zeigt islamistische Tendenzen bei Schülern, 19.7.2017, http://www.tagesspiegel.de/berlin/antisemitismus-an-berliner-schulen-umfr age-zeigt-islamistische-tendenzen-bei-schuelern/20082082.html (abgerufen am 14.10. 2017).

22   Welt-Online, »In Atlanten wird der Staat Israel ausradiert«, 19.7.2017, www.welt.de/politik/deutschland/article166822699/In-Atlanten-wird-der-Sta at-Israel-ausradiert.html (abgerufen am 14.10.2017).

23   Zeit-Online, Erdoğan erneuert Israel-Kritik mit Hitler-Verweis, 22.11.2016, www.zeit.de/politik/ausland/2016-11/gaza-recep-tayyip-erdogan-israel-kritik-adolf-hitler-vergleich (abgerufen am 14.10.2017).

24   Milson, Menachem, What is Arab Antisemitism?, MEMRI Special Report 26, 27.2.2004, www.memri.org/reports/what-arab-antisemitism (abgerufen am 30.6.2017).

25   Carmon, Yigal, Was ist arabischer Antisemitismus?, in: Neu-alter Judenhass: Antisemitismus, arabisch-israelischer Konflikt und europäische Politik, Klaus Faber / Julius H. Schoeps (Hrsg.), Berlin 2006.

26   Harkabi, Yehoshafat, Contemporary Arab Anti-Semitism: its Causes and Roots, in: The Persisting Question: Sociological Perspectives and Social Contexts of Modern Anti-Semitism, Helen Fein (ed.), New York 1987.

27   Shapira, Anita, Israeli Perceptions of Anti-Semitism and Anti-Zionism, in: Anti-Semitism and Anti-Zionism in Historical Perspective, Jeffrey Herf (ed.), S. 245, London 2007.

28   Wright, George, EU states guilty of anti-semitism says Sharon, The Guardian, 24.11.2003, www.theguardian.com/world/2003/nov/24/israel.eu (abgerufen am 12.7.2007).

29   Zeit-Online, Israel ruft französische Juden »nach Hause«, 26.6.2015, www.zeit.de/politik/ausland/2015-06/juden-frankreich-israel-lyon (abgerufen am 12.7.2017).

30   Beaumont, Peter, Leaders reject Netanjahu calls for Jewish mass migration to Israel, The Guardian, 16.2.2015, www.theguardian.com/world/2015/feb/16/lead ers-criticise-Netanjahu-calls-jewish-mass-migration-israel (abgerufen am 12.7. 2017).

31   Hirsh, David, Anti-Zionism and Antisemitism Cosmopolitan Reflections, S. 7, https://isgap.org/wp-content/uploads/2013/08/ISGAP-Working-Papers-David-Hirsh.pdf (abgerufen am 18.8.2017).

32   United States Holocaust Memorial Museum, www.ushmm.org/wlc/en/article. php?ModuleId=10005175 (abgerufen am 27.2.2017).

33   Deutscher Bundestag, Drucksache 18/11970 (abgerufen am 24. April 2017).

34   Deutscher Bundestag, S. 23

35   Kohlstruck, Michael / Ullrich, Peter, Antisemitismus als Problem und Symbol. Phänomene und Interventionen in Berlin, S. 48, Berlin 2015.

36   Engel, David, Away from a Definition of Antisemitism, in: Rethinking European Jewish History, Jeremy Cohen / Moshe Rosman (ed.), Oxford 2009.

37   Rosenberg, Yair, »Jews will not replace us«: Why white supremacists go after Jews, The Washington Post, 14.8.2017, www.washingtonpost.com/news/acts-of-faith/wp/2017/08/14/jews-will-not-replace-us-why-white-supremacists-go-after-jews/?utm_term=.2fd9c2a04794 (abgerufen am 17.8.2017).

38   Vereinten Nationen, Allgemeine Erklärung der Menschenrechte, Artikel 18-19, 10.12.1948, www.un.org/depts/german/menschenrechte/aemr.pdf (abgerufen am 11.8.217).

39   Deutscher Bundestag, Grundgesetz für die Bundesrepublik Deutschland, Artikel 5 (1), www.bundestag.de/parlament/aufgaben/rechtsgrundlagen/grundges etz/ gg_01/245122 (abgerufen am 11.8.2017).

40   Grundgesetz Artikel 5 (2).

41   Strafgesetzbuch §192, Beleidigung trotz Wahrheitsbeweises, www.gesetze-im-internet.de/stgb/_192.html (abgerufen am 11.8.2017).

42   Bergmann, Werner, Geschichte des Antisemitismus, S. 6-7, München 2002.

43   Helen Fein (1987) S. 67.

44   Bergmann, Werner, Die Verbreitung antisemitischer Einstellungen in der Bundesrepublik Deutschland, in: Extremismus in Deutschland, hrsg. v. Bundesministerium des Innern, Berlin 2004, S. 26.

45   Marcus, Kenneth L., The Definition of Antisemitism, S. 46, Oxford 2015.

46   Hirsh, David, Anti-Zionism and Antisemitism Cosmopolitan Reflections, S. 7, https://isgap.org/wp-content/uploads/2013/08/ISGAP-Working-Papers-David-Hirsh.pdf (abgerufen am 18.8.2017).

47   Stern, Ken, The Working Definition of Antisemitism - A Reappraisal, in The Working Definition of Antisemitism - Six Years After, Kantor Center, Tel Aviv University, 2011, http://kantorcenter.tau.ac.il/sites/default/files/proceeding-al l_3.pdf (abgerufen am 5.9.2017).

48   European Parliament Working Group on Antisemitism, EUMC Arbeitsdefinition Antisemitismus, www.antisem.eu/eumc-arbeitsdefinition-antisemi tismus/ (abgerufen am 7. April 2017).

49   European Parliament Working Group on Antisemitism, EUMC Arbeitsdefinition Antisemitismus, www.antisem.eu/eumc-arbeitsdefinition-antisemitismus/ (abgerufen am 7. April 2017).

50   Kohlstruck, Michael / Ullrich, Peter, Antisemitismus als Problem und Symbol. Phänomene und Interventionen in Berlin, S. 50, Berlin, 2015.

51   Deutscher Bundestag, 18. Wahlperiode, Bericht des Unabhängigen Expertenkreises Antisemitismus, Drucksache 18/11970, 7.4.2017, S. 24, http://dip21.bun destag.de/dip21/btd/18/119/1811970.pdf (9.4.2017).

52   JTA, EU drops its ›working definition‹ of anti-Semitism, The Times of Israel, 5.12.2013, www.timesofisrael.com/eu-drops-its-working-definition-of-anti-se mitism (abgerufen am 18.8.2017).

53   United States Holocaust Memorial Museum, www.ushmm.org/wlc/en/article. php?ModuleId=10005175 (abgerufen am 27.2.2017).

54   Antisemitism is hostility to Jews as »Jews«.

55 Klug, Brian, What Do We Mean When We Say ›Antisemitism‹?, International conference »Antisemitism in Europe Today: the Phenomena, the Conflicts«, 8-9 November 2014, Jüdisches Museum Berlin, www.jmberlin.de/sites/default/ files/antisemitism-in-europe-today_2-klug.pdf (abgerufen am 27.2.2017).

56 Grass, Günter, Was gesagt werden muss, FAZ, 4.4.2012, www.faz.net/aktuell/ feuilleton/debatten/das-israel-gedicht-von-grass/das-gedicht-von-guenter-gr ass-was-gesagt-werden-muss-11707985.html (abgerufen am 17.6.2017).

57 Laurin, Stefan, Wer »Zionisten« den Tod wünscht ist Volksverhetzer, Die Welt, 30.1.2015, www.welt.de/politik/deutschland/article136958755/Wer-Zionisten-den-Tod-wuenscht-ist-Volksverhetzer.html (abgerufen am 20.12.2016).

58 Wistrich, Robert, Anti-Zionism and Anti-Semitism, in: Jewish Political Studies Review 16:3-4, www.jcpa.org/article/anti-zionism-and-anti-semitism/ (abgerufen am 19.11.2016).

59 Kuperwasser, Yossi, Antisemitism and Anti-Zionism: Same Idea, New Cloak, in: Flashpoint 27, 23.5.2016, ISGAP, www.isgap.org/flashpoint/antisemitism-and-anti-zionism-same-idea-new-cloak/ (abgerufen am 19.11.2016).

60 Pfahl-Traughber, Armin, Antizionistischer Antisemitismus, Bundeszentrale für politische Bildung, 2006, www.bpb.de/politik/extremismus/antisemitismus/ 37954/antizionistischer-antisemitismus (abgerufen am 15.11. 2016).

61 Briefwechsel mit Brian Klug, 2005, http://sicsa.huji.ac.il/klug.html (abgerufen am 26.11.2016).

62 Wistrich, Robert, Anti-Zionism and Anti-Semitism, in: Jewish Political Studies Review 16:3-4, 2004, www.jcpa.org/phas/phas-wistrich-f04.htm (abgerufen am 19.11.2016).

63 Porat, Dina, The ›New anti-Semitism‹ and the Middle East, Palestine and Israel Journal, Vol. 12:2&3, 2005, http://www.pij.org/details.php?id=343 (abgerufen am 23.5.2015).

64 Casdorff, Stephan-Andreas, Schweigen ist hier nicht erlaubt, Der Tagespiegel, 23.7.2014, www.tagesspiegel.de/meinung/antisemitismus-in-deutschland-sch weigen-ist-hier-nicht-erlaubt/10236848.htm (abgerufen am 15.1.2016).

65 Mehr zur Frage, inwiefern Meinungen über »jüdische Macht« auf Fakten beruht, in Kapitel 5.

66 Sharon, Ariel, Address by PM Ariel Sharon at the Fourth Herzliya Conference, 18.12.2003, http://mfa.gov.il/MFA/PressRoom/2003/Pages/Address%20by%20 PM%20Ariel%20Sharon%20at%20the%20Fourth%20Herzliya.aspx?ViewMod e=Print (abgerufen am 4.9.2017).

67 Pfeffer, Anschel, Netanjahu Speaks for All Jews, Whether They Like It or Not, Haaretz, 12.2.2015, www.haaretz.com/blogs/jerusalem-babylon/.premium-1.6 42297 (abgerufen am 4.9.2017).

68 Ravid, Barak, Netanjahu to US Jewish Leaders: I didn't capitulate to ultra-ort hodox on Western Wall Deal, Haaretz, 27.6.2017, www.haaretz.com/israel-news/.premium-1.798072 (abgerufen am 4.9.2017).

69 Boyd, Jonathan / Staetsky, L. Daniel, Could it happen here? What existing data tell us about contemporary antisemitism in the UK, Institute for Jewish Policy Research, London, May 2015.

70 European Union Agency for Fundamental Rights, Discrimination and hate crimes against Jews in EU Member States: Experiences and perceptions of antisemitism, S. 16, Luxembourg 2014.

71 Zentrum für Antisemitismusforschung, Newsletter Nr. 26, Dezember 2003, Die Studie zum Antisemitismus in der EU, www.tu-berlin.de/fileadmin/i65/New sletter/news-03-12.pdf (abgerufen am 22.2.2017).

72 Zentrum für Antisemitismusforschung, Newsletter Nr. 26, Dezember 2003, Die Studie zum Antisemitismus in der EU, www.tu-berlin.de/fileadmin/i65/New sletter/news-03-12.pdf (abgerufen am 22.2.2017).

73 ADL, http://global100.adl.org/ (abgerufen am 10.6.2017).

74 ADL, www.adl.org/news/press-releases/new-poll-anti-semitic-attitudes-19-co untries (abgerufen am 7.6.2017).

75 Reynie, Dominique, Antisemitic Attitudes in France: New Insights, Fondation pour l'innovation politique, S. 11, Paris 2014.

76 Güntner, Joachim, Judenfeindliche Haltungen nehmen kaum zu, wohl aber Straftaten, Interview mit Professor Werner Bergmann, Neue Zürcher Zeitung, 9.2.2009, www.nzz.ch/judenfeindliche-haltungen-nehmen-kaum-zu-wohl-a ber-straftaten-1.1940432 (abgerufen am 7.3.2007).

77 http://global100.adl.org/public/ADL-Global-100-Executive-Summary.pdf (abgerufen am 7.7.2017).

78 Stocker, Regula / Puppis, Manuel, Wie misst man Antisemitismus?, Melting Pot: Das Website für Publizistik- und Politikwissenschaft, Nr. 5, Juni 2000.

79 Zick, Andreas / Küpper, Beate, Antisemitische Mentalitäten: Bericht über Ergebnisse des Forschungsprojektes Gruppenbezogene Menschenfeindlichkeit in Deutschland und Europa, S. 6, 2011, www.bagkr.de/wp-content/uploads/ku epper_zick_antisemitismus_2011.pdf (abgerufen am 10.6. 2017).

80 Levs, Josh, »Unprecedented« global study finds 1 in 4 adults anti-Semitic, CNN, 15.5.2014, http://edition.cnn.com/2014/05/14/world/anti-semitism-glob al-survey/index.html (abgerufen am 9.6.2017).

81 Heilman, Uriel, More than a quarter of the world is anti-Semitic, JTA, 13.5. 2014, http://www.jta.org/2014/05/13/news-opinion/world/survey-more-than-a-quarter-of-the-world-hates-jews (abgerufen am 9.6.2017).

82 Bergmann, Werner, Survey-Fragen als Indikatoren für den Wandel in der Wahrnehmung politischer Probleme: Antisemitismus in der Bundesrepublik Deutschland 1949-1998, Jahrbuch für Antisemitismusforschung 12, S. 234, Berlin 2003.

83 Rugg, Donald, Experiments in Wording Questions: II, The Public Opinion Quarterly, Vol. 5, No.1, (March 1941), S. 91-92.

84 Bertrand, M. / Mullainathan, S., Do People Mean What They Say? Implications for Subjective Survey Data, American Economic Review 91 (2001), S. 67-72.

85 Vgl. Saris,W. / Revilla, M. / Krosnick, J. / Shaeffer, E., »Comparing Questions with Agree/Disagree Response Options to Questions with Item - Specific Response Options«. Survey Research Methods (2010) Vol.4, No.1, pp. 61-79.

86 Oberski, DL, Questionnaire Science, www.daob.nl/wp-content/uploads/2015/ 06/questionnaire-science.pdf

87 Bertrand und Mullainathan (2001).

88 Revilla, Melanie A. / Saris, Willem E. / Krosnick, Jon A., Choosing the Number of Categories in Agree-Disagree Scales, Sociological Methods & Research, 2014, Vol. 43 (1), S. 73-97.

89 http://glboal100.adl.org/about, 20.9.2016.

90 Güntner, Joachim, Judenfeindliche Haltungen nehmen kaum zu, wohl aber Straftaten, Interview mit Professor Werner Bergmann, Neue Zürcher Zeitung, 9.2. 2009,

www.nzz.ch/judenfeindliche-haltungen-nehmen-kaum-zu-wohl-aber-straftaten-1.1940432 (abgerufen am 7.3.2007).

91 Definition »item«: Melzer, Ralf (Hrsg.), Gespaltene Mitte. Feindselige Zustände, Rechtsextreme Einstellungen in Deutschland 2016, S. 221, Bonn 2016.

92 Michael Salberg, ADL Director of International Affairs, zitiert in: Shapiro, Dmitriy, ADL anti-Semitism study is historically large, but how accurate?, Jewish News Service, 19.5.2014, www.jns.org/latest-articles/2014/5/19/adl-anti-semitism-study-is-historically-large-but-how-ccurate#.WLWWWBD76og (abgerufen am 1.3. 2017).

93 Bergmann 2003, S. 231.

94 ADL, http://global100.adl.org/ (abgerufen am 10.6.2017).

95 www.google.de/search?client=safari&rls=en&q=adl+100&ie=UTF-8&oe=UTF-8&gfe_rd=cr&ei=rB_BWIaHGqni8AeH1JqwBw (abgerufen am 9.3.2017).

96 www.adl.org/assets/pdf/press-center/German-PR-Global-100.pdf (abgerufen am 25.2.2017).

97 Horowitz, Jason, Republican Contenders Reach Out to Sheldon Adelson, Palms Up, New York Times, 26.4.2015, www.nytimes.com/2015/04/27/us/politics/republican-contenders-reach-out-to-sheldon-adelson-palms-up.html (abgerufen am 8.6.2017).

98 Anti-Defamation League Pressemitteilung, 30.6.2015, www.presseportal.de/print/3060402-print.html (abgerufen am 13.12.2016).

99 Gerstenfeld, Manfred, Die Antisemitismus-Umfrage der ADL: Stärken und Schwächen, https://heplev.wordpress.com/2014/05/23/die-antisemitismus-umfrage-der-adl-starken-und-nachteile/ (abgerufen am 26.2.2017).
Dr. Gerstenfeld ist Mitglied des Aufsichtsrats des *Jerusalem Center of Public Affairs,* dessen Vorsitzender er 12 Jahre lang war.

100 Shapiro, Dmitriy, ADL anti-Semitism study is historically large, but how accurate?, Jewish News Service, 19.5.2014, www.jns.org/latest-articles/2014/5/19/adl-anti-semitism-study-is-historically-large-but-how-accurate#.WLWWWBD76og (abgerufen am 1.3.2017).

101 Sokol, Sam, Anti-Zionism is anti-Semitism, says TAU director, The Jerusalem Post, 21.5.2015, www.jpost.com/printarticle.aspx?id=352873 (abgerufen am 11.12.2016).

102 Nevel, Donna / Kleinberg Neimark, Marilyn, Anti-Semitism should not be waved around like a propaganda tool, The Guardian, 15.5.2014, www.theguardian.com/commentisfree/2014/may/15/anti-semitism-prejudice-anti-defamation-league (abgerufen am 21.9.2016).

103 Aderet, Ofer, Haaretz, 14.5.2014, www.haaretz.com/jewish/news/.premium-1.590590

104 Feldman, Noah, How to Paint the World as Anti-Semitic, BloombergView, 15.5.2014, www.bloombergview.com/articles/2014-05-15/how-to-paint-the-world-as-anti-semitic (abgerufen am 22.4.2015).

105 Singer, Sydney, Do ADL Surveys Cause Anti-Semitism?, The Jewish Press, 29.5.2014, www.jewishpress.com/indepth/opinions/do-adl-surveys-cause-anti-semitism/2014/05/29 (abgerufen am 5.7.2015).

106 Anti Defamation League Pressemitteilung, 30.6.2015, www.presseportal.de/print/3060402-print.html (abgerufen am 13.12.2016).

107 Smith, Tom W., The Polls - A Review. Actual Trends or Measurement Artifacts? A Review of Three Studies of Anti-Semitism, Public Opinion Quarterly, Volume 57: S. 380-393, American Association for Public Opinion Research, 1993.

108 Anchuelo, André, Antisemitismus Studie: Es bleiben Fragen, Jüdische Allgemeine, 23.6.2016, www.juedische-allgemeine.de/article/view/id/25866 (abgerufen am 20.9.2016).

109 Brähler, Elmar / Decker, Oliver / Kiess, Johannes, Die enthemmte Mitte: Autoritäre und rechtsextreme Einstellung in Deutschland, http://www.uni-leipzig. de/pressedaten/dokumente/dok_20160615154026_34260c0426.pdf (abgerufen am 17.6.2017).

110 Die Leipziger »Mitte« -Studie 2016 - Autoritäre und rechtsextreme Einstellung in Deutschland. Eine Stellungnahme, http://home.uni-leipzig.de/decker/Leipzig er%20»Mitte%22-Studie_Stellungnahme.pdf (24.2.2017).

111 Narbert, Alexander, Kaum Messbar, Jungle World, 23.6.2016, in: www.hagalil. com/2016/06/mitte-studie/ (abgerufen am 24.2.2017).

112 Deutschlandfunk, Klaus Schroeder im Gespräch mit Dirk-Oliver Heckmann, 15.6.2016, Politologe hält »Mitte«-Studie über Fremdenfeindlichkeit für belanglos, www.deutschlandfunk.de/studie-die-enthemmte-mitte-politologe-hae lt-mitte-studie.694.de.html?dram:article_id=357314 (abgerufen am 24.2. 2017).

113 Bockenheimer, Johannes, Sterben die Antisemiten wirklich aus?, Der Tagesspiegel, 17.6.2016, www.tagesspiegel.de/politik/mitte-studie-der-uni-leipzig-sterben-die-antisemiten-wirklich-aus/13746210.html (abgerufen am 22.9. 2016).

114 Zick, Andreas / Küpper, Beate, Antisemitische Mentalitäten: Bericht über Ergebnisse des Forschungsprojektes Gruppenbezogene Menschenfeindlichkeit in Deutschland und Europa, S. 20, 2011, www.bagkr.de/wp-content/uploads/ kuepper_zick_antisemitismus_2011.pdf (abgerufen am 10.6. 2017).

115 Kempf, Wilhelm, Pressemitteilung zu Antisemitismus und Israelkritik, Universität Konstanz, 26.4.2016.

116 Zick, Andreas / Küpper, Beate, Antisemitische Mentalitäten: Bericht über Ergebnisse des Forschungsprojektes Gruppenbezogene Menschenfeindlichkeit in Deutschland und Europa, S. 13, 2011, www.bagkr.de/wp-content/uploads/ kuepper_zick_antisemitismus_2011.pdf (abgerufen am 10.6. 2017).

117 Kempf, Wilhelm, Über die Bedeutung von NS-Vergleichen im Israel-kritischen Diskurs, in conflict & communication online, Vol. 16, No. 1, 2017, 2017, Berlin. http://www.cco.regener-online.de/2017_1/pdf/kempf2017_dt.pdf (abgerufen am 10.7.2017).

118 Kohlstruck, Michael, Rezension, in Zeitschrift für Geschichtswissenschaft 64, 2016 (11), S. 1019. www.hsozkult.de/journal/id/zeitschriftenausgaben-10012 (abgerufen am 25.2.2017)

119 Expertenbericht, S. 27.

120 Ebd. S. 58-64.

121 Zick, Andreas / Küpper, Beate, Kurzbericht aus dem GMF-Survey, 2005/1, S. 11, Amadeu-Antonio Stiftung, www.amadeu-antonio-stiftung.de/w/files/pdfs/ antisemitismus_in_deutschland.pdf (abgerufen am 10.6. 2017).

122 Martin Boon zitiert in: Stack, Liam, Poll of British Muslims Reveals Startling Views, but Some Question Methodology, NY Times, 14.4.2016, http://www.ny times.com/2016/04/15/world/europe/poll-british-muslims.html?r=0 (abgerufen am 2.3.2017).

123 Zick, Andreas / Küpper, Beate, Antisemitische Mentalitäten: Bericht über Ergebnisse des Forschungsprojektes Gruppenbezogene Menschenfeindlichkeit in Deutschland und Europa, S. 3, 2011, www.bagkr.de/wp-content/uploads/kuepper_zick_antisemitismus_2011.pdf (abgerufen am 10.06. 2017).

124 Friedrich Ebert Stiftung, Fragile Mitte - Feindselige Zustände: Rechtsextreme Einstellungen in Deutschland 2014, S. 69, Bonn 2014.

125 Zick, Andreas / Küpper, Beate, Kurzbericht aus dem GMF-Survey, 2005/1, S. 4, Amadeu Antonio Stiftung, www.amadeu-antonio-stiftung.de/w/files/pdfs/antisemitismus_in_deutschland.pdf (abgerufen am 10.06. 2017).

126 Zick, Andreas / Küpper, Beate, Antisemitische Mentalitäten: Bericht über Ergebnisse des Forschungsprojektes Gruppenbezogene Menschenfeindlichkeit in Deutschland und Europa, S. 14, 2011, www.bagkr.de/wp-content/uploads/kuepper_zick_antisemitismus_2011.pdf (abgerufen am 10.6. 2017).

127 Zick, Andreas / Küpper, Beate, Kurzbericht aus dem GMF-Survey, 2005/1, S. 5, Amadeu Antonio Stiftung, www.amadeu-antonio-stiftung.de/w/files/pdfs/antisemitismus_in_deutschland.pdf (abgerufen am 10.6. 2017).

128 Boyd, Jonathan / Staetsky, L. Daniel.

129 Stocker, Regula / Puppis, Manuel, Wie misst man Antisemitismus?, Melting Pot: Das Website für Publizistik- und Politikwissenschaft, Nr. 5, Juni 2000.

130 www.neues-deutschland.de/artikel/18938.studie-jeder-dritte-deutsche-antisemitisch.html, 15.6.2002 (abgerufen am 13.12.2017).

131 Deutscher Bundestag, 18. Wahlperiode, Bericht des Unabhängigen Expertenkreises Antisemitismus, Drucksache 18/11970, 7.4.2017, http://dip21.bundestag.de/dip21/btd/18/119/1811970.pdf (abgerufen am 9.4.2017).

132 Arnold, Sina / König, Jana, Flucht und Antisemitismus: Erste Hinweise zu Erscheinungsformen von Antisemitismus bei Geflüchteten und mögliche Umgangsstrategien., S. 27-29, Berliner Institut für empirische Integrations- und Migrationsforschung, Berlin 2017.

133 Ranan, David, »Ist es noch gut für unser Land zu sterben?« Junge Israelis über ihren Dienst in der Armee, S. 239, Berlin 2011.

134 Bauer, Yehuda, Antisemitism and the Muslim World, Vortrag im Kolloquium 07 des International Institute for Secular Humanistic Judaism, https://iishj.org/org/colloquium/colloquium-2007/ (abgerufen am 17.10.2017).

135 Pfahl-Traughber, Armin, Islamismus - Was ist das überhaupt?, Bundeszentrale für politische Bildung, 2011, www.bpb.de/politik/extremismus/islamismus/36339/islamismus-was-ist-das-ueberhaupt (abgerufen am 6.4.2017).

136 Pfahl-Traughber, Armin, Islamismus - Was ist das überhaupt?, Bundeszentrale für politische Bildung, 2011, www.bpb.de/politik/extremismus/islamismus/36339/islamismus-was-ist-das-ueberhaupt (abgerufen am 6.4.2017).

137 Bauer, Yehuda, Antisemitism and the Muslim World, Vortrag im Kolloquium 07 des International Institute for Secular Humanistic Judaism, https://iishj.org/colloquium/colloquium-2007/ (abgerufen am 17.10.2017).

138 Sivan, Emmanuel, Islamic Fundamentalism and Antisemitism, Study Circle on World Jewry, Lecture Febrary 1985, Jerusalem.

139 Holz, Klaus, Die Gegenwart des Antisemitismus. Islamistische, demokratische und antizionistische Judenfeindschaft, S.21, Hamburg, 2005.

140 Shavit, Uriya / Winter, Ofir, My Enemy, My Mentor: Arab Islamist and Liberal Discourses on the Zionist Movement and Israel, S. 39-80, Tel-Aviv 2013.

141 Dantschke, Claudia, Feindbild Juden, Zur Funktionalität der antisemitischen Gemeintschaftsideologie in muslimisch geprägten Milieus, in: Konstellationen des Antisemitismus, Wolfram Stender / Guido Follert / Mihri Özdogan (Hrsg.), Wiesbaden 2010.

142 Vgl. Dantschke, Feindbild Juden.

143 Jensen, Uffa, Zornpolitik, S. 170, Berlin 2017.

144 Wistrich, Robert S., Muslim Antisemitism. A Clear and Present Danger, The American Jewish Committee, 2002.

145 Harris, David A., Foreword in: Muslim Antisemitism. A Clear and Present Danger, Robert S. Wistrich, The American Jewish Committee, 2002.

146 Vgl. Bauer, Yehuda https://www.youtube.com/watch?v=PVqB7k50p0g (abgerufen am 20.12.2016).

147 Wistrich, Robert S., Muslim Antisemitism. A Clear and Present Danger, The American Jewish Committee, 2002, S. 43.

148 Cohen, Mark R., Modern Myths of Muslim Anti-Semitism, in: Muslim Attitudes to Jews and Israel, Moshe Ma'oz (ed.), S. 43, Eastbourne 2011.

149 Holz, Klaus, Die Gegenwart des Antisemitismus. Islamistische, demokratische und antizionistische Judenfeindschaft, S. 52, Hamburg 2005.

150 www.memri.org

151 Vgl. Kressel, Neil, J, The Sons of Pigs and Apes: Muslim Antisemitism and the Conspiracy of Silence, 2012 Lincoln Nebraska.

152 Süddeutsche Zeitung, »Diese Nachkommen von Affen und Schweinen«, 15.01. 2013, www.sueddeutsche.de/politik/aegyptens-mursi-und-der-antisemitismus-diese-nachkommen-von-affen-und-schweinen-1.1573243 (abgerufen am 7.11. 2016).

153 Spiegel-Online, Merkel mahnt, Mursi mauert, 30.1.2013, www.spiegel.de/polit ik/deutschland/merkel-fordert-von-mursi-einhaltung-der-menschenrechte-a-880555.html (abgerufen am 7.11.2016).

154 Zitiert aus der Kolumne von Anwar Al-Waridi in der Palästinensischen Online Tageszeitung Dunya Al-Watan, bei MEMRI, www.memri.org/report/en/0/0/ 0/0/0/0/9381.htm (abgerufen am 7.11.2016).

155 Charta der Islamischen Widerstandsbewegung Hamas, §7, zitiert in Baumgarten, Helga, Hamas. Der politische Islam in Palästina, S. 211, München 2006.

156 www.jewishvirtuallibrary.org/jsource/History/memrireport.html (abgerufen am 9.11.2016).

157 Rubin, Uri, »Become you apes, repelled!« (Quran 7:166): The transformation of the Israelites into apes and its biblical and midrashic background. Bulletin of the School of Oriental and African Studies, 78, pp 25-40 doi:10.1017/S0041977 X14001438 (17.3.2015) http://urirubin.com/yahoo_site_admin/assets/docs/Apes-Rubin_-BSOAS.152210417.pdf

158 Rubin, Uri, Apes Pigs and the Islamic identity, in: Israel Oriental Studies 17: Dhimmies and Others: Jews and Christians and the World of Classical Islam, Tel Aviv 1997, S. 89.

159 Jikeli, Günther, Antisemitismus und Diskriminierungswahrnehmungen junger Muslime in Europa, S. 11, Essen 2012.

160 Jikeli, S. 180-190.

161 Jewish Virtual Library, Arab/Muslim Anti-Semitism: Muslim Clerics – Jews are the Descendants of Apes, Pigs, and Other Animals, www.jewishvirtuallibrary. org/jsource/History/memrireport.html (abgerufen am 9.11.2016).

162 Breuer, Ingeborg, Wie Vorurteile unser Denken bestimmen, Deutschlandfunk, 17.11.2016, www.deutschlandfunk.de/schubladen-im-kopf-wie-vorurteile-uns er-denken-bestimmen.1148.de.html?dram:article_id=371714 (abgerufen am 4.12.2017).

163 Vgl. Ganter, Stephan, Stereotype und Vorurteile: Konzeptualisierung, Operationalisierung und Messung, Mannheimer Zentrum für Europäische Sozialforschung, Arbeitsbereich III/ Nr. 22, Arbeitspapiere, S. 39, Mannheim 1997.

164 Snyder, Mark / Miene, Peter, On the Functions of Stereotypes and Prejudice. S.33-54 in: The Psychology of Prejudice, Mark P.Zanna / James M. Olson (ed.), New Jersey 1994.

165 Ganter, Stephan, Stereotype und Vorurteile: Konzeptualisierung, Operationalisierung und Messung, Mannheimer Zentrum für Europäische Sozialforschung, Arbeitsbereich III/ Nr. 22, Arbeitspapiere, S. 39, Mannheim 1997.

166 Vgl. Bergmann, Werner, Was sind Vorurteile?, Bundeszentrale für politische Bildung, 13.1.2006, www.bpb.de/izpb/9680/was-sind-vorurteile?p=all (abgerufen am 4.11.2017).

167 Werth, Lioba / Mayer, Jennifer, Sozialpsychologie, Heidelberg 2008.

168 Duden, www.duden.de/rechtschreibung/Verschwoerungstheorie (abgerufen am 16.2.2017).

169 Pfahl-Traughber, Armin, »Bausteine« zu einer Theorie über »Verschwörungstheorien«: Definitionen, Erscheinungsformen, Funktionen und Ursachen, in: Verschwörungstheorien: Theorie-Geschichte-Wirkung, Helmut Reinalter (Hrsg.), Innsbruck 2015.

170 Hasan, Mehdi, Inside Jobs and Israeli stooges: Why is the Muslim world in thrall to conspiracy theories?, New Statesman, 5.9.2014, www.newstatesman. com/ print/node/141656 (abgerufen am 27.9.2016).

171 Baddiel, David, Short of a conspiracy theory? You can always blame the Jews, The Guardian, 22.7.2015, www.theguardian.com/commentisfree/2015/jul/22/ conspiracy-theory-jews-david-cameron-antisemitism-extremism (abgerufen am 22.12.2016).

172 Fox News, www.foxnews.com/world/2015/11/05/israel-rejects-palestinian-un-ambassadors-organ-harvesting-claim.html (abgerufen am 14.2.2017).

173 Holz, Klaus, Die Gegenwart des Antisemitismus: Islamistische, demokratische und antizionistische Judenfeindschaft, S. 29, Hamburg 2005.

174 Jüdisches Museum Frankfurt am Main, Juden. Geld. Eine Vorstellung, Ausstellung im Jüdischen Museum Frankfurt vom 25. April bis 6. Oktober 2013. www.juedischesmuseum.de/fileadmin/user_upload/uploadsJM/Images/Wech selausstellungen/Reiche_Juden/PM_Juden_Geld_Eine_Vorstellung_Jüdisches_ Museum_Frankfurt.pdf (abgerufen am 13.12.2016).

175 Bruck, Connie, The Influencer, The New Yorker, 10.5.2010, www.newyorker. com/magaz ine/2010/05/10/the-influencer (abgerufen am 6.2.2017).

176 Sharon, Jeremy, US Jews Contribute Half of all Donations to the Democratic Party, Jerusalem Post, 27.9.2016, www.jpost.com/US-Elections/US-Jews-cont ribute-half-of-all-donations-to-the-democratic-party-468774 (abgerufen am 30.9.2016).

177 Master, Farah, Republican Donor Adelson and Trump may be aligning on Israel, www.reuters.com/article/us-usa-election-adelson-idUSKBNQU114D20151220, 19.12.2015 (abgerufen am 6.2.2017).

178 The Forward, Sheldon Adelson Wants U.S. to Nuke Iran, Likens Two-State Solution to Russian Roulette, www.haaretz.com/jewish/news/1.554256, 24.10. 2013 (abgerufen am 6.2.2017).

179 www.mako.co.il/world-now-weekend/Article-f9847e9c91, 10.4.2014 (abgerufen am 6.2.2017).

180 Plozker, Sever, Was kostet Demokratie, www.yediot.co.il, 28.10.2016 (abgerufen am 6.2.2017).

181 Assael, Amotz, Pzazat Hahon Hayehudi, Haaretz, 10.9.2015, www.haaretz.co. il/opinions/.premium-1.2729054 (abgerufen am 16.2.2017).

182 www.feinstein.senate.gov/public/index.cfm/press-releases?ID=e0884be4-a2d f-4cae-98dc-67cab4bfc43b (abgerufen am 16.2.2017).

183 http://history.house.gov/Institution/Joint-Sessions/100-Current/ (abgerufen am 14.2.2017).

184 www.nytimes.com/2015/02/26/world/middleeast/kerry-reminds-congress-net anyahu-advised-us-to-invade-iraq.html (abgerufen am 16.2.2017).

185 Holz, Klaus, Die Gegenwart des Antisemitismus: Islamistische, demokratische und antizionistische Judenfeindschaft, S. 29, Hamburg 2005.

186 Hasson, Nir, A Fight to the Death and Betrayal by the Arab World. The Most disastrous 24 Hours in Palestinian History, Haaretz, 5.1.2018, www.haaretz.com/mid dle-east-news/palestinians/.premium-1.833130 (abgerufen am 5.01. 2018).

187 Ranan, David, Die Schatten der Vergangenheit sind noch lang: Junge Juden über ihr Leben in Deutschland, S. 9, Berlin 2014.

188 https://www.fidf.org/adopt-brigade (abgerufen am 24.11.2016).

189 n-tv, Zentralrat der Juden: Israel hat das Recht auf Selbstverteidigung, 16.11. 2012, www.n-tv.de/ticker/Zentralrat-der-Juden-Israel-hat-das-Recht-auf-Selb stverteidigung-article7774811.html (abgerufen am 21.11.2016).

190 www.ajc.org/site/c.7oJILSPwFfJSG/b.9169059/k.A44C/Israel_Advocacy.htm (abgerufen am 22.11.2016).

191 www.ajc.org/issues/israel

192 https://www.bod.org.uk/what-we-do/take-action/ (abgerufen am 22.11.2016).

193 Lewis, Bernard, Semites and Antisemites, S. 199, New York, 1999.

194 www.bpb.de/politik/extremismus/islamismus/36358/antisemitismus-in-der-charta-der-hamas?p=all, Zitate aus Artikel 22 und 33 der Hamas Charta, 27.9. 2016.

195 www.audiatur-online.ch/2011/06/22/die-charta-der-hamas/ Die Charta der Hamas, Artikel 22 (abgerufen am 22.7.2017).

196 Ma'oz, Moshe, Muslim Attitudes to Jews and Israel, S. 11, Eastbourne 2011.

197 Müller, Jochen, Von Antizionismus und Antisemitismus – Stereotypenbildung in der arabischen Öffentlichkeit, in: »Antisemitismus« in der arabischen Welt, S. 48, Leipzig 2008.

198 Gerstenfeld, Manfred, Ahmadinejad, Iran, and Holocaust Manipulation: Methods, Aims, and Reactions, www.dailyalert.jcpa.org (abgerufen am 6.3.2007).

199 Özdemir, Cem, Was geht mich das an? In: Was hat der Holocaust mit mir zu tun? 37 Antworten, Harald Roth (Hrsg.), 2014.

200 Schleicher, Ulrike, Vom Hardliner zum Friedensstifter, de.qantara.de/inhalt/
portraet-mohammed-dajani-daoudi-vom-hardliner-zum-friedensstifter (abgerufen am 17.2.2017).

201 Grannick, Adam, Breaking the Palestinian Taboo on the Holocaust, 7.8.2015,
972mag.com/watch-breaking-the-palestinian-taboo-on-the-holocaust/109891/
(abgerufen am 17.2.2017).

202 Schrobsdorff, Angelika, Jerusalem war immer eine schwere Adresse, S. 102,
216 und 290, München 2015.

203 http://deacademic.com/dic.nsf/dewiki/959800 (abgerufen am 12.12.2017).

204 Steinke, Ronen, Falsche Freunde, Jüdische Allgemeine, 24.8.2017.

205 Sivan, Emmanuel, Muslim Anti-Semitism: The Challenge and Possible Responses,
pp. 46-7, The Jewish People Policy Planning Institute, Jerusalem 2009.